「예수님의 눈으로」 시리즈

앨런 에임스가 받은 사랑의 메시지

6

「예수님의 눈으로」 시리즈

앨런 에임스가 받은 사랑의 메시지

앨런 에임스의 영적 기록 ⑥

✝ 앨런 에임스 지음 · 정성호 옮김

가톨릭
크리스챤

1966년 10월 14일에
교황 바오로 6세께서 승인하신
전교회칙 A.A.S. 58, 1186에 의하면
교회의 가르침에 상반되지 않고 윤리에 어긋나지 않는 한,
개인적 발현에 의한 메시지를
책으로 출판할 수 있다고 규정하고 있다.
앨런 에임스와 출판사는
이 책의 내용에 대한 교황청의 최종 판결을
기꺼이 받아들이고
그에 순명할 것이다.

Messages To Carver Alan Ames 6
by C. Alan Ames
ⓒ C. Alan Ames 1996
ⓒ Catholic Christian Publishing Co. 1200 Seoul Korea

서 문

나는 이 책의 저자인 C. 앨런 에임스로부터 서문을 써 달라는 부탁을 받았다. 가톨릭 사제인 나는 저자의 영적이며 금욕적인 지식에 깜짝 놀람과 동시에 깊은 인상을 받았다는 것을 독자 여러분에게 우선 말하고 싶다.

앨런 에임스는 철학이나 신학이나 성모학을 연구한 적이 없다는 것을 마음에 새겨두기 바란다. 그러나 이 책을 분석해 본 나는 신앙이나 윤리적인 면에서 교회의 가르침에 어긋나거나 혼란시키는 것을 아무 것도 발견하지 못했다. 따라서 강단이나 교회나 초청받은 어느 곳에서나 강연을 할 수 있도록 퍼르스 교구 교구장 히키 대주교께서 허가를 해 주신 것은 조금도 놀랄 만한 일이 아니다.

앨런 에임스는 이 책 속에서, "성모 마리아께서 저에게 이렇게 쓰라고 말씀하셨다."라든가, "예수 그리스도님께서 이러이러한 생각을 기록하도록 저에게 영감을 주셨다."고 자주 말하고 있다.

저자는 항상 성자이신 예수님과 성부님과 성령님의 도움을 받고 있다. 앨런 에임스의 말이나 글은 하느님의 사람이나 기도하는 사람만이 도달할 수 있는 영역의 순수한 마음에서 자연스럽게 흘러 나오고 있다.

대중 앞에서 강연할 때의 그의 진실한 태도가 이야기를 듣기 위해 찾아오는 수많은 신앙인과 무신론자들을 끌어 모으고 있다. 마찬가지로 앨런 에임스는 글을 통해서, 그는 아내가 얼마 전에 개종한 것처럼 많은 사람들을 개종시켜 왔다. 독실한 신앙인인 앨런 에임스는 또한 다른 사람들을 위해 기도함으로써 하느님으로부터 많은 재능을 받고 있다.

　나는 사람들에게 앨런 에임스가 이미 출판한 책을 어느 것이든 좋으니까 읽기를 권하는 바이다. 그러나 특히 이 책을 권하고 싶다.

　나는 이 책을 매우 주의해서 읽고, 영적으로 큰 향상을 보았기 때문이다. 여러분 모두에게도 이 책을 통해서 하느님과 성모님의 축복이 있으시기를 바라는 바이다.

1995년 10월 16일

로렌스 J. 어타드 신부

† † †

추천의 말

오스트레일리아 퍼르스 교구 히키 대주교(1995. 7. 13)

　　나는 앨런 에임스를 잘 알고 있으며, 그 동안 우리 교구의 여러 곳에서 자기 회개의 경험에 대해 강연해 왔다는 사실을 분명하게 증언합니다. 앨런 에임스가 하는 말이나, 그가 쓴 글은 교회의 가르침에 어긋남이 없으며 단순하고 건전합니다.
　　나는 우리 교구의 디킨슨 신부를 그의 영적 지도자로 지명합니다.

오스트레일리아 아미데일 교구 케네디 대주교(1997. 5. 1)

　　나는 『앨런 에임스가 받은 사랑의 메시지』와 『예수님의 눈으로』(3권)를 처음부터 끝까지 대단히 감명 깊게 읽었다. 그의 책 속에 펼쳐지는 이야기와 정경들을 읽어 가노라면 많은 것을 묵상하게 되고, 기도하고 싶은 마음과 새로운 삶을 시작하고 싶은 마음이 간절해진다.
　　주님께서는 제자들과 생활하실 때의 정경을 앨런 에임스에게 보여 주시며, 우리가 어떻게 살아 가야 하며 어떻게 사랑해야 하는지를 가르쳐 주신다. 그의 글에서는 가톨릭 교회가 가르치는 신앙과 도덕에 어긋나는 점을 발견할 수 없었다.

그의 철저한 신앙생활을 보았거나, 그의 글을 읽은 많은 사람들이 참된 신앙생활을 시작하였고, 심지어는 타종교인들이 가톨릭으로 개종하기도 하였다.

그의 영적 지도자이신 퍼스 교구의 히키 대주교께서 강력히 추천하시듯이, 나도 이 책을 신자들에게 적극적으로 추천한다. 또한 그의 강연을 들을 기회가 있으면 많은 사람들이 들어 보기를 바라며, 그가 쓴 이 책도 깊이 묵상하며 읽기를 바란다.

오스트레일리아 퍼스 교구 성모 마리아 성당 디킨슨 신부

(1996년 성모 승천 대축일에)

1994년도에, 오스트레일리아 퍼스 교구 히키 대주교님께서 나를 에임스의 영적 지도 신부로 임명하셨다.

그후 지금까지 에임스의 영적 지도자이며 그의 고해신부로서 그를 가까이 접촉하고 관찰해 왔다. 그는 언제나 주님과 항상 밀접한 관계를 유지하고 있으며, 때로는 악마의 맹렬한 공격을 받기도 한다.

거룩하신 천주 성삼과 성모 마리아와 천사들과 성인 성녀들이 그를 도구로 쓰신다는 것은 의심할 여지가 없다. 그의 겸손함과, 특히 교회의 지도자들에 대한 사랑과 순명의 덕을 보면, 그가 하느님의 참된 종이라는 것을 분명히 알 수 있다. 신학이나 성서학을 배운 적이 없음에도 불구하고, 그가 쓴 글 속에는 순수한 가톨릭의 정통 가르침이 담겨져 있음을 볼 수 있다. 성체와 성모님과 교황에 대한 그의 깊은 사랑은, 그가 참된

신앙인임을 증명해 준다.

하느님께서 왜 나를 그의 지도자로 선택하셨는지는 알 수 없으나, 그와 가까이 지낼 수 있는 은총을 주신 주님께 감사드릴 뿐이다.

주님의 뜻을 받아들이며 주님께 가까이 가고 싶은 모든 사람들에게 이 책을 권한다.

성 로사리오 성당 드그랜디스 신부

나는 이 책을 읽고 나서 너무나 감동하여 브라질 출판사에 의뢰하여 이 책을 포르투갈어로 출판하기로 하였다.

브라질 사람들이 이 책을 읽고 내가 이 책에서 얻은 것을 그들도 얻을 수 있기를 바란다.

조지타운 대학교, 예수회 먹솔리 신부

이 책은 예수님께서 제자들과 함께 예루살렘을 향해 가시면서 일어난 이야기들이 연속으로 실려 있다. 그분들이 매일 무엇을 드셨고, 어디서 주무셨으며, 무슨 이야기를 하셨는지를 자세히 알려 준다. 예수님께서는 만나는 사람들의 마음과 생각을 읽으셨고 그들의 영혼을 들여다 보셨다. 사람들의 장래를 내다 보시며 말씀하실 때나 제자들의 질문에 대답하실 때, 당신의 신성(神性)을 보여 주셨다.

길을 가면서 제자들은 예수님과 함께 지내는 것이 행복하다고 자주 말했다. 예수님께서도 제자들을 사랑하시며, 그들과 함께 지내는 것이 행복하다고 항상 말씀하셨다. 그리고 함께 있다는 기쁨을 노래하며, 예수님과 제자들은 자주 시편(詩篇)을 읊었다.

　독자들이 이 책을 읽어가다 보면 예수님과 함께 있으면 왜 행복해지는 지를 알 수 있게 될 것이다. 제자들은 예수님께서 미래를 내다 보시고, 그들의 마음과 다른 사람들의 마음을 읽으시는 것을 보았다. 그리고 제자들은 예수님의 말씀을 듣고 예수님의 표양을 봄으로써, 사랑의 계명을 어떻게 지키며 살아가야 하는지를 배웠다. 서로 사랑하고, 만나는 사람마다 사랑하며, 그들을 못살게 구는 로마 군인들조차도 사랑하라고 예수님께서 말씀하고 계신다는 것을 제자들은 배웠다.

　로마 군인들이 감춰두고 겉으로 나타내 보이지는 않았지만, 그들의 가슴 깊은 곳에는 사랑을 간직하고 있다고 예수님께서 말씀하시는 것을 제자들은 들었다. 한 로마 군인이 처음으로 사람을 죽이라는 명령을 받았을 때, 살인하기를 거부했던 사실을 예수님께서 드러내 보이셨다.

　이 책을 읽고 있으면 예수님께서 어떻게 느끼시고 무엇을 생각하셨지를 알게 된다. 예수님의 기쁨과 슬픔, 그리고 천주성부와의 일치가 하느님 당신의 지혜와 인간의 지식에 비추어 나타났던 것이다.

　이 책에 적힌 예수님의 자세한 생활과 사건들이 사실일까? 예수님의 생활에 대해 복음과 교회의 가르침과 교회 전통을 통해 내가 배워 온 것을 비추어 볼 때, 나는 이 책에 있는 모든 이야기가 "사실"이라고 대답할 수 있다.

　예수님을 좀더 진지하게 잘 알고 싶고, 예수님을 열정적으로 사랑하고 싶고, 예수님을 좀더 가까이 따르고 싶은 모든 사람들에게 이 책을 추천한다.

미국 101 재단 로잘리 터톤 박사

"예수님께서 하신 일은 이 밖에도 많이 있다. 그래서 그것들을 낱낱이 기록하면, 그렇게 기록된 책들을 온 세상이라도 다 담아 내지 못하리라고 나는 생각한다."(요한 21, 25)고 성서에 적혀 있다.

현세대에 들어와서는 성녀 에머리츠, 스웨덴의 성녀 브리짓다, 바이즈 원장수녀, 루이스 피카레타, 성녀 애그레다, 마리아 발또르따 등이 우리에게 예수님의 생애와 성인들의 생애를 보여 주었다. 그리고 또 다시 예수님께서는 앨런 에임스를 통하여 당신의 생애를 보여 주시고 가르쳐 주시니 우리는 참으로 축복 받은 시대에 살고 있다 하겠다.

때가 되면 교회가 이 발현의 신빙성에 대해 판결을 내릴 것이다. 이 일에 대한 교회의 인가 여부를 우리가 미리 결론 내려서는 안 된다. 다만 지금 이 책이 좋은 영적 서적으로서 우리의 마음과 생각을 하느님께로 끌어올려 주고, 거룩하게 사는 길을 밝혀 주고 있다는 사실이다.

우리가 무엇을 하는 사람이든지 간에 이 세상을 사는 동안 우리의 진정한 의무는, 나날이 점점 더 거룩한 생활(성가정)을 하면서, 하느님의 도구가 되어 우리 자신을 구원하고, 다른 사람의 구원을 도와 주는 것이다.

그것을 목적으로 이 책을 발간하며, 독자들의 영신생활에 이 책이 도움이 되기를 바란다.

십자가의 여왕이신 성모 마리아의
영상에 대한 메시지

우리의 성모 마리아님! —— 1994년 12월 31일

    빨간색은 인류를 위해 흘린 내 아드님의 피의 색깔이고, 빨간색은 예수님의 사랑의 색깔이다. 십자가 옆에 서 있으면서 나는 내 아드님의 고통과 고난을 함께 하고, 나는 예수님의 사랑을 함께 나누었다. 흰색은 예수님의 옆구리에서 흘러 나온 물의 색깔이다. 그 물은 사랑으로 인류의 죄를 씻어 내렸다. 십자가 옆에 서 있으면서 나는 그 물의 베품을 함께 했다.
    황금색은 왕의 십자가의 색깔이다. 그리고 내 겉옷의 황금색은 내가 십자가 위의 아드님과 함께 있었다는 것을 나타내는 것이다.
    사랑의 미소는 나의 자녀들에 대하여 내가 갖고 있는 어머니로서의 깊은 사랑을 나타내는 것이다.
    스카풀라는 나의 징표를 입음으로써 내 사랑을 손에 넣을 수 있다는 것을 인류에게 보여주는 것이다.
    묵주(로사리오)는 내 자녀들에게 기도를 하고 묵주 기도를 하라고 말해 주는 것이다. 이 기도를 통해서 나는 너희를 예수님께 인도한다.

나의 내뻗은 손은 자녀들이 그것을 잡고 내 아드님, 내 예수님께 걸어갈 수 있게 하기 위한 것이다.
　　나의 양 팔은 자녀들을 포옹하기 위해 벌려 있는데, 그것은 예수님 안에서 하나가 되기 위해 우리의 마음을 영원히 합치기 위한 것이다.
　　나는 "십자가의 여왕"이라고 불리워지기를 원한다. 왜냐하면, 자녀들에게 하늘 나라의 문을 열어 준 내 아드님, 내 예수님의 희생에 의해서 인류의 구원에 동참하는 은총을 성부님께서 나에게 허락해 주셨기 때문이다.

† † †

사랑의 주 예수님! ── 1995년 1월 16일
　　　　　　　(십자가의 여왕의 성화에 대하여)

　　어머니의 성화는 사랑의 성화이다.
　　어머니의 성화는 베품의 성화이다.
　　어머니의 성화는 제물의 성화이다.
　　어머니의 성화는 하늘 나라에서 내려 주신 성화이다.
　　어머니의 성화는 하느님이 내려 주신 성화이다.
　　어머니의 성화는 고결한 성화이다.
　　어머니의 성화는 모든 사람을 위한 성화이다.

† † †

우리의 성모 마리아님! —— 1995년 1월 16일

　　십자가에 못박힌 내 아드님, 내 예수님의 육신과 영혼은 고통으로 가득 차 있었다. 그것을 지켜 보고 있던 나는 극도의 고통이 치밀어 올라서 도저히 거기에 서 있을 수가 없었다. 무릎을 꿇고 나는 기도를 하고 또 기도를 했으며, 무릎을 꿇고 나는 내 아드님의 고통이 끝나기를 바라면서 울부짖고, 무릎을 꿇고 나는 하느님의 영광을 보았다. 나는 하느님께서 얼마나 많이 자녀들을 사랑하고 있는가를 알았으며, 얼마나 많은 자녀들을 구원하기 위해 준비해 왔는가를 알았다.

　　그리고 얼마나 많이 용서해 주고싶어 하는가를 알았다. 내 아드님과 함께 십자가에 못박힌 것은 나의 영혼과 존재와 자아(自我)였다. 내 아드님과 함께 십자가에 못박힌 것은 나의 사랑이지만, 그것은 동등한 입장이 아니라 내 주님(하느님)을 섬기기를 원하는 여종으로서의 사랑이었다. 예수님의 지고(至高)한 사랑의 행위를 지켜 보면서 나는 예수님을 정성껏 섬겼다. 나는 모든 사람들이 나와 함께 예수님을 섬겨서, 하늘 나라에 준비되어 있는 하느님의 상을 받기를 간절히 원했다.

† † †

우리의 성모 마리아님! —— 1995년 1월 17일

　　십자가의 여왕, 슬픔의 여왕, 하늘 나라의 여왕. 십자가와 슬픔은 하늘 나라로 가는 길을 보여주고, 여왕으로서의 나는 하느님께로 나의 자녀들을 인도해 간다.

† † †

우리의 성모 마리아님! ── 1994년 12월 4일

　　　십자가 옆에 서서 나는 내 아드님, 내 예수님이 인류(人類)를 위해 생명(生命)을 내놓는 것을 지켜 보았다. 나는 거기에 서서 하늘에 계신 하느님 아버지께 인간들이 행(行)한 짓을 용서(容恕)해 달라고 기도했다. 나는 아버지께 예수님의 고통을 덜어 달라고 기도하고, 그 극심(極甚)한 고통(苦痛)을 통하여 예수님을 올바로 볼 수 있는 힘을 달라고 기도하였다. 내 옆에 서 있는 요한과 함께 우리는 아주 조금이라도 고통을 덜어 달라고 아버지께 우리의 사랑을 모두 바쳤다. 구세주로부터 그 무거운 짐을 조금만이라도 덜어 달라고 우리 자신을 전부(全部) 바쳤다.
　　　나는 아버지께서는 그렇게 하시지 않을 것이라는 것을 알고 있었다. 왜냐 하면, 그러한 고통은 죄의 사슬로부터 인간을 해방(解放)시키기 위해 필요한 것이기 때문이다. 죄의 사슬은 인류가 자청해서 자기 자신에게 채운 것이었다. 나는 내 아드님을 끌어안고 위로해 주고 싶었다. 그리고 품에 안고, 사랑하고 있다는 것과 어머니가 거기에 와 있다는 것을 말해주고 싶었다. 나는 예수님이 어린애였을 때 했던 것처럼 애정으로 따뜻하게 감싸주고 싶었다.
　　　나는 나의 아드님이 살기를 원했으나 더 이상 살 수 없다는 것을 알고 있었다. 예수님은 하느님께서 인간(人間)을 얼마나 많이 사랑하는가를 보여 주기 위해 죽음을 감내(堪耐)해야만 했기 때문이다. 내 눈에서 흘러내리는 슬픔의 눈물이 사랑의 웅덩이를, 어머니로서의 걱정의 웅덩이를, 영원히 계속되는 기쁨의 웅덩이를 만들어냈다. 그리고 나의 무거운 마음이 온 인류를 위해 느끼는 사랑을 만들어 냈으며, 나와 온 인류 사이에 특별한 유대감(紐帶感)을 만들어 냈다.

지금 나는 어리석은 자녀들이 자기 파멸(自己破滅)의 길을 따라가는 것을 보면서 다시 눈물을 흘리고, 악과 죄의 길을 따라가는 것을 보고 눈물을 흘리고 있다. 내 마음이 또 다시 갈기갈기 찢겨져야 한단 말이냐? 어머니가 자녀들이 자신을 해(害)치는 것을 보았을 때 느끼는 슬픔을 다시 맛보아야 한단 말이냐? 내가 다시 자녀들의 영원히 계속될 죽음을 보고 통곡해야 한단 말이냐?

자녀들에게 내가 바라는 것은 오로지 선량(善良)함이다. 자녀들에게 내가 바라는 것은 오로지 사랑이다. 그리고 자녀들을 위해 내가 바라는 것은 오로지 하늘나라이다.

만약 인류(人類)가 지금 바뀔 수만 있다면,
만약 인류가 기도(祈禱)를 시작할 수 있다면,
하느님을 사랑하고 서로를 사랑하고,
자주 자신에게 해당(該當)한 7성사(七聖事)를 받고,
하느님께서 창조하신 의도(意圖) 대로 삶을 살 수 있다면,
그 때는 그리고 오로지 그 때만이 이 지구는 본래(本來) 만들어진 의도 대로 낙원(樂園)이 될 수 있을 것이다.

만약 인류가 남을 용서(容恕)하는 것을 배우고, 서로의 차이점(差異點)을 무시하고 다른 사람을 받아들여서 하나의 가족

(家族), 곧 하느님의 가족(성가정)이 될 수 있다면, 오로지 그 때만이 하늘나라의 영원한 생명(生命)을 얻게 될 것이다.

† † †

◇ 은총을 비는 기도

"만일 이 기도를 십자가의 여왕으로서의 내 성화를 가슴에 품고 한다면, 기도하는 사람은 하느님으로부터 은총을 받게 될 것이다."

저는 은총이 가득하신 마리아님, 십자가의 여왕을 통하여 이 은총(자신이 기도하는 목적을 말한다)을 저에게 내려 주시기를 주님께 간구합니다.

「성모송」 세 번

「주님의 기도」 세 번

「영광송」 세 번

† † †

머 리 말

C. 앨런 에임스

저는 가톨릭 신자로 영세를 받았으나 성장해서는 믿지 않게 되었습니다. 저는 가톨릭 신앙을 동화 같은 것이라고 생각했습니다. 곧 그것은 사실이 아니라 픽션 같은 것이라고 생각했던 것입니다.

그래서 저는 기도를 별로 하지 않았습니다. 아마 하룻밤에 1분쯤 했을 것입니다. 그것은 제가 죽을 경우에, 하느님께서 저를 하늘나라로 데려가 달라는 일종의 보험 같은 것이었습니다. 성당에 가는 것은 보통 크리스마스 때나 부활절 뿐인데, 가톨릭 신앙이 진실일 경우에 대비하여 믿음을 유지해 가는 정도였습니다.

청소년 시절에 저는 성당의 헌금 상자에서 돈을 훔치곤 했습니다. 왜냐 하면, 알콜 중독에 빠지고 도박벽이 있는 아버지 때문에 우리는 돈이 없었기 때문입니다. 제가 도둑질을 그만 둔 것은 경찰에게 붙잡혔기 때문입니다. 저는 오토바이 폭력단에 가입을 하고 무척이나 난폭한 인간이 되었고 주정뱅이가 되었습니다. 그때 저는 지금의 아내 캐드린(Kathryn)을 만났는데, 그녀가 저를 얼마간 진정시켜 주었습니다. 그러나 얼마 지나지 않아 저는 다시 폭력과 알콜과 도둑질과 온갖 악행을 자행하는 옛날 생활로 되돌아가고 말았습니다. 제 생활은 하느님께 완전히 등을 돌려 버린 삶 자체였습니다.

어느 날, 저의 인생에 너무나도 많은 나쁜 일들이 한꺼번에 일어나서 장차 어떻게 될 지 몰라 절망에 빠졌을 때, 어디선지 모르게 다정한 목소리가 저에게 말을 걸어오기 시작했습니다. 저는 드디어 미치기 시작했으며, 어쩌면 알콜이 그런 환청의 원인이 아닐까 하고 생각했습니다. 그 목소리는 "자신은 천사이며, 하느님께서 그를 저에게 보내셨다."고 말했습니다. 왜냐하면 하느님께서 저를 사랑하고 계시며, 저의 사랑을 바라시기 때문이라고 했습니다. 저는 천사라는 것을 믿지 않았기 때문에, 그에게 천사라는 것을 증명해 보이라고 요구했더니 천사는 저의 일생에 앞으로 일어날 여러 가지 일들에 관해서 이야기하고, 과거에 일어났던 일들을 전부 나열했습니다. 그 말을 듣고 나서 저는 진짜 천사라는 것을 확신했습니다.

몇 달 후에, 아빌라의 성녀 데레사가 저에게 이야기를 하기 시작했습니다. 분명한 말투로 저에게, 저의 생활을 새로 바꾸지 않는다면, 영원히 고통 속에서 헤어날 수 없을 것이라고 말했습니다. 성녀 데레사는 저에게 하루에 묵주 기도(로사리오)를 세 번 드릴 것을 요구했습니다. 하지만 저 같은 사람에게는 도저히 불가능한 일처럼 생각되었습니다. 성녀 데레사의 도움을 받아 저는 묵주 기도를 드리기 시작했는데, 그것을 멈추고 싶지가 않았습니다. 그것은 분명히 제 인생에서 하나의 기적이었습니다. 또 다른 기적은 제가 술을 마시는 것을 중단했다는 사실입니다. 저 같은 알콜 중독자가 된 주정뱅이에게는 참으로 놀라운 은총이었습니다. 시간이 경과함에 따라서 다른 성인들도 저에게 이야기를 걸어 왔으며, 매일 기도를 자주 드리고 7성사 중에서 해당되는 성사(聖事)를 받도록 격려해 주었습니다.

어느 날, 제가 예수님의 성심상 앞에 서 있었는데, 성심상이 하얗게 빛을 발하기 시작했습니다. 문득 저는 성모 마리아님을 볼 수 있게 되었습니다. …… 그 분은 너무나 아름답고 너무나 평화로워 보였습니다. 저는 약간 혼란을 일으키고 있었습니다. 왜냐 하면 성모님의 심장을 볼 수 있었는데, 그때 저는 그 심장이 뒤쪽에 있는 예수님의 성심상에서 나온 것이라고 생각하고 있었기 때문입니다. 그러나 나중에 이르러서야 저는 마리아님의 순결한 성심을 보고 있었다는 것을 깨달았습니다. 저는 전에는 전혀 그런 이야기를 들어본 적이 없었습니다.

성모 마리아님은 저에게, 저를 사랑하고 있다고 말씀하시면서, 당신을 어머니라고 불러야 한다고 했습니다(요즘 저는 성모님을 종종 엄마라고 부릅니다). 성모님은 진실로 모든 사람의 어머니이기 때문입니다. 그리고 저를 기도와 성체(聖體)를 통하여 예수님의 성심 속으로 더욱 깊이 데리고 들어가고 싶다 하시고, 바로 그것이 온 인류에게 성모님이 제공(提供)하기를 원하는 것이라고 설명해 주었습니다. 성모 마리아님은 이야기를 계속하고, 때로는 저에게 발현(發現)하기도 했는데, 항상 저에게 기도하고, 성체를 영하고, 하느님을 믿으라고 격려해 주었습니다. 언젠가 말씀을 하시는 도중에 성모 마리아님이 저에게 "내 아드님이 너를 만나러 오실 것이다." 하셨는데 정말로 우리 주 예수님께서 나타나셨던 것입니다.

† † †

제가 체험한 저의 축소형 「최후의 심판」

　　　　1994년 2월의 어느 날, 제 생애(生涯)에서 가장 놀라운 일이 일어났습니다. 예수님께서 저에게 이야기를 걸어왔던 것입니다. 예수님께서 저를 사랑하고 있으니까, 너도 네 자신을 사랑해야 한다고 말씀하셨습니다. 그리고 나서 예수님께서는 저를 데리고 저의 인생(人生)을 하나하나 살펴 나갔습니다. 제가 저질렀던 모든 죄(罪)들을 보고, 제가 원인(原因)을 제공한 모든 고통(苦痛)을 보았습니다.

　　　　예수님께서는 제가 당신께 얼마나 상처(傷處)를 입혔는가를 보여주셨습니다. 저는 예수님께서 십자가상에서 고통을 받으시는 것을 보았으며, 제 죄가 십자가(十字架)의 수난(受難)에 한몫 하고 있다는 것을 알았습니다. 또한 제가 어떻게 다른 사람들에게 상처를 입히고, 어떻게 저 자신(自身)에게 상처를 입혔는가도 보았습니다…….

　　　　나중에 저는 제 영혼(靈魂)의 상태(狀態)가 어떠한가를 보게 되었습니다. 영혼은 어둡고, 고약한 냄새를 풍기는 고름을 뿜어내는 상처들로 뒤덮혀 있었습니다. 그 모습이 바로 죄 속에 있는 제 영혼이라고 말씀해 주셨습니다. 그리고는 제 영혼이 얼마나 밝아질 수 있으며, 얼마나 깨끗해지고, 순수(純粹)해질 수 있는가도 보여 주셨습니다. 예수님께서는 제가 간청(懇請)하기만 한다면 저를 용서(容恕)해 주시겠다고 말씀하셨습니다. 그래서 저는 그 말씀대로 순종하였습니다. 제가 예수님께 행한 행위(行爲)에 대해서 부끄러움을 느끼고, 십자가상에서 예수님께서 고통 받으시는 것을 보면서 몇시간 동안을 울고 또 울었습니다.

예수님께서는 또한 과거(過去) 유해(有害)하게 보낸 시간들을 돌아보게 만들고, 과거의 사랑받지 못하고 버림받았던 무가치(無價値)한 인간(人間)이라는 감정(感情)들을 모두 섭렵(涉獵)하게 만들었습니다. 그리고 예수님께서는 항상 저를 사랑해 왔으며 앞으로도 영원히 사랑할 것이라고 말씀하셨습니다. 저는 용서를 받았으니, 이제는 저 자신을 사랑하고 용서하지 않으면 안 된다고 말씀하셨습니다. 매우 어려운 일이었지만, 예수님의 도움으로 저는 끝내 그것을 해낼 수가 있었던 것입니다.

　　그러한 체험(體驗)은 오후 내내 계속되었는데(약 5시간쯤 걸렸을 것입니다), 그 시간 대부분을 저는 침대 위에 쓸어져 울면서 저를 용서해 달라고 예수님께 간절하게 간청하며 보냈습니다. 저는 다시는 그 죄들을 다시 짓지 않겠다고 결심하고 거듭 결심했습니다. 왜냐 하면 제가 죄를 지으면, 그 때마다 예수님께 상처를 입히게 되기 때문입니다.

　　그 때부터 저는 예수님과 사랑에 빠졌으며, 기꺼이 그리고 아무 조건(條件) 없이, 예수님께서 요구(要求)하시는 것을 저는 모두 이행(履行)하겠다고 약속(約束)하였습니다. 그날 저는 진실(眞實)로 하느님께로 돌아왔습니다.

　　이미 이야기한 대로 예수님께서는 저를 사랑하고 있으며, 저의 죄를 용서해 주시겠다고 말씀하셨습니다. "주님, 왜 죄인인 저입니까?" 하고 저는 물었습니다. "어째서 하느님과 당신의 어머니와 천사들과 성인들이 숱하게 많은 선량한 사람들 대신에 이 죄많은 저를 찾아오셨습니까?" 예수님께서 말씀하셨습니다. "나는 다른 모든 사람들과 마찬가지로 너를 사랑한다. 단 하나의 차이점(差異點)은 네가 얼마나 나를 사랑하느냐 이다. 내가 너 같은 사람을 새롭게 바꿀 수 있다면, 나로부터 그토록 멀리 떨어져 있던 너를 변(變)하게 할 수 있다면, 그것이 인류(人類)에게 네가 누구이고 무슨 짓을 했느냐에 상관 없이 진정 네가 구(求)하기만 한다면, 나는 너를 사랑하고 용서(容恕)해 주시기를 원(願)한다는 것을 보여 주게 될 것이다. 그리고 이것은 하느님께서 온 인류를 위(爲)해서 계신 것이지, 선택된 몇 사람만을 위해 계신 것이 아니라는 것을 보여 주게 될 것이다."

그날 저는 예수님과 사랑에 빠졌으며, 지금 저는 매일 매 순간마다 예수님을 사랑하고 있습니다. 예수님께서는 죄인인 저에게, 당신의 일을 해줄 수 있느냐고 물으셨습니다. 저는 너무나도 무가치해서 그런 일을 하기에는 적합(適合)치 않은 사람이라고 느끼고 있었으나, 예수님께서는 너는 결코 무가치(無價値)하지 않으며, 너의 삶을 나에게 바침으로써 네가 나를 얼마만큼 사랑하고 있는가를 보여줄 수 있다고 말씀하셨습니다. 저는 그 분의 뜻대로 행하는 데 동의(同意)를 하고, 그 분이 저에게 무엇을 원하든 간에 상관 없이, 그 분을 사랑하고 있기 때문에 그 일을 행(行)하겠다고 약속(約束)했습니다.

하느님과 그 분의 어머니, 천사들과 성인들이 저에게 인류를 위한 메시지를 주시기 시작했으며, 그것을 책으로 출판하도록 요구하셨습니다. 그래서 그 메시지들을 한데 묶어서 「예수님의 눈으로」 시리즈로 우선 제1권 「예수님의 눈으로」①, 제2권 「예수님의 눈으로」②, 제3권 「예수님의 눈으로」③, 제4권 「희망찬 나의 길」, 제5권 「하느님 아버지께서 저에게 말씀하신다!」, 제6권 「앨런 에임스가 받은 사랑의 메시지」, 제7권 「참 평화!」를 펴내게 되었습니다……

저는 이 책을 읽는 사람들이 모든 말씀 안에서, 하느님의 사랑, 곧 하느님께서 모두가 함께 나누어 갖기를 원하고 있는 사랑, 독자 여러분에게 영원한 기쁨을 가져다 줄 사랑을 체험하기를 바랍니다. 여러분 모두에게 하느님의 축복이 내리시기를 빕니다. 또한 이 책을 읽어 주신 것에 대하여 감사를 드립니다.

이 책은 죄인으로서 하느님을 사랑하는 저에게는 커다란 보상입니다. 예수님과 마리아님을 사랑하는 충실한 종인 저를 위하여, 기도해 주시기를 부탁드립니다. 아멘.

† † †

차 례

제 I 부   하느님께로 가는 길

제 1 장 하느님께로 가는 길 / 29
—— 성모님의 메시지 ——

제 2 장 하느님과 함께 하는 길 / 82
—— 천주 성부님의 메시지 ——

제 3 장 하느님의 자비의 길 / 97
—— 천주 성령님의 메시지 ——

제 4 장 영원한 사랑에의 길 / 111
—— 천주 성자님의 메시지 ——

제 II 부   확실한 나의 길

제 1 장 인류의 죄 / 123
—— 천주 성부님의 메시지 ——

제 2 장 이성이라는 이름 아래서 / 146
—— 성모님의 메시지 ——

제 3 장 잘못 알고 있는 길 / 150
—— 천주 성부님의 메시지 ——

제 4 장 하늘나라로 가는 길 / 166
—— 삼위일체이신 하느님의 메시지 ——

26 「예수님의 눈으로」시리즈 : "앨런 에임스가 받은 사랑의 메시지 6"

제Ⅲ부   생명의 길

　제 1 장 사람들 / 277
　　　　　── 천주 성자님의 메시지 ──

　제 2 장 7성사(七聖事)/ 309
　　　　　── 천주 성자님의 메시지 ──

　제 3 장 교 회(敎會)/ 319
　　　　　── 천주 성자님의 메시지 ──

　제 4 장 조 언(助言)/ 324
　　　　　── 삼위일체이신 하느님과, 성모님의 메시지 ──

† † †

제 I 부
하느님께로 가는 길

제1장 하느님께로 가는 길 / 29
         ── 성모님의 메시지 ──

제2장 하느님과 함께 하는 길 / 82
         ── 천주 성부님의 메시지 ──

제3장 하느님의 자비의 길 / 97
         ── 천주 성령님의 메시지 ──

제4장 영원한 사랑에의 길 / 111
         ── 천주 성자님의 메시지 ──

"이 책을 저에게 말씀을 해 주신 성모님께 삼가 바칩니다."

성호경

(십자성호를 그으며)
성부와 성자와 성령의 이름으로.
아멘.

주님의 기도

하늘에 계신 우리 아버지,
아버지의 이름이 거룩히 빛나시며
아버지의 나라가 오시며
아버지의 뜻이 하늘에서와 같이
땅에서도 이루어지소서!
오늘 저희에게 일용할 양식을 주시고
저희에게 잘못한 이를 저희가 용서하오니
저희 죄를 용서하시고
저희를 유혹에 빠지지 않게 하시고
악에서 구하소서.
아멘.

제 1 장

하느님께로 가는 길
—— 성모님의 메시지 ——

우리의 성모 마리아님! —— 1994년 8월 26일

　　인간은 하느님께서 존재하지 않을 지도 모른다는 결정을 내리는 데 오랜 시간이 걸렸지만, 그 다음에는 다시 존재할 지도 모른다는 생각을 하게 되었다. 인간은 형세를 관망하면서 어떤 신앙 고백도 하지를 않는다. 인간은 자신의 입장을 밝히기 전에 어떤 일이 일어날 지 눈치를 보며 기다리고만 있다.
　　"네, 하느님은 존재합니다." 혹은 "아니오, 하느님은 존재하지 않습니다." 하고 자유롭게 선택하지 못한다면, 인간은 어떻게 자신을 자유 사상가라고 부를 수 있겠는가? 하느님을 믿는다고 고백한 사람들 가운데 일부는 의심과 유보적인 태도를 가지고 믿을 뿐이며, 자신에게 유리할 경우에만 하느님의 존재와 하느님의 말씀을 받아들일 뿐이다. 그것이 너무 어려울 경우에는, 그들은 하느님을 무시하거나 부정해 버린다. 하느님을 믿지 않는 사람들은 하느님이 필요할 때까지는 믿으려고 하지 않으며, 믿고난 다음에는 하느님이 존재하기를 바란다.
　　요즘의 인간은 이성과 과학을 가지고 생각한다. 인간은 창조의 진리와 하느님의 진리를 이성과 과학을 사용해서 발견하려고 노력하고 있다. 요즘의 인간은 마치 하느님이라도 되는 것처럼 생각하고, 마치 모든 것의 지배자이며 소유자인 것처럼 생각하고 있다. 요즘의 인간은 만약 이 우주의 비밀을 알아낼 수만 있다면, 우주만물을 창조하신 하느님과 동등한 존재가 될 것이라고 믿고 있다.

하느님의 창조물을 이해하는 것이 모든 해답은 아니다. 창조물이 어디로부터 왔으며 어떻게 존재하게 되었는가를 이해하는 것이 하느님의 위대한 신비에 대한 해답은 아닌 것이다. 그 위대한 신비는 결코 인간에 의해서 해명될 수가 없는 것이다. 인간은 결코 하느님의 신비와 권위와 위대함과 신성(神性)을 이해할 수가 없다.

어느 날, 인간은 그 복잡한 문제를 풀게 되겠지만, 또 다른 훨씬 더 어려운 문제가 기다리고 있는 것을 발견하게 될 뿐이다. 어느 날, 인간은 창조에 대한 문을 열겠지만, 그것은 잘못된 문이라는 것을 발견할 뿐이고, 애당초 시작할 때보다 대답할 것이 훨씬 더 많은 까다로운 질문을 발견하게 될 것이다.

그러나 인간이 믿음의 눈을 가지고 볼 수만 있다면, 모든 문제는 너무나도 간단할 것이다. 믿음의 눈을 가지면, 모든 해답을 손쉽게 발견하게 되어서, 모든 의문이 저절로 사라져 버릴 것이다.

인간은 하느님의 은총에 의해서 여기에 존재하고 있다. 하느님께서 인간에게 생명을 주시고 이성을 주셨다. 하느님께서는 인간이 행복하게 살아가는 데 필요한 모든 것을 내려 주셨다. 하느님께서 인간에게 충족한 생활을 영위하는 데 필요한 모든 것을 주셨다. 하느님께서는 인간에게 모든 것을 다 주셨다.

만약 인간이 이것을 이해하지 못한다면, 그 때는 잠깐 걸음을 멈추고 자신을 깊이 살펴보고, 하느님께 대한 불신이 무엇이며 하느님의 선물을 얼마나 헛되이 사용했는가를 알아보아야 할 때이다. 인간은 더 늦기 전에 과거를 되돌아볼 필요가 있다. 왜냐 하면, 과거에 대한 기록이 남아 있는 한, 인간은 언제나 곤경에 처해 왔기 때문이다. 전쟁, 살인, 도둑질, 증오, 탐욕, 기아, 전염병, 욕정, 부도덕 등이 인류의 전 역사를 통하여 충만해 있으나, 그런 데도 아직 인간은 몇번이고 되풀이해서 같은 길을 따라가고 있다. 인간은 과거의 잘못으로부터 배울 줄을 모른단 말인가? 과거를 돌아다 보아라. 언제 평화로울 때와 행복스러울 때가 있었는가? 인간이 최초로 죄를 범한 이래 단 한 번도 평화로울 때가 없었다.

만약 죄를 짓는 것이 오로지 죽음과 파멸과 고통과 슬픔만을 가져다준다면, 왜 그것에 집착하는가? 왜 과거에 몇번이고 되풀이해서 실패한 것을 자주 행하려고만 하는가? 만약 어떤 일이 실패로 끝났다면, 그 때는 분명히 새로운 전략을 시도해야 할 것이 아니겠는가.

옛날 방식은 지금까지 실패했다. 왜 새로운 방식을 시도하지 않는가? 그러면 새로운 시대가 도래할 지도 모르지 않겠는가? 새로운 방식은 시간만큼이나 오래된 것이지만, 한 번도 인간에 의해서 채택된 적이 없다. 그것은 하느님의 방식이고 사랑의 방식이다. 친절함의 방식이다. 다정함의 방식이다. 상냥함의 방식이다. 예수님의 방식이다.

예수님은 하느님 아버지께서 옛날에 하신 말씀에 생명을 불어 넣으셨다. 하느님 아버지께서는 말씀하셨다. 예수님은 하느님의 말씀을, 인간이 아니라 하느님의 뜻대로 해야 한다는 것을 보여 주셨다. 그리고 예수님은 만일 우리 모두가 하느님의 말씀을 위해 산다면, 이 세상이 본래(本來) 의도대로 낙원(樂園)이 될 것이라는 것을 보여 주셨다. 예수님께서는 그 길을 보여 주셨다. 그러므로 이제는 인간(人間)이 그 길을 따라가도록 노력(努力)해야 할 때이다.

그 길을 따라가기 위해서 무엇을 해야 하는가? 그것은 아주 쉬운 일이다. 사랑하여라. 하느님의 사랑 안에서 살고, 이웃 사람을 사랑하고, 너 자신을 사랑하여라. 모든 사람과 모든 것을 하느님께서 주신 선물로 대접하여라. 만물 안에서 하느님의 불꽃을 보고, 그것에 어울리는 대접을 하여라. 그리고 모든 사람을 사랑을 가지고 대접하여라.

이 길은 따라가기가 힘든 길이지만, 노력을 하기만 한다면 그 노력이 세계를 구하고 인류를 구하는 데 도움을 줄 것이다.

하느님은 누구이고, 하느님은 무엇이고, 또 하느님은 어디에 있는가를 과학과 이성에 의해서 알아내려고 하는 과제를 인간은 자기 자신에게 떠맡겼다.

어떻게 과학과 이성이 이것에 대한 대답을 할 수 있겠는가? 오직 믿음만이 대답을 할 수 있다. 과학과 이성은 인식이 불가능한 것을 해명할 수가 없지만, 오직 믿음만이 이해할 수 있다. 과학과 이성은 과학과 이성의 외부에 존재하는 것을 이해하지 못하지만, 오직 신앙만이 이해할 수 있다.

과학과 이성이 수많은 치유가 불가능한 질병들을 치료할 수가 있는가? 없다! 오직 믿음만이 치유할 수 있다.

과학과 이성이 하늘로부터 만나를 내려오게 할 수 있는

가? 없다! 오직 믿음만이 만나를 내려오게 할 수 있다.

과학과 이성이 생명과 삶의 실체를 인간에게 보여주고 있는가? 아니다! 오직 믿음만이 보여줄 수 있다.

그렇다면 과학과 이성은 무엇을 할 수 있는가? 과학과 이성은 인간이 행하도록 시키는 일만을 할 수 있을 뿐이다. 그러나 하느님께 대한 믿음을 가지면 지금보다 훨씬 더 많은 일을 할 수 있을 것이다. 왜냐 하면, 하느님은 위대한 과학자이며 위대한 계산가이기 때문이다. 하느님의 이성은 인간의 이성과는 달리 건전하고, 하느님의 이성은 인간의 이성과는 달리 순수하며, 하느님의 이성은 인간의 이성과는 달리 사랑이기 때문이다.

만일 너희에게 고통과 고난을 안겨 주는 것 밖에 아무런 도움도 주지 못한다면, 과학과 이성이 무슨 소용이 있겠는가? 이것이 바로 인간의 과학과 이성이 행하고 있는 대부분의 일인 것이다.

왜 인간은 솔직하게 "주님, 저에게 길을 가르쳐 주십시오." 하고 말하지 않는가? 그러면 하느님께서 길을 가르쳐 주실 것이다. 하느님께서는 인간에게 최선의 길을 보여 주실 것이다. 그리고 인간을 위해 가장 편한 길을 보여주시고, 또한 인간에게 사랑스런 자가 되도록 가장 사랑스런 길을 보여 주실 것이다.

시간이 시작될 때, 인간은 거기에 있었는가? 만물이 창조될 때, 인간은 거기에 있었는가? 생명이 만들어질 때, 인간은 거기에 있었는가? 아니다. 오로지 하느님만 존재하셨다. 그러므로 하느님께서 존재하셨고, 존재하고 계시며, 앞으로도 항상 존재하실 것이라면, 어째서 인간은 그 분께 돌아서서 그 분께 물어보지를 않는가? 만일 너희가 묻는다면, 그 분께서는 기꺼이 대답해 주실 것이다.

　인간은 설사 알고 있지는 못한다 하더라도, 하느님께 대한 믿음 속에서 살고 있다. 숨을 쉴 수 있는 공기가 있을 것이라는 믿음, 태양이 세상을 계속 비춰 줄 것이라는 믿음, 지구는 앞으로도 계속 존재할 것이라는 믿음, 그 분의 생명은 영원하다는 믿음, 그 분의 현존에 대한 믿음, 그리고 그 분의 때가 다가올 것이라는 믿음 등등. 그토록 많은 믿음을 하느님께 대하여 갖고 있으면서도, 인간은 그것을 깨닫지 못하고 있다. 인간은 과학과 이성에 의해서 눈이 멀었다. 과학과 이성을 남용하면, 죄의 또 다른 이름이 될 수 있다.

　모든 창조물을 사랑하시는 것과 마찬가지로 하느님께서는 인간을 사랑하신다. 모든 창조물을 만드신 것처럼 하느님께서는 인간을 만드셨다. 모든 창조물과 마찬가지로 인간은 하느님께 속해 있다. 이 사실을 이해하고 믿을 때, 인간은 비로소 하느님 안에서 참된 운명을 깨닫게 될 것이다.

　누가 자신을 창조했고, 인간은 누구이며 무슨 목적으로 만들어졌는가를 받아들일 때, 인간은 사랑과 행복 안에서 살 수 있게 된다.

　예수님을 구세주와 주님으로 받아들일 때, 악과 맞서 싸우는 투사로, 자신의 사랑으로, 하느님 아버지께로 인도하는 길로 받아들일 때, 인간은 자신의 미래와 사는 길과 사랑의 길과 존재의 길을 이해하기 시작하게 될 것이다.

　예수님을 온 인류가 주님으로 받아들여야 한다. 예수님께서 죽음으로부터 부활하신 것을 온 인류는 받아들여야 한다. 예수님을 성령님과 함께 아버지와 한 분이신 하느님으로, 그리고 하느님의 참된 아드님으로 온 인류가 받아들여야 한다.

　　인류가 이런 사실을 터득하고 믿음으로 받아들일 때, 이 세상은 본래 의도된 대로 낙원이 될 수 있을 것이다. 인류가 이 사실을 깨달을 때, 이 세상은 마침내 평화와 조화와 사랑 안에서 살게 될 것이다.

　　세상 사람들 대부분은 이런 방식으로 살기를 원하고 있다. 그런데 어째서 그런 일이 일어나지 않을까? 세상 사람들 대부분은 평화와 사랑과 안전을 원하고 있다. 세상 사람들 대부분은 이것을 추구하고 있지만, 엉뚱한 곳에서 찾고 있기 때문에 발견하지 못하고 있다.

　　만일 세상 사람들이 주님이신 예수님의 말씀과 행동과 기도에 주의를 기울이기만 한다면, 그것이 평화에 이르는 참된 길이라는 것을 알게 될 것이다. 우리 주 예수님은 "평화의 왕자"가 아니신가? 우리 주 예수님은 하느님의 살아 있는 사랑이 아니신가? 우리 주 예수님은 인간을 위한 유일한 참된 안식처가 아니신가?

　　오늘 날 인간이 찾고 있는 것은 무엇인가? 인간은 하느님을 찾아야함에도 불구하고 그의 세월을 오직 자기 자신만을 위해 찾고 있다. 그런데도 하느님께서는 지켜보시면서 도와주려고 기다리고 계신다. 그리고 하느님께서는 지켜보시면서 당신의 사랑을 받아들이기를 간절히 바라고 계신다.

　　인간이 하느님을 찾고 하느님의 사랑을 받아들이면, 인간 본래의 모습으로 되돌아가게 될 것이다. 사람이 행하는 것에 주목하고, 신뢰하고, 믿어 보았자 무슨 도움이 되겠는가? 이제는 하느님께 돌아서서 하느님 안에서, 그리고 하느님을 통해서 믿고 신뢰(信賴)하고 사랑하도록 하여라. 그러면 열심히 찾고 있던 참된 행복(幸福)을 발견하게 될 것이다.

† † †

우리의 성모 마리아님! ── 1994년 8월 26일

기　도 (祈禱)

　　기도란 무엇인가? 기도는 하느님과 이야기를 나누는 것이다. 기도는 하느님과의 대화이다. 기도는 하느님과의 통신이다.
　　만일 기도를 제대로 드리면, 인류에게 필요한 모든 것을 곧 평화, 번영, 사랑, 행복 그리고 기쁨을 얻을 수 있다. 기도는 하느님을 인간에게 모셔다 줄 수 있으며, 모든 것을 인간에게 가져다 줄 수 있다.
　　가까운 친구나 사랑하는 사람에게 이야기할 때는 인간은 마음을 활짝 열어 놓는다. 이것이 기도의 본연의 모습이 되어야 한다. 왜냐 하면, 하느님은 네 친구이고 사랑이며, 너의 모든 것이기 때문이다. 친구나 사랑하는 사람과 이야기를 나눌 때, 너는 그들의 이야기에 귀를 기울인다. 기도를 할 때도 그렇게 해야 한다. 곧 오직 이야기만 할 것이 아니라, 하느님의 말씀에 귀를 기울여야 한다. 기도를 할 때 귀를 기울이기만 하면, 하느님께서는 여러 가지 방식으로 응답을 해 주신다. 하느님께서는 사랑을 가지고 응답해 주신다.
　　기도는 하느님께서 너와 함께 앉아서 네가 하는 말에 귀를 기울여 주시는 특별한 시간이다. 하느님께서는 귀를 기울여 주시고 사랑해 주신다. 하느님은 기도에 응답해 주시기 위해, 네가 그 분에게 기도드리기를 기다리고 계신다.

네가 겸손과 사랑과 진실을 가지고 기도로 간구한다면, 하느님께서는 곧 응답해 주신다. 하느님께서는 네가 원하거나 기대하고 있는 방식과는 다르게 응답을 하실 지도 모른다. 그러나 그 분은 네 영혼에 가장 적합한 방식으로 응답해 주신다. 하느님께서는 네가 어떤 방식의 응답을 필요로 하는 지를 아시기 때문에 그렇게 응답해 주시는 것이다.

기도는 하나의 고양(高揚)된 체험이어야 한다. 마지못해 기도를 하거나 의무적으로 기도를 한다면, 고양감이 없어진다. 기도는 자발적인 사랑을 가지고 드려야 한다. 그리고 네 자신을 완전히 바쳐야만 한다.

기도는 네 영혼에 하느님의 사랑과 빛으로 다시 불을 붙이는 화약이다. 기도는 하느님께서 내려주신 그처럼 특별한 선물이기 때문에 소중히 해야 한다. 그리고 기도는 네 영혼과 자아(自我)를 보다 고양(高揚)시켜 준다. 기도는 너와 다른 사람에게 덕행을 쌓게 해 준다. 기도는 인류에게 내려 주신 하느님의 특별한 은총(恩寵)이다. 기도는 하느님에게 기쁨의 시간이다. 왜냐 하면, 당신의 자녀들이 사랑 안에서 그 분을 찾아와 주기 때문이다.

기도는 네 자신과 하느님을 영광(榮光)되게 해 준다. 그리고 기도는 누구나 다 할 수 있다.

기도는 반드시 누구한테서 배운 말로 해야 되는 것이 아니므로, 어떤 말이든 사용해도 된다. 가령, ── 「주님의 기도」

를 제외하고 하느님께서는 네 자신의 말, 네 자신의 느낌, 네 자신의 생각 등「자유 기도」를 듣기를 무엇보다도 좋아하신다.

기도는 단지 말만으로 드려서는 안 된다. 행동(行動)을 통해서 기도를 드려야 한다. 만일 타인에게 하느님의 사랑을 보여주기를 원하거나, 또는 자신의 행동에 의해서 하느님을 영광되게 하기를 원한다면, 그것이 바로 기도인 것이다. 그것이 바로 행동으로 계속 기도할 수 있는 방법(方法)이다.

주님과 단둘이 조용히 앉아 있는 침묵(沈默)의 기도야말로 가장 보람있는 시간이 될 수 있다. 이것은 주님께서 말씀과 느낌과 생각과 그림에 의해서 말씀하실 때 가능해진다. 주님께서 너에게 말씀하시고 계시다는 것을 깨달으면, 가장 아름다운 시간이 될 수가 있다.

이 침묵의 기도는 아무에게도 방해받지 않는 시간을 필요로 한다. 조용한 방에 홀로 앉아서, 방문에다 "방해하지 마세요."라는 쪽지를 붙여 놓고, 수화기를 내려 놓고, 방해 요인을 제거한 후 혼자 앉아서 이렇게 말씀 드려라. "주님, 이 시간은 주님의 것입니다. 주님의 말씀을 들을 수 있도록 도와주십시오. 주님 안에 제가 있도록 도와주십시오. 주님과 함께 하도록 도와주십시오." 그리고는 긴장을 풀고 앉아서 한 마디의 말을 되풀이해서 생각하도록 노력하여라. 그것은 지금까지 들은 말 중에서 가장 특별한 말이고, 가장 유연성이 있는 말이고, 가장 사랑스런 말이고, 가장 영광스러운 말이다. 그것은 무슨 말일까?

물론 그것은 "예수님"이라는 말이다. 마음 속으로, "예수님! 예수님! 예수님!" 하고 계속 말을 하면, 너에게 내려주시는 하느님의 메시지를 보고 느끼게 될 것이다.

물론 주위가 산만해지는 경우도 많이 있을 것이다. 마음이 이리저리 흐트러지고, 이상한 생각들이 마음의 집중을 방해할 것이다. 예를 들면 가족에 대한 생각, 일에 대한 생각, 스포츠에 대한 생각, 그 밖의 별의별 생각들이 찾아올 것이다. 그러나 계속, "예수님! 예수님!" 하고 거듭 기도드리면, 이러한 모든 잡념들이 사라지고, 너는 하느님의 영광에 도달할 수가 있다. 한두 번 이상 시도를 해 보고 또 해 보아야 하겠지만, 꾹 참고 계속 시도를 하여라. 그리고 매일 일정한 시간을 정해 놓고, 하느님과 함께하는 시간을 즐기기를 바란다.

† † †

여기에 일상적인 기도 시간에 드릴 수 있는 기도문을 몇 가지 소개하겠다.

하늘에 계신 우리 아버지, 저는 당신을 사랑합니다. 그리고 제가 지은 죄를 용서해 주소서.
하늘에 계신 우리 아버지, 저는 당신을 사랑합니다. 그리고 아버지께 드리는 저의 사랑의 말을 들어 주소서.
하늘에 계신 우리 아버지, 저는 당신을 사랑합니다. 그리고 당신의 사랑을 간구합니다.
구세주이시며 해방자이시며 사랑이신 우리 주 예수님, 제 손을 잡으시고 저를 하늘에 계신 아버지께 인도해 주소서.
구세주이시며 해방자이시며 사랑이신 우리 주 예수님, 제 손을 잡으시고 저를 하늘나라의 영광으로 인도해 주소서.

구세주이시며 해방자이시며 사랑이신 우리 주 예수님, 제 손을 잡으시고 저를 위해 하늘나라에 마련하신 특별한 곳으로 인도해 주소서.

하느님의 불이시며 비둘기이시며, 바람이시며 빛이신 성령님, 저를 당신으로 가득 채워 주소서.

당신의 불과 평화와 말씀과 사랑으로, 저를 가득 채워 주소서.

성령님이시여, 당신 안에서 저를 자유롭게 해 주소서.

성령님이시여, 하느님의 은총으로 저를 밝혀 주소서.

하느님의 다정한 어머니이시며 하늘나라의 여왕이시여 제 기도를 들어주시고, 당신의 아드님과 배우자 요셉과 하느님 아버지께서 저에게 응답하시도록 간구해 주소서.

하느님의 은총을 받으신 다정한 성인들이시여, 저를 대신하여 주님께 제 기도에 응답하시도록 간구해 주소서.

하느님의 천사들이시여, 간구하오니 저를 지켜보아 주시고 보호해 주셔서, 제가 주님을 섬기고 마지막 날에 그 분께 갈 수 있도록 해 주소서.

오! 거룩하신 하느님, 오! 한 분이신 하느님, 오! 천주성삼이시여 저는 당신을 경배하고 흠숭하고, 찬미하고 감사하고, 그리고 사랑합니다.

다정하신 주님, 저를 사랑해 주시옵소서! 아멘.

† † †

우리의 성모 마리아님! ── 1994년 8월 26일

봉　헌 (奉獻)

　　봉헌은 하느님을 사랑하는 데 특별히 중요하다. 자기 자신을 하느님의 일과 사랑에 바친 사람들은 주님으로부터 특별한 보상과 선물을 받는다.

　　만사를 제쳐놓고 하느님을 위해 모든 것을 바치는 사람은, 만사를 제쳐놓고 하느님을 위해 모든 일을 하는 사람은 이미 하느님한테 특별한 선물을 받고 있다. 하느님께서 주시기를 원하는 선물은 너무나도 많으며, 종종 너무나도 많은 선물을 주신다.

　　하느님께서 선물을 주시는 것을 중단시키는 것은, 오로지 인간 자신 때문임을 알아야 한다. 때때로 인간은 세상의 일을 하느라고 너무나도 바빠서 하느님을 잊어버린다. 하느님과 함께 시간을 보내는 것을 잊어버린다. 기도하는 것을 잊어버리고, 종종 자주 고해 성사를 보고 성체를 영하는 것을 잊어버린다.

　　하느님께 자신을 바치기 위한 가장 중요한 방법은 기도와 성체를 통하여 그 분의 사랑 안에 계속 머물러 있는 것이다. 이런 것을 행하는 것을 잊어버리면, 하느님의 일을 하는 것이 아니라 결국에는 자기 자신의 일을 한 셈이 되고 만다. 자칫 잘못하면 하느님께서 원하는 것과 반대되는 일을 할 수도 있다. 심지어 어둠에 의해서 함정에 빠지고도 깨닫지 못하는 경우도 있다. 그러니까 항상(恒常) 깨어서 기도(祈禱)하고, 항상 자주 성체(聖體)를 성심껏 영하도록 하여라.

성체 성사는 하느님 안에서 너를 강하게 만들어 주고, 하느님으로 가득 채워 주고, 자신을 정화(淨化)시켜 준다.

† † †

우리의 성모 마리아님! —— 1994년 8월 27일

경　배 (敬拜)

경배는 하느님 한 분만을 위해 남겨 놓아야 한다. 경배는 오로지 한 분만의 영광을 위한 것이다. 경배는 오로지 하느님께만 드려야 한다.

경배는 우리 주 예수님을 위한 것이다. 그리고 성령님을 위한 것이고, 하늘에 계신 아버지를 위한 것이다. 경배는 삼위일체이신 참 하느님 한 분을 위한 것이다. 경배는 천주 성삼을 위한 것이며, 오로지 하느님만을 위한 것이다.

하느님을 경배할 때, 자신의 사랑을 그 분께 보여드리는 것이다. 하느님을 경배할 때, 그 분을 사랑하고 있다는 것을 다른 사람들에게 보여 주는 것이다. 그리고 하느님을 경배할 때, 그 분에 대한 자신의 믿음을 보여 드리는 것이다.

경배는 네가 하느님께 드리는 특별한 선물이다. 그 선물은 하느님께서 먼저 너에게 내려 주신 것인데, 이제는 네가 하느님께 돌려 드려야 할 차례이다.

경배는 주님께서 모든 사람 위에 군림하신다는 것을 선포하는 것이고, 겸손한 종으로서 그 분 앞에 무릎을 꿇을 때, 겸손의 행위가 된다.

마지막으로 경배는 사랑으로 네 자신을 하느님께 완전히 바치는 것을 의미하고, 하느님의 은총과 사랑에 의해서 네가 존재한다는 완전한 인식을 의미한다. 그것은 네 자신의 선택에 의해서 할 수 있는 유일한 행위이다.

왜냐 하면, 일단 네가 하느님을 경배하게 되면, 다른 모든 사람이 자연스럽게 너를 따라 하느님을 경배하기 때문이다. 이것은 하느님을 향해 너를 활짝 여는 선택을 하게 만든다.

네가 하느님을 경배할 때만이 너를 완전하게 그 분의 사랑 안에, 그 분에게 내맡기게 된다.

† † †

우리의 성모 마리아님! —— 1994년 8월 27일

존　경 (尊敬)

존경하는 것은 경배하는 것이나 흠숭하는 것이 아니다. 존경하는 것은 천사들과 성인들과 지극히 거룩하신 천주의 성모님에게, 그들의 희생과 베풂과 도움과 사랑에 대해서 찬미하고 감사하는 것을 말한다.

성모 마리아님을 존경하는 것은 대단히 특별한 존경이다. 성모님은 하느님으로부터 특별한 은총과 특별한 선물과 특별한 지위를 받았다. 성모님은 하느님의 아드님을 이 세상에 낳았으며, 어른이 될 때까지 양육하고 사랑함으로써 하느님께 자신을 완전히 바쳤다. 그리고 아드님이 인류를 위해 하느님께 생명을 바쳤을 때 곁에 있었으며, 마침내 영혼에 한 점의 흠도 없이 주님에 의해서 하늘나라에 이끌어 올려졌다.

이 얼마나 특별한 영혼인가! 하늘나라의 여왕, 순결한 성심, 하느님의 어머니, 인류의 어머니, 만백성의 어머니, 권능의 어머니, 자비의 어머니, 순결의 어머니, 하느님의 딸이라는 호칭을 받았다.

하늘나라에 있는 성모 마리아님은 얼마나 기쁨에 차 있겠는가! 네가 성모 마리아님을 존경한다면, 하느님한테 받은 특별한 은총으로 인간아 죄를 극복하는 것을 돕고, 하느님께 가도록 도와 줄 것이다. 성모 마리아님에게는 인간을 사랑하고, 인간을 도와주고, 당신 옆에 있는 우리 주 예수님과 함께 최후의 날에 악을 무찌르는 임무가 주어졌다.

천주의 성모님을 존경하는 것은 훌륭한 일이며, 성모님의 도움과 사랑과 동정을 구하기 위해 기도하는 것은 좋은 일이다. 그러나 무엇보다도 먼저, 성모님은 언제나 우리 주 예수님과 성령님과 성부님께로 인도한다는 것을 기억하는 것이 중요하다. 성모님은 하느님과 동등하지 않으며, 하느님의 종에 지나지 않는다. 이 사실을 항상 마음 속에 간직해야만 한다.

성인들을 존경하는 것은 하느님께 큰 기쁨을 안겨준다. 왜냐 하면, 하느님께서는 사랑하는 성인들을 통해서 자녀들에게 선물을 나누어 주시기 때문이다.

이것은 성인들에게 주신, 하느님을 위해 치룬 희생에 대한 특별한 보상이다. 이것은 모든 성인들이 소중히 하는 큰 선물이다. 이것은 하느님께서 내려 주신 놀라운 사랑이다.

성인들은 항상 성모님의 아드님, 예수님을 통해서 너희를 하느님께로 인도해 간다. 성인들은 모든 것을 그 분을 위해 다 바친 예수님의 종이다. 따라서, 성인들을 본받으려고 노력해야만 한다.

† † †

우리의 성모 마리아님! —— 1994년 8월 27일

하느님과 함께 하는 삶

하느님과 함께 하는 삶은 우리가 그것을 알고 있든 모르고 있든, 또는 믿든 안 믿든 간에, 우리가 항상 살고 있는 삶이다. 하느님께서는 모든 것을 만드셨다. 따라서 모든 것은 우리들을 포함해서 하느님으로부터 나온 것이다. 그러기 때문에 우리는 언제나 하느님의 창조물을 사용하면서 살아가야만 한다.

인간이 매일 사용하는 전기는 하느님으로부터 나온 것이다. 전기는 인간이 살아가는 것을 도와주고, 사랑을 진척시키기 위한 하느님의 창조물이다. 전기는 눈에 보이지 않는 힘으로 물체를 움직일 수가 있다. 믿음도 그와 마찬가지이다.

믿음은 하느님께서 인간에게 내려 주신 어떤 다른 힘보다 훨씬 더 강력하다. 믿음이 있으면 모든 것이 가능하다. 바다를 갈라지게 할 수도 있고, 산을 움직일 수도 있으며, 병자를 치유할 수도 있고, 영혼을 구원할 수도 있다.

믿음은 인간이 갖고 있는 가장 중요한 선물이지만, 인간

(人間)은 그것을 쓰지 않고 있다.

　　　전기가 들어와 있어서 스위치만 켜면 집안의 불을 밝힐 수 있다는 것을 믿는다면, 너는 스위치만 켜면 믿음이 네 영혼(靈魂)의 불을 켜 준다는 것을 믿어야 할 것이다.

　　　너는 전기를 믿고 있다. 왜냐 하면, 스위치를 켜면 당장 그 결과를 알 수 있기 때문이다. 믿음도 마찬가지이다. 하느님께 대한 믿음의 스위치를 켜면, 그 결과를 금세 알 수가 있다. 하느님께 대한 믿음 때문에 얼마나 많은 기적들이 일어나고 있는가? 그런 데도 많은 사람들은 아직도 믿지를 않고 있다. 그들은 그런 행위를 몇몇 사람만을 위한 비정상적인 특별한 것으로 보고 있다. 기적은 인간이 하느님께 대한 믿음만 가지고 있다면, 매일 일어나는 이벤트이며 어느 곳에서나 일어나는 이벤트인 것이다. 인간이 자신은 오로지 하느님의 은총에 의해서만 존재한다는 사실을 받아들이기만 한다면, 진실로 본연(本然)의 모습대로 살아나갈 수가 있다.

　　　인간이 하느님 안에서 하느님과 함께 살아가는 열쇠가 바로 사랑이라는 것을 이해하게 되면, 하느님께서 창조하신 의도대로 참된 존재(存在)가 될 수 있을 것이다.

　　　인류가 우리 주 예수님은 사랑이며, 그 분의 길을 따르는 것이 곧 하느님을 따르는 길이라는 것을 받아들이면, 본래의 모습대로 반짝이는 빛이 될 수 있을 것이다.

　　　인류가 미움이 아니라 사랑 안에서 살고 남을 이용하지 않고 도와주면, 인류가 하느님 안에서 동정심에 넘치고 사랑하고 기뻐하게 되면, 그때 비로소 하늘나라에 마련되어 있는 곳을 받아들일 수 있을 것이다.

이제 인간은 하느님 안에서 모두가 한 핏줄이고, 형제자매라는 사실을 받아들여야 한다. 인종이나 피부색이나 부자이거나 가난하거나 유명하거나 무명의 존재이거나 간에, 하느님에게는 모든 사람이 동등하다. 하늘나라에 이르는 유일한 길은 사랑과 소망과 믿음과 선량함과 친절함과 진리 안에서 우리 주 예수님을 통하는 길 뿐이다. 네가 무엇을 갖고 있고, 이 세상에서의 지위가 무엇이냐는 것은 전혀 문제가 되지 않는다. 문제가 되는 것은 어떻게 살고 있느냐이다. 너는 하느님의 사랑 안에서 살고 있는가? 아니면 네 자신의 사랑 안에서 살고 있는가? 다른 사람을 도와주고 있는가? 아니면 네 자신만을 돕고 있는가? 다른 사람이 번영하기를 원하는가? 아니면 오로지 네 자신만의 번영을 원하는가?

인간이 살아가는 데 필요한 것은 무엇인가? 인간이 존재하는 데 필요한 것은 무엇인가? 인간이 인간이고자 하는 데 필요한 것은 무엇인가? 인간에게는 오로지 하느님만이 필요하다. 왜냐 하면, 하느님은 모든 것이기 때문이다.

인간은 주위에 무엇을 갖고 있을 필요가 있는가? 인간은 내면에 무엇을 필요로하고 있는가? 인간은 자신을 부양하는 데 무엇이 필요한가? 오로지 하느님만 필요하다. 왜냐 하면, 하느님은 모든 것이기 때문이다.

인간은 어떤 존재가 되기를 원하고 있는가? 인간은 무엇을 위해 노력하고 있는가? 인간이 요구하고 있는 것은 무엇인가? 그것이 무엇이든 간에, 하느님 안에서 반드시 찾을 수 있을 것이다.

인간은 인생에서 무엇을 찾고 있는가? 인간은 다른 사람에게서 무엇을 구(求)하고 있는가? 인간은 자기 자신 속에서 무엇을 찾고 있는가? 그것이 무엇이든 간에, 하느님 안에서 꼭 찾을 수 있을 것이다.

      인간은 하느님이 없으면 어찌할 바를 모른다. 인간은 무엇을 하든 간에 하느님을 필요로하는 단순한 영혼의 소유자이다. 인간은 하느님의 사랑의 산물이다. 인간은 미래를 위한 소망이고, 사랑과 평화와 다정함과 우정을 위한 소망이다. 만일 인간이 이러한 겉옷을 걸칠 수 있다면, 하느님의 참된 자녀가 될 수 있을 것이다. 만약 인간이 자신을 하느님께 활짝 열 수만 있다면, 하느님이 원하는 참된 창조물이 될 수 있을 것이며, 만일 인간이 죄(罪)를 털어놓을 수만 있다면, 하느님 안에서 깨끗해질 수 있을 것이다.

      인간은 사랑하는 방법을 배워야 한다. 그리고 살아가는 방법을 배워야 한다. 인간은 서로를 돕는 방법을 배우지 않으면 안 되고, 무엇보다도 먼저 하느님을 사랑하는 방법을 배워야 한다. 인간이 하느님을 사랑하는 방법을 배우기만 한다면, 고통과 고뇌와 배고픔과 미움과 탐욕과 질투 같은 모든 어두운 것들이 사라져 버릴 것이다. 그러면 새로운 빛이, 예수님의 빛이, 하느님의 빛이 인간(人間)을 비춰 줄 것이다.

†††

우리의 성모 마리아님! —— 1994년 8월 27일

하느님을 세상에 알려라

많은 사람들이 하느님을 사랑하고 있지만, 사적이고 개인적인, 이기적인 방법으로 사랑하고 있다. 이런 사랑에 관해서 남들에게 이야기하지 않으면 안 되게 되었을 때, 많은 사람들은 곤혹스러워 하거나 난처(難處)해 한다. 이것은 어째서일까? 자신이 진실로 믿는 것을 다른 사람들에게 알리고 싶지 않기 때문이거나, 다른 사람들이 자신을 우스꽝스럽게 생각할까봐 두려워하고 있기 때문이다.

만일 다른 사람들이 아는 것을 원치 않는다면, 그것은 두려움에 기인(起因)하는 것이다. 남들이 비웃지나 않을까 하는 두려움, 그 동아리에서 따돌림을 당하지나 않을까 하는 두려움, 다른 사람들에 대한 두려움, 그러니까 거기에는 두려움이라는 단 한 가지 이유만이 존재한다.

두려움은 하느님을 세상 사람들에게 알리는 것을 가로막는다. 두려움이란 주님의 도움으로 극복(克服)할 수 있는 인간의 감정에 불과하다. —— 주저말고, 하느님께 도움을 청하여라. 그러면 하느님께서 그 두려움을 너에게서 거두어 줄 것이다.

일단 남들이 말하는 것을 중요하게 생각하지 않거나, 자신에 대한 행동을 대수롭지 않게 여기고, 오로지 하느님께서 너를 어떻게 보느냐는 것을 중요하게 생각하면, 두려움이 사라져 버릴 것이다. 하느님의 도움으로 이러한 두려움을 걷어내 버리면, 네 인생 전체가 변하는 것을 알게 될 것이다. 너는 세상 사람들에게 주님께 드리는 흠숭을 소리 높이 외치는 기쁨을 맛보게 될 것이다. 세상 사람들에게 예수님을 주님으로 선포하는 행복을 맛보게 될 것이다. 그리고 너는 마냥 행복해질 것이다.

참된 행복(幸福)은 오로지 하느님으로부터만 나온다. 참된 행복은 하느님께서 주시는 선물이다. 참된 행복은 네가 원하기만 한다면 하느님께서 내려 주신다. 세상 사람들에게 우리 주 예수 그리스도님을 널리 알려라. 그러면 참된 행복은 네 것이 될 것이다.

† † †

우리의 성모 마리아님! —— 1994년 8월 27일

하느님의 사랑을 세상에 보여 주어라

어떻게 하면 네가 하느님을 사랑하고 있다는 것을 세상에 보여 주고, 네가 만나는 모든 사람과 함께 하느님의 사랑을 나누어 갖고 싶다는 것을 나타낼 수 있을까?

그것은 다른 사람들에게 친절하게 대하고 관대하게 대함으로써 보여줄 수 있다. 그리고 가능한 한, 다른 사람들을 도와주고, 네 자신보다는 남을 앞에 내세우고, 네 자신과 시간을 베푸는 기술을 완벽하게 터득하고, 사랑을 생활화함으로써 보여줄 수 있다. 그러나 가장 중요한 것은, 다른 사람들에게 좋은 일을 행함으로써 간접적으로 하느님을 찬양하는 일이다.

네 자신을 베푸는 경우, 항상 네 자신과 남들에게 왜 베푸는지를 상기하지 않으면 안 된다. 너는 하느님을 위해 베풀고 있는 것이다. 하느님은 인간을 위해 생명을 버린 당신의 아들 예수를 통하여 최대의 희생을 하셨다. 너는 모든 사람에게 자신이 베푸는 것은 아주 하찮은 것이라는 것을 항상 상기시켜야 한다. 그것은 하느님의 희생에 비하면 사소한 행위에 지나지 않기 때문이다. 그 차이는 너무나 커서, 설사 네가 생명을 다른 사람에게 준다고 하더라도, 그것은 주님이 말씀하신 한 마디 말씀과도 비교가 안 된다.

만일 주님께서 당신의 희생에 의해 너를 구원했다는 것을 상기한다면, 네가 베푸는 것이 더욱 손쉬워지고, 더욱 완전해지고, 더욱 보람있게 될 것이다. 너를 구하기 위해 희생을 감수한 하느님께, 비록 조금이나마 그 은혜를 갚으려고 하는 마음을 갖는 것을 잊지 말아야 한다.

기회 있을 때마다 하느님의 사랑이 얼마나 위대한가를 알려라. 그리고 하느님의 사랑이 어떻게 너로 하여금 모든 사람에게 아낌없이 사랑을 베풀게 만드는가를 알려야 한다.

† † †

우리의 성모 마리아님! —— 1994년 8월 27일

주님을 흠숭(欽崇)하여라

주님을 흠숭하는 것은 주님께 대한 찬양, 주님 안에서의 행위, 그리고 주님을 위한 실천에 의해서 나타난다.

주님께 대한 찬양(讚揚)은 너의 기도와 하느님과의 대화를 통해서 이루어진다. 그러므로 자신에게 일어났던 모든 좋은 일에 대해서만 하느님을 찬양해서는 안 되며, 역시 자신이 겪었을지도 모르는 실망과 손실에 대해서도 찬양을 해야만 한다. 네가 행복할 때만 주님을 찬양한다면, 그 분께 무슨 찬양이 되겠느냐? 행복할 때는 누구나 찬양할 수가 있다. 하느님께 대한 참된 사랑을 나타내 보이는 것은 네가 슬플 때 찬양을 하는 경우이다. 그 상황이 어떻든 간에 항상 하느님께 감사하고 하느님을 찬양해야만 한다. 그것이야말로 하느님께서 가장 소중히 여기시는 참된 찬양이요 감사이다.

이렇게 하면, 곤경에 처했을 때 무거운 짐이 훨씬 가벼워지는 것을 알게 될 것이며, 즐거울 때는 그 기쁨이 한층 더 커지는 것을 느끼게 될 것이다.

주님을 위한 네 행동과 실천은 역시 하느님을 흠숭(欽崇)하는 하나의 방법이다. 매일 하루를 시작할 때마다, "오늘 제가 행하는 모든 일을 주님을 흠숭하기 위해 바치겠습니다." 하고 말씀을 드려라. 그리고 네가 행하는 모든 일에서 네 사랑을 나타내 보이도록 노력하여라. 그것이 아무리 힘든 일이라 하더라도 말이다. 곤란하고 어려운 때일수록 네 사랑을 더욱더 나타내 보이고, 하느님을 흠숭하기 위해 바쳐라. 이것이야말로 주님을 진실로 흠숭하는 길인 것이다.

† † †

우리의 성모 마리아님! ── 1994년 8월 27일

다른 사람들의 죄를 속죄(贖罪)하여라

다른 사람들의 죄를 속죄하는 것은, 하느님께 대한 사랑 중에서 대단히 중요한 부분을 차지한다. 만일 기도에 의해서 한 사람의 영혼을 구할 수 있다면, 너는 하늘 나라에 커다란 기쁨을 가져다 주게 될 것이다.

매일 주님께 기도할 때, 살아 있는 사람이든 죽은 사람이든 간에, 다른 사람들을 위해 기도하는 것이 매우 중요하다. 만일 기도에 의해서 길잃은 영혼을 하느님께 인도할 수 있다면, 그 사람들을 위해 기도하는 것은 당연히 네 의무(義務)인 것이다.

다른 사람들을 위해 기도를 할 때, 그들의 주머니를 위해 무엇이 최선인가가 아니라, 그들의 영혼을 위해 무엇이 최선인가를 생각하고 기도하는 것이 중요하다. 물론 배고픈 사람을 위해서 음식을 달라고 기도하고, 고통받는 사람을 위해서 고통을 덜어 달라고 기도하고, 억압받는 사람을 위해서 자유를 달라고 기도하고, 권리를 행사하지 못하는 사람을 위해서 권리를 달라고 기도하는 것은 좋은 일이다.

하지만 만약 그들의 영혼이 구원받지 못한다면, 그것이 무슨 소용이 있겠느냐? 그러므로 너는 먼저 그들의 영혼의 요구를 위해 기도하고 육체의 요구는 뒤로 미루어야 한다. 이것은 어쩌면 일부 사람들에게는 이해하기가 곤란할 지도 모른다. 그러나 이렇게 상상해 보기 바란다. 너는 지금 사막 안에서 목이 말라서 죽어 가고 있는데, 내일까지 생명을 부지(扶持)할 수 있는 물을 제공해 주거나, 혹은 네가 안전지대에 도달할 때까지 지탱해 줄 수 있는 활력소가 가득 든 음료수를 제공해 준다면, 어느 쪽을 택하겠는가? 물론 활력소가 가득 든 음료수일 것이다! 네 기도도 그와 마찬가지다. 그러므로 너는 하늘 나라의 하느님의 영광에 도달할 수 있기 위해, 먼저 영혼(靈魂)을 활성화(活性化)시켜 주도록 기도(祈禱)해야만 한다.

길을 잃어버린 영혼들을 위하여 기도할 때, 어떤 사람을 위해 기도를 해야 할까? 너는 하느님을 전혀 모르는 사람들과, 하느님을 믿지 않는 사람들과, 이른바 다른 신들을 믿고 있는 사람들을 위해 먼저 기도하여라.

기도에 의해서 너는, 어떤 영혼을 하느님께 열게 하고, 하느님을 이해하고 믿고 받아들이게 하여, 하느님을 사랑하게 만들 수 있을 지도 모른다. 이것은 하느님을 위한 대단한 승리이다. 왜냐 하면, 길잃은 양이 되돌아오는 것은 주님께 매우 특별한 일이기 때문이다. 그러니까 기도 속에 항상 그들을 포함시켜라. 그리고 성령님이 그들에게 내리시도록 간청하여라.

죽은 사람을 위해 기도할 때, 먼저 누구를 위하여 기도해야 하는가? 네가 기도해 주어야 할 영혼들은 두 종류가 있다.

하나는 연옥에 있는 영혼들이다. 자신의 죄를 뉘우치고, 세상에서 지은 죄를 속죄할 때까지 주님으로부터 떨어져 있는 영혼들이다. 그들은 결국에는 하느님을 보게 될 것이다. 그러므로 네가 그 영혼들을 위하여 기도를 한다면, 하느님께서 너에게 은총을 내려 주실 것이다. 그리고 그들을 연옥에서 더 빨리 끌어 올려 주실 것이다.

네가 기도를 해 주어야 할 또 다른 영혼들은 지옥으로

떨어져 가고 있는 사람들이다. 만일 네가 우리 주 하느님께 그들을 구원해 줄 것을 기도 중에 간청한다면, 지옥 대신에 연옥으로 끌어 올려 달라고 간청한다면, 어떻게 그 분께서 네 간청을 들어주시지 않을 수 있겠느냐? 왜냐 하면, 그 분은 사랑의 하느님이시기 때문이다.

　　만일 네가 지옥의 고통을 조금이라도 안다면, 그들이 세상에서 아무리 나쁜 짓을 했다 하더라도, 한 사람도 지옥에 가는 것을 원치 않을 것이다. 또한 하느님을 사랑한다면, 너는 분명히 그보다 더 악한 죄인까지도 용서해 줄 것이다. 왜냐 하면, 이것이야말로 예수님께서 골고타에서 자신을 희생(犧牲)해서 행한 일이기 때문이다.

† † †

우리의 성모 마리아님! ── 1994년 8월 27일

성령님께서 가득 채워 주시도록 기도하여라

　　모든 사람은 자신에게 성령님께서 내려 오시기를 간구하는 것이 중요하다. 우리 주 예수님께서 말씀하지 않으셨는가? "나는 너희에게 협조자이신 성령님을 보낼 것이다."라고──. 만일 예수님께서 이렇게 말씀하셨다면, 성령님께 하느님의 불과 사랑으로 우리를 가득 채워 달라고 간구하는 것은 예수님의 제자로서, 그리스도 신자로서 당연한 우리의 의무이다.

　　어떻게 우리는 이것을 행할 수 있을까? 첫 번째로, 그리고 가장 중요한 것은 주님께 자기 자신을 완전하게 활짝 여는 것이다. 이런 일은 할 수 있다거나, 저런 일은 할 수 없다고 말해서는 안 된다. 또한 이런 일은 나에게 일어나서는 안 된다고 말해서는 안 된다. 하느님과 함께 하면 모든 일이 가능하기 때문이다. 예수님께서는 하느님의 사랑보다 나은 것은 아무 것도 없다는 것을, 얼마나 많이 우리에게 일깨워주고 보여 주셨든가?

다음으로 너는 주님을 완전하게 경배하고, 그 분을 네 주님이시요 주인이시요 하느님으로 선포해야 한다. 너는 하느님께 사랑한다고 말하고, 그 분께서 사용하시기를 기다리고 있는 빈 그릇에 지나지 않는다고 말씀드려라. 그리고 성령님께 하느님의 사랑과 빛으로 가득 채워줄 것을 간구하고, 너를 이 세상에 묶어 놓고 있는 자아(自我)와 죄의 쇠사슬로부터 해방시켜 달라고 간구하여라. 주님께 그 분의 도움으로 다시는 죄를 짓지 않겠다고 약속을 드리고, 모든 죄를 용서해 달라고 주님께 간구하여라. 그리고 나서 하느님 앞에 무릎을 꿇고 너는 다음과 같은 말을 할 수 있을 것이다.

"우리 주 하느님 예수 그리스도님, 저는 오로지 당신의 것입니다.

우리 주 하느님, 예수이신 그리스도님, 당신께서 자녀에게 약속하신 성령님을 저희에게 내려 주소서.

지금 저는 겸손하게 성령님께서 제 영혼을 어루만져 주시고, 성부님과 성자님과 성령님께 저를 데려가 주시기를 간절하게 간구합니다. 아멘."

† † †

우리의 성모 마리아님! —— 1994년 8월 27일

용서(容恕)를 구하는 기도

저는 우리 주 예수님 그리스도께 저의 죄를 용서해 주시기를 간구합니다. 저는 죄 속에서 살고 있다는 것과, 오로지 주님만이 저를 용서하실 수 있다는 것을 깨닫게 해 주소서. 아멘.

제가 죄를 지었사오니 주님, 저를 용서해 주소서.

저는 주님의 자비를 구하고, 당신의 사랑을 구하고, 제가 다시는 죄를 범하지 않도록 도와 주시기를 간구합니다. 아멘.

주님, 제발 제 영혼으로부터 죄의 흔적(痕迹)을 없애 주시고, 저에게서 당신을 거스른 고통을 거둬 주시고, 영광 속의 당신께로 저를 끌어 올려 주소서. 아멘.

저의 죄가 우리 주 예수님의 마음을 아프게 한 것을 생각하면 할수록 저의 죄가 너무 크고, 너무 어둡고, 너무 괴롭습니다.

제발 저를 용서해 주소서. 그리고 어떻게 하면 다시는 죄를 짓지 않을 수 있는 지를 가르쳐 주소서. 아멘.

십자가상에서 당신은 저를 용서하셨고, 십자가상에서 당신은 저를 죄에서 구해 주셨으며, 십자가상에서 당신은 저를 구원(救援)해 주셨습니다. 지금 저는 당신께, 당신께서 바라시는 사람이 되도록 도와 주시기를 겸손되이 간구합니다.

자애로우신 예수님, 용서를 구하고 당신의 도움을 구하고, 그리고 당신의 사랑을 간구합니다. 아멘.

† † †

우리의 성모 마리아님! —— 1994년 8월 27일

삼위일체(三位一體)이신 하느님

많은 사람들은 삼위일체이신 하느님을 이해하는 데 상당한 곤란을 느끼고 있다. 어떻게 한 분이신 하느님께서, 어떻게 삼위(三位)가 될 수 있을까? 이것은 모두 믿음에서 나오는 것이다. 하느님과 함께 하면 모든 것이 가능(可能)하다는 믿음에서 나오는 것이다.

하느님 아버지께서는 설명을 돕기 위해 다음과 같이 말씀하셨다.

"삼위일체인 하느님은 나이고, 나는 삼위일체이다. 나는 아버지요, 아들이요, 그리고 성령이다. 나는 하느님이고, 우리는 하느님이다."

이 얼마나 놀라운 일인가! 하나 안에 셋이 있고, 셋 안에 하나가 있다. 모두가 하느님이고, 모두가 서로 다르다. 모두가 같으며, 모두가 함께 하나이다.

모두는 나로부터 나왔으며, 모두가 나이고, 모두가 하느님이다.

창조자이신 성부님, 사랑이신 성자님, 불이신 성령님.

모두가 함께 하느님이시고, 각자 분리된 하느님이시고, 모두가 함께 창조자이시고, 모두가 함께 사랑이시고, 모두가 함께 불이시다.

하나의 존재, 하나의 하느님, 세 가지의 모습, 하느님의 세 가지 서로 다른 반영.

이 얼마나 신비롭고, 이 얼마나 성스러운 사랑이고, 이 얼마나 거룩한 영광이고, 이 얼마나 커다란 기쁨인가!

† † †

우리의 성모 마리아님! —— 1994년 8월 27일

자기 자신을 사랑으로 가득 채우는 방법

어떻게 해서 자기 자신을 사랑으로 가득 채우느냐는 것은, 예수님의 모든 추종자들이 하느님께로 가는 여행 도중 어느 시점에서 물어보는 공통된 질문이다.

대부분의 사람들은 자신이 좋아하거나, 호소력을 지녔거나, 우호적인 사람들을 손쉽게 사랑할 수 있다. 그러나 좋아하거나 사랑하거나 심지어는 말을 걸기조차 어려운 사람과 만났을 그 때야말로, 네가 진실로 하느님의 종이라는 것을 보여줄 좋은 기회이다.

인종과 피부색과 교의(教義)에 관계 없이 모든 사람을 똑같이 대해야 한다. 모든 사람을 똑같이 사랑하지 않으면 안 된다. 이것은 실천하기 매우 힘들다. 왜냐 하면, 사람들은 자기 자신의 기호를 먼저 생각하기 때문이다. 하느님께서 원하는 것이 아니라, 자신의 생각을 타인에 대한 사랑 속에 집어넣는다. 하느님께서는 우리들에게, 늘 자기 자신의 취향이나 필요에 적합한 사람들 뿐만 아니라, 모든 사람을 사랑하라고 요구하신다.

만일 하느님께서 당신의 아들 예수를 통하여 당신의 불꽃을 모든 사람에게 집어넣고, 우리를 창조하신 하느님께서 우리 모두를 똑같이 만들었다는 사실을 감안한다면, 우리가 어떻게 모든 사람을 사랑하지 않을 수 있겠는가?

　　다른 사람들을 볼 때, 하느님께서는 모든 사람 안에 계시며, 모든 사람은 하느님으로부터 나왔으므로, 우리는 모두 그 분의 아들 딸이며, 자녀임을 기억하여야 한다. 그러면, 너는 그런 곤란한 상황을 손쉽게 극복할 수 있을 것이다. 모든 사람 안에서 예수님을 보도록 노력하여라. 그리고 네 앞에 서 계신 주님을 대하듯이 모든 사람을 대하도록 노력하여라. 모든 사람을 사랑하려고 노력하면, 너는 어느 날엔가 자신이 사랑으로 충만해 있는 것을 발견하게 될 것이다. 그 때는 모든 일이 순조(順調)로워질 것이다.

† † †

우리의 성모 마리아님! ── 1994년 8월 27일

사랑을 구하는 기도

　　지극히 친절하신 우리 주 예수님! 당신께서는 온 인류를 똑같이 사랑하십니다. 자비로우심으로 당신께서 사랑하시는 것처럼 모든 사람을 사랑하도록 저에게 가르쳐 주소서. 아멘.
　　우리 주 예수님, 사랑의 주님, 완전한 사랑이신 주님, 당신의 사랑을 온 세상 사람들에게 전파(傳播)할 수 있도록 저에게 당신의 사랑을 보여 주소서.　아멘.

하느님께 대한 사랑, 인간에 대한 사랑, 모든 것에 대한 사랑——. 친절하신 예수님, 이것이 제가 기도를 드리는 목적입니다. 아멘.

우리 주 예수님, 당신의 사랑으로 저를 가득 채워 주옵소서.

우리 주 예수님, 당신의 동정심으로 저를 가득 채워 주옵소서.

당신으로 하여금 저를 가득 채워 주옵소서. 그래야만 저는 다른 사람들을 사랑할 수 있습니다.

주님, 십자가상에서 당신의 참된 사랑을 저에게 보여 주셨습니다.

주님, 사랑을 위해 당신의 피를 흘리셨습니다.

주님, 사랑을 위해 당신의 생명을 바치셨습니다.

주님, 제 사랑을 당신께 어떻게 바쳐야 하는 지를 가르쳐 주시기를 간구합니다. 아멘.

† † †

우리의 성모 마리아님! —— 1994년 8월 27일

성령님을 다른 사람들에게 전파(傳播)하여라

성령님을 다른 사람들에게 전파하는 것은 예수님을 따르는 모든 사람의 의무이다. 왜냐 하면, 예수님께서 성령님은 선택 받은 몇몇 사람을 위한 것이 아니라, 온 인류를 위한 것이라고 말씀하셨기 때문이다. 성령님은 삼위일체이신 하느님을 한 분이신 참 하느님이라고 주장하는 모든 사람을 위해서 존재하신다.

성령님을 다른 사람들에게 전파하는 방법은 오직 사랑을 통해서만 할 수 있다. 네가 다른 사람들에게 보여 주는 사랑은 하느님께 대한 사랑이다. 네가 다른 사람들에게 보여 주는 사랑은 그들에 대한 사랑이다. 네가 다른 사람들에게 보여 주는 사랑은 모든 사람에 대한 사랑이다.

너는 사람들이 그 분의 아들 예수를 통해서 하느님을 이해하도록 도와 주는 것으로 네 사랑을 보여줄 수 있다. 그들에게 하느님 안에서의 영원한 행복의 길을 가르쳐 주는 것보다 더 큰 사랑을 어떻게 보여줄 수 있겠는가?

너는 성서에 있는 주님의 말씀에 의해서 성령님을 다른 사람들에게 전파할 수가 있다.

그리고 다른 무엇보다도 너는 하느님의 십계명(十誡命)을 따라 사는 모범을 보여줌으로써 다른 사람들에게 성령님을 전파할 수가 있다.

설사 주위에 있는 다른 사람들이 알게 모르게 죄 속에서 살고 있다 하더라도, 네가 주님의 십계명을 지키면서 살아감으로써 다른 사람들로 하여금 네 안에서 성령님을 보게 할 수가 있다. 너의 친절함과 사랑과 선량함과 우호적인 태도를 보았을 때, 그들은 이렇게 말할 것이다. "참으로 훌륭한 사람이다. 나도 저 사람처럼 되었으면 좋겠다." 이것이 바로 성령님으로 하여금 그들의 영혼(靈魂)과 접촉(接觸)하게 만드는 시작이다.

† † †

우리의 성모 마리아님! —— 1994년 8월 27일

참된 행복(幸福)의 길

모든 사람은 누구든지 상관없이 참된 행복을 갈망하고 있다. 인간은 부와 명성과 지식과 친구와 지위를 다 갖고 있어도, 여전히 보다 많은 것을 갈망하고 있다. 인간은 현세적인 것을 아무리 많이 갖고 있어도 행복하지 않다.

인간은 항상 더 많은 것을 구하고 있다. 더 많은 돈, 명성, 응답, 친구, 지위 등을 구하고 있다. 충분하다고 생각하지를 않는다. 그래서 인간은 결코 진실로 행복해질 수가 없는 것이다. 인간은 더 많은 것 속에서 행복을 발견할 수 있다는 식으로 생각하고 있다.

사실은 그 반대가 진실이다. 더 적게 가지면 가질수록 행복해질 수 있다.

너 자신에 대하여 보다 적게 생각하고, 하느님께 대하여 보다 많이 생각하여라.

너 자신에 대하여 보다 적게 생각하고, 다른 사람들에 대하여 보다 더 많이 생각하여라. 그리고 너 자신에 대하여 보다 적게 생각하고, 네 주위에 대하여 보다 더 많이 생각하여라.

너 자신에 대하여 보다 적게 생각하면 할 수록, 하느님께서는 너에 대하여 보다 더 많이 생각하실 것이다.

지금 네가 더 적게 가지면 가질 수록 하늘 나라에서의 보상이 더 많아질 것이다.

지금 네가 보다 적게 구하면 구할 수록, 하느님으로부터 보다 많은 선물을 받게 될 것이다.

　　참된 행복은 오로지 하느님 안에서만 찾을 수 있다. 네가 하느님의 사랑 안에 있으면, 아무 것도 필요 없다. 더 이상 아무 것도 필요치 않다. 더 이상 아무 것도 구할 것이 없다. 왜냐하면, 하느님은 모든 것이기 때문이다.

　　행복은 하느님이요, 하느님은 참된 행복이시다.

† † †

우리의 성모 마리아님! ── 1994년 10월 24일

　　사랑에 대한 불확실성, 행복에 대한 불확실성, 하느님께 대한 불확실성. 사랑에 대한 인간의 불확실성, 행복을 원하는 것에 대한 인간의 불확실성, 하느님의 존재에 대한 인간의 불확실성. 오로지 인간만이 불확실하고, 오로지 인간만이 비신앙적이고, 오로지 인간만이 장님이다.

　　인간은 믿음 안에서 확신을 가져야 하고, 하느님의 사랑과 행복에 눈을 떠야 한다. 믿음과 사랑과 하느님을 받아들이면, 인간은 자신을 기다리고 있는 커다란 기쁨을 발견하게 될 것이다.

† † †

우리의 성모 마리아님! ── 1994년 10월 24일

　　이것은 하느님께서 교회에 첫발을 내딛은 너에게 주시는

메시지이다.

성체는 예수님의 살과 피이다. 성체(聖體)를 영하면, 그 사람의 영혼에 사랑의 불이 붙게 된다. 그러나 불신을 하거나 믿음이 결여되었을 때 성체를 영하면, 그런 일이 일어나지 않는다. 성체는 자주, 매일 영하는 것이 좋다.

고해 성사(告解聖事)는 적어도 한 달에 한 번은 보아야 한다. 그러나 매주 보면 더욱 좋다. 하느님한테 용서를 받는 것은 특별한 은혜(恩惠)이기 때문에 더 자주 보도록 하여라.

네 자신을 사랑하는 것처럼 모든 사람을 사랑하여라.

하느님을 사랑하여라. 그리고 다른 사람들에 대한 행동에 의해서, 그리고 예수님께 대한 봉헌에 의해서 하느님을 사랑하고 있다는 것을 보여 주어라.

이것이 바로 참된 행복에 이르는 길이다.

† † †

우리의 성모 마리아님! —— 1994년 10월 25일

나는 슬픔으로 가득 차고, 고통으로 가득 차고, 고뇌로 가득 찬 세상을 내려다 보고 있다. 이 세상을 내려다 보면서 인간이 죄 속에서 허위적거리고 있는 것을 본다. 나는 세상을 내려다 보면서 눈물을 흘리고 있다.

나는 나의 자녀들에게 내 말에 귀를 기울이라고 부탁한다. 기도는 너희 모두가 필요로 하고 있는 것에 대한 해답이다. 기도는 너희의 모든 의문에 대한 해답이다. 기도는 모든 것에 대한 해답이다.

　　성체 성사(聖體聖事)는 잊어버리거나 의무적으로 적당히 받아서는 안 된다. 성체 성사는 반드시 하느님의 선물로 보아야만 한다. 성체 성사는 너를 굳세게 해 주고, 정화시켜 주고, 깨끗이 씻어주고, 가득 채워 준다. 성체 성사는 너를 하느님께 더욱 가까이 가게 해 준다. 그러므로 성체 성사는 네가 살아가는 데 본질 그 자체인 것이다.

　　성체 성사는 곤궁한 자들을 도와주고, 고통 속에서 신음하는 자들을 도와주고, 곤경에 처한 자들을 도와 주고, 모든 사람을 도와 주는 특별한 은총이다.

　　성체 성사는 자주 받아야 하고, 가능하다면 매일이라도 받아 모셔야 한다.

　　성체 성사는 사람들이 가장 애타게 구할 때, 하느님께서 가장 손쉽게 내려 주시는 선물이다.

　　성체 성사는 생활을 위한 것이며, 모든 것을 위한 것이다. 그리고 성체 성사는 하느님께서 내려 주신다.

† † †

우리의 성모 마리아님! —— 1994년 12월 11일

　　우리 주 예수님께서는 당신의 희생으로 말미암아 하늘나라의 문을 열어 주셨다. 그리고 우리 주 예수님께서 당신의 생명을 바침으로써 악을 쳐부수었다. 우리 주 예수님께서는 인간에게 매순간마다 당신의 사랑을 나누어 줌으로써 하느님의 자비

(慈悲)를 보여 주신다.

†††

우리의 성모 마리아님! ── 1994년 12월 11일

　　십자가의 맞은편에는 하느님을 사랑했던 사람이 있었다. 이 사람은 특별한 사람으로, 예수님의 진정한 친구였다. 이 사람은 위험이 닥치는 것도 아랑곳하지 않고 예수님을 사랑하고 있다는 것을 보여 주었다. 이 사람, 요한은 모든 사람이 갖고는 있으나 대부분 숨기고 있는 참된 사랑을 나타내 보였다. 우리 주 예수님이 돌아가신 뒤에, 요한은 나의 위로자가 되었으며, 부활하신 뒤에 요한은 내 곁에 있어 주었다.
　　예수님을 완전히 믿었던 요한은 예수님을 완전히 사랑했으며, 예수님을 통해서 하느님께 자신을 완전히 바쳤다. 그리고 하느님의 말씀을 기록할 때, 요한은 하느님의 외아드님의 삶과 죽음과 부활에 대한 개인적인 증언을 남겼다. 요한은 많은 사람들이 진리의 길, 즉 예수님의 길을 따라가도록 격려했다.
　　그리고 요한은 마치 자신의 영혼처럼 다른 사람들의 영혼을 돌봐 주었다. 요한은 많은 고통과 고뇌를 안고 있으면서도 그것을 하느님께 대한 사랑의 기쁨 속에서 참고 견디어냈다. 나의 아들 요한, 나의 자식 요한은 자신을 통해서 인류에게, 내가 모든 이의 어머니라는 것을 깨닫게 했다.

†††

우리의 성모 마리아님! ── 1994년 12월 12일

　　달콤함은 예수님께서 가져다 주시는 사랑의 맛이다. 달콤함은 예수님께서 가져다 주시는 기쁨의 맛이다. 그리고 달콤함은 예수님의 맛이기도 하다.
　　왜냐 하면, 예수님은 사랑이시고 기쁨이시기 때문이다.

†††

우리의 성모 마리아님! ── 1994년 12월 18일

　　충성심과 사랑과 진실함은, 우리 주 예수님을 따를 때, 모두 필요한 것들이다. 충성심은 영원히 계속되어야 하고, 사랑은 영원히 지속되어야 하며, 진실함은 시간을 초월해야만 한다.

†††

우리의 성모 마리아님! ── 1994년 12월 22일

　　네 마음의 가장 깊숙한 곳에서 창조주께서 심어 놓으신 사랑을 발견할 수가 있다. 마음 속의 한 구석에서 하느님께서 심어 놓으신 진리를 발견할 수가 있다. 영혼의 그늘에서 주님께서 심어 놓으신 빛을 발견할 수가 있다. 창조주이신 하느님께서는 너에게 사랑과 진리와 빛을 주셨는데, 네가 그 분의 외아들 예수를 믿으면, 사랑은 결코 사라지지 않으며, 진리는 결코 떠나지 않으며, 빛은 결코 어두워지지 않을 것이다.

† † †

우리의 성모 마리아님! —— 1994년 12월 22일

　　사랑으로 다른 사람들을 바라보는 것은 예수님께서 항상 행하셨던 일이다. 그러므로 너도 사랑의 눈으로 다른 사람들을 바라보려고 노력해야만 한다. 다른 사람들을 사랑의 눈을 가지고 본다면, 네 자신이 어떻게 해야 하는지를 알게 될 것이다. 만일 모든 남자와 여자가 네 형제 자매이고 네 가족이라는 것을 기억한다면, 너는 온 인류가 진실로 한 가족이라는 것을 알게 될 것이다.

　　만일 모든 사람을, 마치 네 한 부분인 것처럼 대하려고 노력하고, 이 일치를 축하하게 된다면, 너는 진실로 본래의 모습 그대로 인생을 사랑할 수 있을 것이다. 인간 가족의 일원이 되고 하느님의 가족의 일원이 될 때, 너는 특별한 백성의 일원이 된다.

　　그 특별한 백성이란 하느님과 함께 영원히 살도록 운명지워진 하느님의 자녀들이다. 예수님을 네 주님으로, 하느님의 진정한 아드님으로, 그리고 하느님으로 받아들일 때, 너는 하느님과 영원히 결합시켜 주는 진리(眞理)를 받아들이는 것이다.

† † †

우리의 성모 마리아님! —— 1994년 12월 23일

  구세주를 위한 세상이 가까워 오는 것을 기뻐하여라. 해방자의 세상이 가까워 오는 것을 기대하여라.
  예수님을 위한 세상이 가까워 오는 것을 기대하여라.

†††

우리의 성모 마리아님! —— 1994년 12월 29일

  진리 중의 진리이시고, 주님 중의 주님이시며, 하느님 중의 하느님이신 예수님. 빛 중의 빛이시고, 불꽃 중의 불꽃이시며, 사랑 중의 사랑이신 예수님.
  향기 중의 향기이시고, 꽃 중의 꽃이시며, 꿀 중의 꿀이신 예수 그리스도님!

†††

우리의 성모 마리아님! —— 1994년 12월 29일

  네 생각을 나의 손에 맡겨라. 네 사랑을 나의 가슴에 맡겨라. 네 영혼을 나의 성심에 맡겨라. 그러면 나는 그것들을 선물로 나의 아드님, 예수님에게 전해 주겠다.
  네 마음을 나에게 맡겨라. 네 생명을 나에게 맡겨라.
  너 자신을 나에게 맡겨라. 그러면 나는 너를 편안하게 해 주겠다. 나의 사랑하는 아들들아!
　　네 영혼으로 나의 사랑을 포옹하여라. 네 사랑으로 나의 영혼을 포옹하여라. 그리고 예수님 안에서 나와 하나가 되어라.
　　경배하기 위해 엎드리고, 사랑에 빠지고, 기쁨에 빠지고, 예수님의 오른 팔에 안겨라.

†††

우리의 성모 마리아님! ── 1994년 12월 30일

　　사랑이라는 말은, 예수님께서 십자가 상에서 말씀하신 최초의 말씀이었다.
　　사랑이라는 말은, 예수님께서 십자가 상에서 말씀하신 유일한 말씀이었다.
　　그리고 사랑이라는 말은, 예수님께서 십자가 상에서 말씀하신 최후의 말씀이었다.
　　너는 예수님의 친구이고, 하느님의 아들이다. 그러므로 너는 사랑의 달콤한 향기가 되어야 한다.
　　예수님을 믿고, 사랑을 믿고, 네 하느님을 굳게 믿어라.

†††

우리의 성모 마리아님! ── 1994년 12월 31일

　　나의 자녀들을 사랑으로 애무하고, 나의 자녀들을 사랑으로 끌어 안고, 나의 자녀들을 사랑으로 인도하는, ──그 사랑은 곧 예수님이시다.

† † †

우리의 성모 마리아님! ── 1994년 12월 31일

예수 그리스도님은 하느님의 아드님이시고, 사람의 아드님이시며, 하느님과 사람과 하나이시며, 사랑과 하나이시고, 자비와 하나이시며, 기쁨과 하나이시고, 영광과 하나이시며,── 그리고 영원과 하나이시다.

† † †

우리의 성모 마리아님! ── 1994년 12월 31일

사랑의 겉옷, 믿음의 겉옷, 소망의 겉옷이 예수님을 믿는 사람들을 기다리고 있다.

† † †

우리의 성모 마리아님! ── 1994년 12월 31일

사랑의 루비는 핏방울이다. 기쁨의 보석은 사랑의 눈물이다. 소망의 다이어몬드는 하느님의 말씀이시다.

† † †

우리의 성모 마리아님! ── 1995년 1월 1일

　　진리 중의 진리는 나의 아드님 예수님이시다. 사랑 중의 사랑은 나의 아드님 예수님이시다. 빛중의 빛은 나의 아드님 예수님이시고, 친구 중의 친구는 나의 아드님 예수님이시다. 그분은 진리요, 유일한 진리이시다. 그 분은 사랑이요, 유일한 사랑이시다. 그 분은 빛이요, 유일한 빛이시다.
　　그리고 그 분은 너를 사랑하시고 그 빛으로 너를 가득 채워주시는 참된 친구이시다.

† † †

우리의 성모 마리아님! ── 1995년 1월 1일

　　자비로운 아버지께서는 아들 예수를 사랑과 용서의 행동으로 이 세상에 보내셨다. 성령님께서는 하느님과 인간의 결합으로 예수님을 마리아에게 보내셨다. 사랑이신 예수님께서는 하늘 나라와 세상의 다리로써 찾아오셨다.
　　이제 인간은 이 자비를 받아들이고, 이 성스러움을 가슴에 품고, 영원히 계속될 사랑의 결합(結合)으로 이 다리를 꼭 건너갈 필요가 있다.

† † †

우리의 성모 마리아님! —— 1995년 1월 4일

　　죄의 고통을 통하여 한 줄기의 빛이 빛난다. 고뇌의 슬픔을 통하여 사랑이 빛난다. 그리고 절망의 비애를 통하여 구원의 은총이 빛난다.
　　곧, 구원의 은총은 하느님의 빛이고, 하느님의 사랑이요, 하느님의 은총이다.

† † †

우리의 성모 마리아님! —— 1995년 1월 4일

　　성령님의 권능과 진리와 사랑과 기쁨과 행복과 다정함은 모두 나의 아드님, 예수님을 묘사하고 있다.
　　왜냐 하면, 예수님은 선량한 분이시기 때문이다. 그리고 그 분은 은총이고 하느님이시다.

† † †

우리의 성모 마리아님! —— 1995년 1월 4일

　　나의 어깨에 어린애처럼 기대고 있는 것은, 하느님의 아드님이셨다. 그 분이 어렸을 때는 몸을 지탱하기 위해 나에게 기대곤 하셨다.
　　이제 어린애처럼 나에게 몸을 기대고 나의 도움과 사랑을 받아야 하는 것은, 인간 너희들의 차례이다.

† † †

우리의 성모 마리아님! —— 1995년 1월 6일

    사랑의 꽃, 기쁨의 꽃, 하늘 나라의 꽃.
    사랑 속의 꽃망울, 기쁨 속의 꽃망울, 하늘 나라에 이르는 길 위의 꽃망울.

† † †

우리의 성모 마리아님! —— 1995년 1월 6일

    내면(內面)으로 들어가서 거기에 살고 있는 하느님의 사랑을 발견하여라. 내면으로 들어가서 하느님의 사랑 안에서 네 참된 자아(自我)를 발견하여라.
    내면으로 들어가서 예수님을 통하여 하느님께서 거기에 심어 놓으신 참된 평화(平和)를 발견하여라.

† † †

우리의 성모 마리아님! —— 1995년 1월 6일

    나의 팔에 안겨 가슴에 얼굴을 파묻고 쉬고 있는 것은,

하느님의 아드님이시다. 사랑과 기쁨의 강보에 싸인 채 나의 애정에 흠뻑 젖고, 요셉의 칭찬을 온 몸에 받으면서 하느님으로 충만해 있는 것은 인간의 죄를 없애주기 위해 찾아온 어린양이셨다. 그 분께서 수난을 겪었을 때, 이 세상은 어떻게 변했는가?

그 분은 구원을 위해 찾아온 인간들의 손에 의해서 구타를 당하시고, 사랑하시는 인간들에 의해서 조롱과 학대를 당하시고, 그 분이 가족이라고 부른 인간들을 위해 흘린 피로 흠뻑 젖고, 인간에게 승리를 거둔 악마를 부정하기 위해 십자가상에서 혹독한 고통을 당하셨다.

그 분은 수난(受難)을 통한 사랑으로 충만해 있었다. 그 사랑은 하늘나라에 계신 아버지께 희생으로 바침으로써 구원하게 될 자녀들을 위한 것이다.

† † †

우리의 성모 마리아님! ─── 1995년 1월 16일

자비의 어머니, 사랑의 어머니, 소망의 딸.
자비와 사랑은 예수님이시고, 소망은 하느님을 섬기기 위한 것이다.

† † †

우리의 성모 마리아님! ─── 1995년 1월 16일

십자가에 못박힌 것은 나의 아드님이신데, 고통이 아드님의 몸과 영혼을 가득 채웠다. 그 극도의 고통을 당하는 모습을 지켜 보고 있던 나는 슬픔이 복받쳐 올라서 도저히 서 있을 수가 없었다. 나는 무릎을 꿇고 기도하고 또 기도했다. 나는 무릎을 꿇고 나의 아드님의 고통이 끝나도록 울었다.

그리고 나는 무릎을 꿇고 하느님의 영광을 보았다. 나는 하느님께서 자녀들을 얼마나 사랑하시는가를 보았고, 자녀들을 구원하기 위해 얼마나 많은 준비를 하셨는가를 보았고, 자녀들을 용서하기를 얼마나 바라시는가를 보았다.

나의 아드님과 함께 십자가에 못박힌 것은 나의 영혼이고 나의 존재이고 나의 자아였다. 나의 아드님과 함께 십자가에 못박힌 것은 나의 사랑이었지만, 그것은 동등한 것이 아니라 주님과 하느님을 섬기고 싶어 하는 몸종으로서의 사랑이었다.

나는 예수님의 종으로서 인류에 대한 지극한 사랑을 지켜 보면서, 모든 사람이 하늘 나라에서 기다리고 있는, 하느님의 보상을 나와 함께 나누어 갖기를 열망하였다.

† † †

우리의 성모 마리아님! ── 1995년 1월 17일

네 영혼 안에는 사랑에 대한 욕구가 있다. 네 영혼 안에는 사랑에 대한 갈망이 있다.

네 영혼 안에는 사랑에 대한 목마름이 있다. 사랑은 네 영혼을 위한 양식이며, 예수님은 바로 사랑이시다.

† † †

우리의 성모 마리아님! —— 1995년 1월 18일

　　한 어머니가 자녀들이 싸우는 것을 지켜 보고 있다가, 도움의 손길을 뻗어서 다정하게 올바른 길로 인도해 준다. 〈어머니〉의 사랑스런 손길이 너를 도와주기 위해 기다리고 있다.
　　내가 너를 도와주기 위해 기다리고 있다는 것을 항상 명심(銘心)하여라.

† † †

우리의 성모 마리아님! —— 1995년 1월 18일

　　나의 사랑이 너를 위해 기다리고 있으니까, 네 자신을 내 사랑 안에 숨기기만 하면 된다.
　　나의 사랑이 너를 위해 기다리고 있으니까, 내 사랑으로 네 몸을 감싸기만 하면 된다.
　　나의 사랑이 너를 위해 기다리고 있으니까, 기도(祈禱)로 손을 뻗어 내 사랑을 구(求)하기만 하면 된다.

† † †

우리의 성모 마리아님! —— 1995년 1월 28일

나에게 다가오고, 너에게 다가가고, 모든 사람에게 다가가는 것이 하느님의 사랑이시다.

그러므로 하느님의 사랑에 의지해서 살아가고, 하느님의 사랑을 간절히 원(願)해야만 한다.

† † †

우리의 성모 마리아님! —— 1995년 1월 28일

살아가려는 열망(熱望), 사랑하려는 열망, 기도하려는 열망을 가져라. 살아가는 것은 사랑하는 것이며, 사랑하는 것은 기도하는 것이다.

† † †

우리의 성모 마리아님! —— 1995년 1월 28일

나의 어린 아드님이 내 팔에 안겨 있을 때, 나는 그 분을 꼭 껴안고, 그 분의 사랑이 내 존재 전체를 가득 채우는 것을 느낄 수가 있었다. 그 분이 내 손을 잡고 사랑의 표시로 손을 꼭 쥐었을 때, 나의 가슴은 기쁨으로 가득 찼다. 그 분이 눈을 크게 뜨고 내 눈 속을 들여다볼 때, 그 분의 사랑이 내 영혼에 깊숙히 스며들었다.

그 분이 나를 껴안을 때, 그 분의 사랑이 내 마음을 하느님께 활짝 열게 만들었다.

이것이 바로 네가 성체(聖體)를 영할 때마다 취해야 하는 태도이다. 너는 예수님의 사랑을 받아들이고 환영해야만 한다.

† † †

우리의 성모 마리아님! —— 1995년 2월 2일

다윗의 깃발, 진리의 깃발, 하느님의 깃발. 다윗의 아드님, 진리의 아드님, 하느님의 아드님. 다윗의 별, 진리의 별, 하느님의 별.

다윗의 꽃, 진리의 꽃, 하느님의 꽃. 다윗의 예수님, 진리(眞理)이신 예수님, 예수님은 하느님이시다.

† † †

우리의 성모 마리아님! —— 1995년 2월 2일

사랑을 이 세상에 불러들이고, 소망을 이 세상에 불러들인다. 왜냐 하면 내가 그것을 사랑하기 때문이다.

변화(變化)를 요구(要求)한다. 왜냐 하면, 변화가 보다 나은 것을 위한 변화가 필요하기 때문이다.

모든 이에게 기도(祈禱)하기를 요구한다. 왜냐 하면, 기도가 네 영혼을 위한 기도가 필요하기 때문이다.

성체를 영하기를 요구한다. 왜냐 하면, 성체는 굳세어지는 데 필요(必要)하기 때문이다.

사랑을 요구한다. 왜냐 하면, 사랑은 존재하는 데 필요하기 때문이다.

너에게 귀를 기울일 것을 요구한다. 왜냐 하면, 귀를 기울이는 것은, 인류를 위한 참된 운명(運命)을 발견하는 데 필요하기 때문이다.

⊙ 부모를 위한 기도

○ 인자하신 하느님,
하느님께서는 부모를 사랑하고 공경하며
그 은덕에 감사하라 하셨으니
저희가 효성을 다하여 부모를 섬기겠나이다.

● 저희 부모는 저희를 낳아 기르며
갖은 어려움을 기쁘게 이겨냈으니
이제는 그 보람을 느끼며
편히 지내게 하소서.

○ 주님, 저희 부모에게 강복하시고
은총으로 지켜주시며
마침내 영원한 행복을 누리게 하소서.
우리 주 그리스도를 통하여 비나이다.

◎ 아멘.

제 2 장

하느님과 함께 하는 길

— 천주 성부님의 메시지 —

자비의 천주 성부님! —— 1994년 10월 3일과 10월 4일

지극히 순결하고 지극히 인자하고 죄에 물들지 않은 한 여인이 있었다. 이 여인을 하느님께서 보내셨다. 장차 이 세상의 구세주가 될 하느님의 아들을 낳도록 하기 위해서이다.

아직 나이가 젊고 순결할 때, 주님께서 이 여인에게 찾아와서, 인류를 구하기 위해 하느님의 아들을 낳아 줌으로써 온 인생을 희생할 준비가 되어 있느냐고 물었다.

처음에 이 젊은 여인은 겁을 먹고, 자신에게 말씀하시는 것이 진짜 하느님일까 하고 의심하였다. 얼마쯤 지난 뒤, 진짜 하느님이라는 것을 믿게 되고, 그 분이 하느님이라는 것을 알고는, 자기 자신을 거리낌 없이 완전히 하느님께 바쳤다.

하느님의 뜻을 행하겠다는 이 여인의 선택은 하느님을 이 세상에 사람으로 모셔오는 선택이었다. 이 선택이 그녀로 하여금 하느님을 믿고 사랑하게 만들었다. 그녀의 선택은 지금까지 내려진 것 가운데서 가장 중요한 선택이었다.

왜냐 하면, 이 선택에 의해서 인류에게 용서를 가져다 주었기 때문이다.

이 여인이 남편인 요셉에게 하느님으로부터 온 아이, 곧 하느님을 잉태했다고 말하자, 요셉은 의심하였다. 그가 의심을 한 것은 인간인 이상 당연한 일이었다. 그러나 많은 기도를 한 뒤에, 주님의 천사가 찾아와서 요셉에게 양아버지, 수호자, 하느님의 아들에게 하느님께서 선택한 보호자(保護者)의 역할을 맡아 줄 것을 부탁했다.
　　하느님을 극진히 사랑하던 요셉은 즉각 하느님의 뜻을 행하기 위해 자신의 삶을 바치겠다고 맹세하고, 하느님의 이 세상 아버지 역할을 받아들였다. 요셉이 행한 일은 하느님께 대한 참된 사랑과 주님께 대한 참된 믿음을 보여주는 것이었다
　　얼마 후, 호구 조사를 받으러 요셉과 마리아는 베들레헴에 갔다. 그것은 힘든 여행이었다. 그러나 두 사람은 하느님과 서로에 대한 사랑과 기쁨으로 그것을 견디어냈다. 그들은 머무를 만한 방을 구할 수가 없어서 하는 수 없이 마구깐에서 머물게 되었다. 그런 어려움 속에서도 두 사람은 자비를 내려 주신 하느님께 감사드렸다.
　　그 마구깐은 지금까지 세워진 어떤 건물보다도 훨씬 더 위대해졌다. 그 마구깐은 마구깐 이상의 것이 되었다. 곧, 구원의 발상지(發祥地)가 되었던 것이다. 살을 에이도록 추운 밤에, 그 마구깐의 따스함은 이 세상의 모든 모닥불을 합쳐 놓은 것보다 더 따뜻했다. 그 마구깐 안의 사랑은 지금까지 이 세상이 보여준 사랑 가운데서 가장 위대한 것이었다. 그리고 그 마구깐 속의 빛은 이 세상의 속죄(贖罪)를 위한 빛이었다.
　　이 세상이 구원받을 때가 도래했다. 여기에서, 이 초라한 장소에서, 하느님의 아들, 사람의 아들이 태어났다. 여기에, 이

마구깐에 하느님의 살아있는 사랑의 빛이 있었다. 여기에 인간에 대한 하느님의 선물, 곧 하느님이 계시다.

이 하나의 행동으로 하느님께서는 인간에게 진실로 인간을 사랑한다고 말씀하셨다. 그 이유는 인간에 대한 사랑이 너무 깊기 때문이라는 것이었다. 그 분은 인간을 구원하시기 위해 당신의 아들, 곧 하느님 자신을 바칠 준비가 되어 있었던 것이다.

"말씀"이 사람이 된 것을 보고, 원죄없이 잉태한 동정녀로부터 태어난 하느님의 아들을 보고, 하느님과 인간에 대한 참 사랑으로 태어난 하느님의 아들을 보고, 천상의 천사들도 기뻐하고, 하느님 아버지께서도 기뻐하시고, 성령도 기뻐하였다. 그 날은 하느님께서 사람이 되신 날이고, 하늘 나라가 지상으로 내려 온 날이었다.

그 아이는 예수라고 명명되었다. 그 아이는 사랑이라고 명명되었다. 그리고 그 아이는 생명이라고 명명되었다. 그 아이는 그를 양육해 준 어머니의 사랑, 그를 보호해 준 양아버지의 사랑, 그를 가득 채워준 진짜 아버지인 하느님의 사랑에 둘러싸여 무럭무럭 자랐다. 나이를 먹어 가면서 예수의 지혜, 곧 하느님의 지혜도 자라났다. 그리고 사랑, 하느님의 사랑도 성장해 갔다. 또한 진리도 성장해 갔다. 왜냐 하면, 그 분이 진리이기 때문이다.

가정에서 어머니와 요셉과 함께 지낸 세월은 행복한 세월이었다. 예수는 부모님을 기쁨과 환희와 그 자신으로 가득 채워 주었다. 그들은 예수에게 사랑과 기쁨과 마음을 전부 주었다. 매일이 축복이었으며, 모든 일상적인 잡일이 기쁨이었으며, 매순간이 사랑의 선물이었다. 그리고 모든 말은 기도였다. 하느님 안에서, 하느님과 함께, 하느님을 위한 완벽한 생활을 했다. 그리고 창조주와 성령과 말씀과 완전히 하나가 되었다. 이 가정(家庭)은 지상에 있는 하느님의 성전이고, 이 세상의 신인(神人) 예수는 하느님의 축복을 받고 있었다.

그 시대는 어려운 시대이고 곤란한 시대였으나, 그 시대는 특별한 시대이기도 했다. 왜냐 하면, 하느님께서 세상의 여기에 계셨기 때문이다. 로마인들이 그 성스러운 땅을 점령했다. 그래서 이스라엘인들은 하느님으로부터 점점 더 멀어져 갔다. 거기에는 수많은 가짜 신들과 가짜 예언자들과 그릇된 가르침과 속이는 사람들이 있었다. 사람들은 주로 자기 자신을 위하여 살고 있었다. 그리고 하느님으로부터 멀리 떨어져서 살았으며, 하느님의 말씀에 대해서도 의문을 가졌다.

그 시대는 악의 시대여서 살인(殺人), 노예(奴隷), 간음(姦淫), 도둑질, 거짓말, 싸움질, 음주(飮酒), 육욕(肉慾) 등과 같은 수많은 죄악이 사람들에 의해서 저질러졌다.

하느님은 그다지 환영을 받지 못하고, 주로 기피(忌避)의 대상이 되었다. 하느님의 계명(誡命)은 따르기가 너무 힘든 것이라고 무시되었다. 죄를 범하는 편이 훨씬 쉬웠으며, 또한 즐겁기도 했다. 황제에게 해를 끼치지 않는 한, 자기가 원하는 것을 무엇이든 다 할 수 있는데, 하느님이 도대체 무슨 필요가 있는가, 하는 생각이었다.

인생(人生)이란 아무 것도 아니다. 인생은 그냥 살면 되는 것이고, 실컷 즐기고, 그 결과(結果) 같은 것은 잊어버리면 된다. 너의 그 잘난 하느님도 잊어버리고, 영원한 생명(生命) 같은 것도 잊어버려라! 오직 네 자신만 빼놓고, 모든 것을 다 잊어버려라…….

†††

　　어느 날, 하느님의 아들 예수가 사람들 앞에 나타나서, 하느님의 사랑, 하느님의 계명, 하늘 나라에서 모든 이를 기다리고 있는 하느님의 생명에 관해서 설교(說敎)를 하기 시작했다. 갑자기 사람들이 이 사람, 예수의 말씀에 귀를 기울이기 시작하였다. 사람들은 예수가 말씀하시는 것 때문이 아니라, 예수가 행하는 기적(奇蹟) 때문에 귀를 기울였던 것이다. 그들이 병(病)에 걸리면 예수가 병을 고쳐 주고, 그들이 노예가 되어 있으면 예수가 해방(解放)시켜 줄 것이다. 그리고 예수가 말씀할 때, 그들은 마음이 홀가분해지는 것을 느꼈다. 어쩌면 예수의 말씀을 들으면, 하늘 나라로 가는 지름길을 알게 될 지도 모른다. 어쩌면 계속 죄(罪)를 범(犯)하면서도 하늘 나라에 들어갈 수 있을지도 모른다…….
　　예수가 회개(悔改)하는 것에 대하여 말씀했을 때, 그들은 실제(實際)로는 거의 듣고 있지 않았다. 예수가 사랑에 대하여 말씀했을 때, 몇 사람만이 그 말씀에 귀를 기울였을 뿐이다. 그러나 예수가 하늘 나라에 대하여 말씀했을 때, 모든 사람이 열심히 귀를 기울였다. 왜냐 하면, 그들 모두 하늘 나라에 가기를 바랐기 때문이다. 그것은 그들의 당연한 권리였다. 하느님께서 그들을 선택하셨기 때문이다. 몇가지 형식적(形式的)인 제물(祭物)을 바치기만 하면, 그들은 원(願)하는 대로 무엇이든 할 수가 있었다. 하느님께서는 그들을 하늘 나라에 받아들여 주실 것이다.

왜냐 하면, 그들은 선택받은 백성이기 때문이다…….

사람들은 하느님께 가는 손쉬운 길, 곧 하늘나라에 가는 손쉬운 길을 알기 위해 예수를 찾아왔다. 그리고 그들은 그것을 알아냈다. 그것은 사랑의 길이었다. 왜냐 하면, 예수는 사랑이기 때문이다. 그것은 용서(容恕)의 길이었다. 예수는 용서이기 때문이다. 그리고 그것은 하느님의 길이었다. 예수는 하느님이기 때문이다.

예수는 말씀을 더 많이 하면 할 수록, 그리고 기적을 더 많이 행하면 행할 수록 더 많은 사람이 찾아왔다. 이것은 예수가 바라는 일이었다. 왜냐 하면, 많은 사람이 찾아와야만 그들이 모두 구원받을 수 있기 때문이다.

예수를 찾아온 사람들 가운데 일부는 그대로 머물고, 일부는 다시 돌아갔다. 그대로 머물은 사람들은 하느님의 새로운 교회, 그리스도의 몸인 교회(敎會)의 기초(基礎)가 되었다. 머무른 사람들에게는 사랑의 성찬(聖餐), 곧 성체(聖體) 안의 예수가 주어졌다. 머무른 사람들은 하느님의 참된 아들과 딸이었다. 머무른 사람들은 성부님에 의해 하늘 나라로 반가히 맞아들여졌다.

머무른 사람들 중에서 열두 사람이 우리 주 예수에 의해서 새로운 교회를 세우는 기둥이 되었고, 복음을 전파하기 위해 선택되었다. 열한 사람은 진실된 사람이고, 한 사람은 가짜였다. 그 사람은 이 세상에서 영광(榮光)을 얻으려는 욕망과 시기심과 탐욕과 속임수로 가득 차 있었다. 예수는 그것을 알고 있었지만 그를 계속 사랑하였다. 예수의 제자들은 예수가 하늘에 계신 아버지께로 돌아가면, 이 세상의 빛이 될 사람들이었다.

예수는 이 선택(選擇)된 제자(弟子)들에게 말씀할 때, 모든 것을 이야기해 주고, 모든 것을 보여 주고, 모든 것을 그들에게 주었다.
　일단 예수가 진실로 어떤 분인가를 제자들이 이해하고 나자, 예수가 어디를 가든 따라 가고, 예수에게 모든 것을 바쳤다. 제자들은 예수를 사랑하고, 흠숭하고, 경배했다. 단 한 사람, 시기심(猜忌心)으로 가득 찬 그 사람만 빼놓고 말이다.

† † †

　주님께서는 제자들을 하느님의 진리로 인도하고, 그들을 하느님의 사랑으로 인도하고, 그들에게 하늘 나라에 이르는 길을 보여 주었다. 예수는 제자들에게 그 분의 이름으로 사용하도록 많은 선물을 주었다. 예수는 제자들에게 그들의 사랑을 어떻게 아낌없이 다른 사람들에게 나누어 주는가를 보여 주었다. 그리고 제자들에게 어떻게 그 분의 이름으로 치유(治癒)하는가를 보여 주고, 어떻게 그 분의 이름으로 사는가를 보여 주었다.
　예수는 더 이상 그들과 함께 있지 않을 때, 당신이 그들에게 보여 주었던 것을 다른 사람들에게 보여줄 수 있도록 하기 위해 제자들에게 모든 것을 숨기지 않고 보여 주었다. 예수는 메시지를 세상 사람들에게 전파(傳播)할 수 있도록 사도들을 연마(研磨)시켰다. 예수는 한 가지 이유, 곧 인류의 구원을 위해 세상에 왔다. 예수는 인간과 하느님을 위해 세상에 왔다. 그리고 인간을 하느님께로 되돌려 보내기 위해 세상에 왔다. 예수는 인류의 죄값을 치루기 위해 세상에 왔던 것이다.

† † †

인류를 구원하기 위해서 예수는 사람들을 선택하였다. 인류를 구원하기 위해서 예수는 마음이 진실한 사람들을 선택하고, 하느님의 사랑에 충실한 사람들을 선택하였다. 인류를 구원하기 위해서, 예수는 하느님을 위해 모든 것을 바칠 수 있는 사람들을 선택하였다.

예수는 제자들은 떠나더라도, 그들이 당신의 말씀과 하느님의 말씀을 세상 사람들에게 전파할 것이라는 것을 알고 있었다. 예수는 죽음의 시간이 다가왔을 때, 처음에는 제자들이 갈팡질팡하겠지만 다시 당신을 위하여, 당신 안에서, 당신과 함께 굳세어질 것이라는 것을 알고 있었다.

예수는 성령(聖靈)이 제자들을 은총으로 가득 채워 주고, 제자들은 성령을 온 인류에게 전해 줄 것임을 알고 있었다.

예수는 모든 것을 다 알고 있었기 때문에, 제자들이 행할 일과 행하지 않을 일을 모두 알고 있었지만, 그들 모두를 사랑하였다. 저, 배반의 날이 다가오자, 허약한 자는 악마에게 굴복해 버렸다. 예수의 제자이며 친구가 은전 서른 닢에 자기 자신의 영혼(靈魂)을 팔아먹었다. 그는 악마(惡魔)의 지시(指示) 대로 실행(實行)했다. 그리고 사탄의 종들에게 서둘러 달려 갔다.

이것은 오늘 날에도 마찬가지이다. 오늘 날도 그들은 하느님께 여전히 등을 돌리고 있다…….

유다가 자기 자신이 한 행동(行動)의 의미(意味)를 절실히 깨달은 것은 주님을 배반하고 난 바로 뒤였다. 그는 하느님의 아들, 구세주(救世主), 대속자(代贖者)를 스승의 적(敵)들의 손에 넘겨 주었다. 그는 자기 자신이 행한 일을 돌이키려고 노력했으나 아무 소용이 없었다. 그리고 자기 자신이 저지른 죄(罪)를 안고 도저히 살아갈 수가 없었다. 만일 유다가 진정으로 용서(容恕)를 간청(懇請)했더라면, 용서를 받았을 것이다.

유다는 얼마나 마음이 괴로웠겠는가! 유다는 얼마나 괴로웠겠는가! 그는 하느님을 배반했다. 그는 예수를 배반(背反)했던 것이다. 그리고 형제들을 배신(背信)했다. 그가 지금 무엇을 할 수 있겠는가? 어떻게 살아갈 수 있겠는가? 어떻게 존재(存在)할 수 있겠는가? 만일 유다가 예수에게 그때, 그 순간에 용서를 빌기만 했더라면, 그의 모든 죄를 용서받았을 것이다. 만일 유다가 곧바로 예수에게 용서를 구(求)하기만 했더라면──.

어진 예수는 인류를 위해 당신이 가진 것을 전부 베풀어 주었다. 예수는 당신 자신까지도 다 주었다. 예수는 온갖 학대와 빈정거림과 매질과 치욕을 참아내고, 마지막에는 인류를 위해 죽음까지도 받아들였다. 이 얼마나 놀라운 큰 사랑인가!

수난을 당하는 동안 내내 예수는 인간에 대한 사랑에 대하여 생각을 하였다. 그리고 하늘에 계신 하느님 아버지께 대한 사랑과, 인간을 묶어 놓고 있는 죄의 사슬을 어떻게 하면 끊을 수 있는가를 생각하였다. 예수는 죄를 영원히 쳐부수는 산 제물이었다. 예수는 하느님 아버지께서 인간을 용서하는 데 필요한 제물이었으며, 예수는 인류를 하늘 나라로 다시 인도한 신인(神人)이었다. 인류는 본래의 자리로 돌아갈 필요가 있었으며, 인류는 하느님께서 얼마나 사랑하고 계시는 지를 볼 필요가 있으며, 인류는 용서받아야 할 필요가 있었다.

인류는 하느님께서 내려주시는 가장 훌륭한 선물, 곧 하느님 자신을 받았다. 인류는 가장 위대한 사랑, 곧 하느님의 사랑을 목격했으며, 인류는 가장 커다란 자비의 행위, 바로 하느님의 용서(容恕)를 받았다.

　인간이, 하느님께서 진실로 무엇을 주셨는지를 이해하기 시작할 때, 하느님께서 인간에게 왜 주셨는지를 이해하고, 인간이 무엇을 그 대신에 바쳐야 하는지를 이해할 때, 비로소 인간은 하느님께 이르는 길을 알게 될 것이다. 하느님께 이르는 길은 예수이며, 오직 예수 뿐이다. 그 밖에 다른 길은 없다!

　예수는 하늘 나라에 이르는 열쇠이고, 예수는 하늘 나라에 이르는 길이다. 그리고 예수는 하느님께 이르는 길이다. 예수는 하느님이시다!

† † †

　이제는 인간이 예수의 길을 따라가야 할 때이다. 하늘에 계신 하느님 아버지께로 가는 예수의 길을 따라가야 한다. 이제는 인간이 예수의 사랑을, 하늘나라로 가는 예수의 사랑을 따라가야 할 때이다. 그리고 인간이 예수의 자비를, 하늘나라로 가는 예수의 자비를 따라가야 할 때이다. 그리고 인간(人間)이 변화(變化)를 해야 할 때이다. 인간의 본연(本然)의 모습, 곧 사랑의 존재(存在)로 변(變)해야 할 때이다.

　예수는 인간에게 당신이 하느님이라는 것, 하늘에 계신 하느님 아버지와 성령과 함께 참 하느님이라는 것을 보여 주기 위해 죽음으로부터 부활하였다. 예수는 부활하여 되돌아와서, 하늘나라가 존재한다는 것, 하느님이 존재한다는 것, 그리고 당신이 구세주이고, 진정(眞正)한 하느님의 아들이라는 것을 보여 주었다.

예수가 부활하였을 때 행한 일은 성서의 말씀을 성취(成就)시키는 것이었다. 예수가 다시 살아 돌아와서 행한 일은 인류에게 하늘 나라에서 기다리고 있는 내세(來世)를 잠깐 보여 주는 것이었다. 예수가 부활하였을 때 행한 일은, 온 인류에게 만일 당신께 귀를 기울이고 당신의 말씀을 따르면, 역시 영원한 생명을 얻을 수 있다는 것을 보여 주시는 것이었다.

사랑의 주 예수가 하늘나라로 올라갈 때 인류에게, 예수를 주님이라고 선포하면, 하늘나라에 올라갈 수 있다고 약속하였다. 사랑의 주 예수가 하늘나라로 올라갈 때, 온 인류에게 성령을 보내겠다고 약속하였으며, 온 인류에게 당신의 사랑을 약속하였다.

사랑의 주 예수의 약속은, 인간의 상속권과 인간의 생존권과 인간의 재산권이었다. 인간이 해야 할 일은, 예수를 주님이라고 선포함으로써 그것들을 당연한 권리로 요구하는 길 뿐이다.

사도들이 예수의 친구들과 신봉자들과 함께 모임을 가졌다. 예수의 어머니인 마리아도 거기에 참석했다. 그들은 지금까지 무슨 일이 일어났으며, 앞으로 어떻게 할 것인가를 의논하기 위해 모였다. 하느님의 어머니가 그들에게 예수를 믿으면 모든 일이 잘 될 것이라고 말했다.

성령은 거기에 참석한 모든 사람들을 불로 가득 채워 주었다. 그들은 환희에 차 있고, 기쁨과 행복과 하느님으로 충만해 있었다. 그리고 그들은 사방으로 퍼져 나가서 자기 지방의 말로 모든 사람들에게 이야기했다. 그들은 성령으로 영혼을 가득 채우고, 많은 사람들이 예수가 주님이고, 하느님의 참된 아들이라는 것을 이해하기 시작했다. 예수가 하느님이시며 지금도, 내일도 하느님이시다. 그리고 예수는 영원히 살아 계시다.

†††

그 때에 하느님께서 하느님의 새로운 교회에 선물을 내려 주셨다. 사랑과 믿음과 소망의 선물을 내려 주셨다. 성령의 선물과 하느님의 선물을 내려 주셨다. 이러한 선물들로 사랑의 주 예수는 제자들에게 한 약속을 지켰다. 예수는 제자들에게 하느님의 은총으로 그들을 가득 채워줄 성령을 보내 주겠다고 말씀했으며, 당신의 이름으로 제자들이 많은 기적과 많은 놀랄만한 일을 해서, 많은 사람들이 개종(改宗)할 것이라고 말씀하였다.

이들은 평범한 사람들이었음에도 불구하고, 하느님의 사랑이 무엇을 할 수 있는지를 보여 주었다. 하느님의 사랑은 그들이 누구이고, 직업이 무엇이고, 어디에서 왔고, 과거에 무엇을 했든 관계 없이 다 받아들였다. 그리고 그들을 하느님의 아들 예수의 참된 신봉자(信奉者)로 바꿔 놓았다. 이러한 예수의 신봉자들이 사랑과 기쁨에 넘치고, 활기에 넘쳐서 많은 치유를 행하고, 남들과 고통을 함께 나누는 것을 보았을 때, 사람들이 무엇을 생각했겠는가를 상상해 보아라.

많은 사람들이 복음의 한 부분이 되기를 원했다 하더라도 그다지 놀랄 일이 아니다. 옛날 교회들이 동요를 일으키고, 로마 제국이 동요를 일으켰다 하더라도 그다지 놀랄 일이 아니다. 그렇다, 전혀 놀랄 일이 아닌 것이다!

기쁨에 넘치는 하느님의 백성들은 다른 사람들로 하여금 예수에 대해서 생각하게 만들었다. 그 사람은 정말로 하느님의 아들이었을까? 만일 그렇다면, 왜 우리는 그를 십자가에 매다는 데 동의했었나? 많은 사람들이 찾아와서 용서를 빌고 그 분의 충실한 종이 되었다. 그러나 많은 사람들은 자기 자신에 대해 화가 치밀어서, 진실한 신자들에게 폭력을 휘두르기 시작했다. 그들은 신자들을 핍박(逼迫)하고, 신자들을 죽이고 또 신자들을 증오(憎惡)했다. 개중에는 집요하게 그리스도를 믿는 사람들의 씨를 말리려고 하는 자들도 있었다. 상금을 받기 위해 신자들을 잡으러 다니는 자들도 있었다. 또한 단순한 원한(怨恨) 때문에 신자들을 추적(追跡)하는 자들도 있었다.

그러한 박해자들 가운데서 주님은 당신의 사람이 될 인간을, 이 세상에서 당신의 빛이 될 인간을 하나 선택하였다. 자신을 미워하고 있는 사람보다 더 좋은 선택이 있겠는가? 누구에게 자신의 사랑을 보여주는 것이 더 좋겠는가? 하느님께서는 참으로 기가막힌 사람을 선택하였다! 이 사람은 말씀을 세상 사람들에게 전파하고, 마침내는 하느님을 위해 로마에서 목숨을 바쳤던 것이다. 바오로는 믿음의 사람이고, 하느님의 사람이고, 인간 중의 인간이었다. 이 행동으로, 예수는 당신의 사랑과 자비가 얼마나 위대한가를 보여 주었다. 이 하나의 행동으로, 예수는 누구든지 하느님의 사랑을 받을 수 있다는 것을 보여 주었다. 사람들이 해야 할 일은, 오로지 하느님의 사랑을 받아들이기만 하면 되는 것이다. 그리고 하느님의 사랑이란, 곧 예수를 말한다. 예수는 사랑이고, 그리고 예수는 바로 주님이시다.

예수가 주님이라는 것을 아는 것은, 신봉자들을 어둠으로부터 빠져 나오게 하여 광명의 세계로 데려다 주는 열쇠이다.

예수가 주님이라는 것을 알게 되면, 신자들은 주님의 힘으로 가득 채워지게 된다. 예수가 주님이라는 것을 알게 되면, 신자들은 고통과 고난을 극복할 수 있게 된다. 그리고 생명을 예수의 손에 맡기게 되면, 예수는 하늘 나라로 데려다 주신다.

교회는 초대 교회 이후로 성장을 거듭해 왔다. 그러나 하느님께서 요구하시는 것은 그 때나 지금이나 마찬가지이다. 네 하느님을 사랑하여라. 이와같이 네 이웃을 사랑하여라. 그리고 하느님의 계명(誡命)을 지키면서 착하게 살아라. 오늘날의 교회는 초대 교회(初代敎會)를 되돌아 보지 않으면 안 된다. 그리고 초대 교회의 신자들이 의지하며 살았던 진리(眞理)들을 알아야 한다. 그 진리들은 오늘날에도 아직 유효(有效)하다.

그 진리들은 오늘날의 사람들이 살아가야 하는 진리이며, 그 진리는 아직도 하느님의 길인 것이다.

오늘날 예수 그리스도를 믿는 사람들은 초대 교회가 하느님의 말씀 안에서 어떻게 살았는지 돌아보지 않으면 안 된다. 그리고 오늘날의 교회는 그와 똑같이 하느님의 말씀 안에서 살아야만 한다.

오늘날에도 생활(生活)은 조금도 달라진 것이 없다. 변한 것은, 오로지 주위의 환경 뿐이다. 오늘날에도 죄는 조금도 달라지지 않았다. 오직 그 양(量) 만이 달라졌을 뿐이다. 오늘날에도 요구되고 있는 희생(犧牲)은 조금도 달라지지 않았다. 달라진 것은, 오직 인간 뿐이다. 오늘날, 인간은 자신이 어떻게 변해 왔는가에 대해서 생각을 해 보아야 한다. 그리고 그러한 변화(變化) 때문에, 얼마나 많은 기쁨과 선물과 하느님의 은총을 잃어버렸는지를 깨달아야만 한다.

만일 사람들이 초대 교회를 되돌아보고 그 때의 가치관

(價値觀)으로 되돌아갈 수 있다면, 그 때야말로 다시 진실(眞實)한 신자(信者)가 될 수 있을 것이다.

⊙ 자녀를 위한 기도

○ 세상을 창조하신 하느님,
　하느님께서는 저희에게 귀한 자녀를 주시어
　창조를 이어가게 하셨으니
　주님의 사랑으로 자녀를 길러
　주님의 영광을 드러내게 하소서.
● 주님, 사랑하는 저희 자녀를
　은총으로 보호하시어
　세상 부패에 물들지 않게 하시며
　온갖 악의 유혹을 물리치고
　예수님을 본받아
　주님의 뜻을 이루는 일꾼이 되게 하소서.
　우리 주 그리스도를 통하여 비나이다.
◎ 아멘.

이것은 저에게 하신 성령님의 말씀이시다.
성령님께서는 인류가 하느님을 깨닫기를 바라신다.

제 3 장

하느님의 자비의 길
—— 천주 성령님의 메시지 ——

살아 계신 성령님!

　한 처음에 하느님께서 계셨다. 곧 성부님과 성자님과 성령님이 계셨다. 한 처음에 천주 성삼이 계셨다. 한 처음에 하느님께서 계셨다. 하느님께서는 하늘나라를 천사들과 사랑과 진리로 가득 채우셨다. 하느님께서는 모든 것을 당신의 진리, 곧 당신 자신이 지어내셨다. 하느님께서는 모든 것을 사랑이 되도록 만드셨다. 하느님께서는 모든 것을 진리가 되도록 만드셨다.
　사랑과 지혜 안에서 하느님 아버지께서는 천사들에게 사랑으로 자유를 주셨다. 이 자유는 천사들이 아낌 없이 사랑을 보여줄 수 있도록 하기 위해 하느님께서 주신 선물이었다. 이 자유를 얻자, 몇몇 천사들은 하느님이라도 된 것처럼 생각했고, 또 일부는 하느님과 동등하다고 믿었다.
　몇몇 천사들은 하느님께서 진실로 자신들에게 준 것이 무엇인지를 이해하지 못하였다. 그들은 하느님을 완전히, 그리고 자유롭게 받아들일 때, 하느님의 사랑으로 가득 채워지도록 허락하셨다는 것을 이해하지 못하였다. 그들은 하느님을 부인함으로써 미움과 노여움을 영혼 속으로 들어오게 했다는 것을 이해하지 못하였다. 그리고 하느님 아버지의 선물을 받고, 감사와 찬양과 함께 그 분께 선물을 되돌려준 천사들이 어떻게 상을 받는가를 보고, 질투를 하게 되었다.

　루치페르는 하느님을 거스려 반항을 한 타락한 천사들을 이끄는 자였다. 그들은 모든 지식을 갖고 있음에도 불구하고, 하느님께서 진실로 어떤 분이신지를 이해하지 못했다. 주님께서는 참된 종들을, 이 무례한 무리들을 쳐부수기 위해 보내셨는데 패배를 당한 그 무리들은 원한에 사물혀서 더욱 악과 증오심이 충만해 갔다. 그 악마들은 아직도 하느님의 참된 권능과 힘과 사랑을 이해하지 못하고 있다. 그들의 이해 범위를 벗어나 있기 때문이다. 그 때문에 그들은 아직까지도 하느님을 쳐부술 수 있다고 믿고 있다. 그리고 하느님의 진리와 사랑과 말씀을 물리칠 수 있다고 믿고 있다.

　완전한 사랑이신 하느님께서는 이 사악한 무리들의 행동을 슬퍼하셨다. 하느님께서는 비록 그런 일이 일어나리라는 것은 알고 계셨지만, 그들이 당신의 사랑에 등을 돌린 것을 무척이나 유감으로 생각하셨다.

　하느님의 사랑은 인간을 당신의 모습, 곧 사랑의 모습대로 지어 내셨을 때 다시 완전한 것이 되었다. 하느님의 사랑은 이 첫 번째 인간에 의해서 충분히 존중받았다. 왜냐 하면, 아담은 하느님의 사랑 안에 있었기 때문이다.

　자비로우신 하느님 아버지께서는 하느님이 내려 주신 선물을 함께 나누고 즐기게 하기 위해 그 남자에게 배우자를 마련해 주기로 결정하셨다. 하느님께서는 여자를 지어내셨다. 그러나 하느님의 눈에는 남자와 여자는 한가지였다. 하느님 안에서의 사랑과 기쁨, 그리고 하느님의 선물이 하느님 아버지께 행복을 가져다 주었다. 하늘 나라에 기쁨을 가져다 주고 세상에 생명을, 하느님 안의 생명을 가져다 주었다. 짐승들은 사람의 친구들이었다. 그들은 함께 재미있게, 기쁘게, 행복하게 살아갔다. 매일매일은 사랑의 나날이고, 하느님의 나날이고, 기쁨의 나날이었다. 사람은 하느님의 사랑과 하나가 되고, 이 세상과 하나가 되었다.

사랑과 자비의 하느님 아버지께서는 천사들에게 하느님을 사랑하거나 사랑하지 않거나 하는 선택권을 주셨으며, 남자와 여자에게도 같은 선택권을 주셨다. 어떻게 인간에게 선택권을 주지 않을 수가 있겠는가? 천사들에게 선택권을 주셨다면, 천사들 바로 아래에 있는 인간에게도 같은 선택권을 주시지 않을 수 없었을 것이다. 하느님 아버지께서는 인간에게 말씀하셨다. "네가 나를 사랑한다면 너는 이 나무를 건드려서는 안 된다. 다른 나무는 무엇이든지 만져도 되지만, 이 나무만은 절대로 안 된다."

인간은 하느님 아버지께 말씀드렸다. "우리는 주님을 사랑합니다. 그래서 주님께 대한 사랑으로 우리는 이 나무를 만지지 않겠습니다."

하느님 아버지께서는 인간의 마음이 약해서 악마의 꾐에 넘어갈 것이라는 것을 알고 계셨다. 악마는 하느님의 자녀들을 유혹하기 위해 모든 힘을 다할 것이 뻔했기 때문이다.

마음이 약한 인간은 결국 유혹에 넘어가서 하느님의 나무

열매를 따 먹었다. 하느님께서는 비록 그런 일이 일어나리라는 것은 알고 계셨지만 더 할 수 없이 슬펐다. 하느님께서는 인간을 사랑하셨기 때문에 슬펐던 것이다.

인간은 부끄러움에 잠겨 하느님으로부터 몸을 숨겼다. 인간은 하느님과의 약속을 어겼기 때문에 하느님으로부터 몸을 숨겼다. 만일 인간이 이 나무를 건드리지 않았더라면, 하느님 아버지께서는 인류를 구원하기 위해 당신의 아들을 보내시지 않으셨을 것이다. 그러나 인간이 약속을 지키지 않았기 때문에, 하느님 아버지께서는 당신의 아들을 보내셔야만 했다. 그래서 하느님의 아들은 악(惡)과 원죄(原罪)를 쳐부수기 위하여 세상(世上)에 내려 오셨던 것이다.

세월이 흘러 갈수록 인간은 죄의 구렁텅이로 점점 더 깊이 빠져 들어갔다. 많은 사람들이 하느님을 잊어버렸고, 많은 사람들이 사랑을 잊어버렸으며, 많은 사람들이 하느님 안에서의 자신들의 운명을 잊어버렸다. 사람들 가운데서 하느님께서 존재한다는 것과, 그 분께서 인간을 사랑하신다는 것을 상기시키기 위해 선택한 사람들이 나타났다. 그리고 사람들 가운데서 주님의 예언자들이 나타났다. 이러한 하느님의 종들의 말에 사람들이 이따금 귀를 기울였지만, 대부분의 종들은 업신여김을 당하거나 학대를 당하거나 죽임을 당했다.

† † †

인류는 하느님께 등을 돌리고 루치페르를 반갑게 맞아들였다. 그러나 그런 와중에서도 하느님을 믿고 그 분의 신봉자가 되는 사람들이 많았다. 이런 사람들은 하느님의 특별한 자녀들이고, 하느님의 아들이자 인간의 아들이었다.

이 사람들이 세대에서 세대로 하느님의 사랑을 전해 내려 갔다. 이 사람들이 하느님의 말씀을 세상에 전파했다. 하느님의 진리는 하느님께 대한 사랑을 나타내 보이고, 하느님의 사랑 안에서 어떻게 살아가는가를 보여 주었던 몇몇 사람들에 의해서 명맥(命脈)을 이어 나갔다.

많은 사람들이 하느님을 따르지 않는 동안에 길을 잃어 갔다. 노여움, 미움, 탐욕, 부도덕, 그리고 많은 다른 불행한 일들이 일어났다. 그 대부분은 많은 사람들이 하느님의 길을 잃어버렸기 때문에 일어난 것이었다. 많은 사람들이 생명과 사랑과 기쁨과 진리와 행복의 길을 잃어버렸다. 이런 잃어버린 하느님의 선물을 대체(代替)하기 위해서 많은 사람들은 다른 곳을 찾았다. 그러나 하느님으로부터 떠난 곳은, 어둠 밖에 없었다.

악마는 많은 사람들을 속여서 거짓 신들을 숭배하게 만들었다. 이기심, 탐욕, 육욕, 노여움, 미움의 신들을 숭배하게 만들었다. 그런 우상들은 모두 한 가지 일 밖에 하지 않는다. 곧 인간을 하느님으로부터 멀어지도록 만드는 일이다.

우상(偶像)들은 인간의 고통과 고난을 기뻐하고, 인간의 부도덕한 행위를 기뻐하며 그리고 하느님으로부터 인간을 떼어 놓는 것을 마냥 기뻐한다. 하느님에게 한 사람의 영혼(靈魂)을 훔쳐낼 때마다 악마(惡魔)는 얼마나 기뻐하는지 모른다. 왜냐 하면, 그것이 승리로 한 걸음 더 가까이 데려다 준다고 믿고 있기 때문이다. 이 얼마나 어리석은 짓인가!

하느님께서는 자녀들을 항상 지켜보고 계시기 때문에 당

신에게 등을 돌리는 것을 보고 슬퍼하신다. 하느님은 자비의 하느님이시며 용서의 하느님이시므로 인류를 위하여 기다리고 계신다. 설사 인류가 많은 죄를 짓고 또 장차 많은 죄를 짓게 되더라도, 더 많은 잘못을 저지르고 있다 하더라도 하느님께서 바라시는 것은, 자녀들을 하늘 나라의 영광으로 이끌어 가기 위해 거듭 용서하시고 사랑하시는 것이다.

　　인류는 어린이와 같아서 사랑과 친절을 통해서 살아가는 길을 가르쳐줄 필요가 있다. 하느님 아버지께서는 그 사랑과 친절을 당신의 아들 예수를 통해서 보여주신다. 인간이 해야할 일은, 그리스도님을 본받는 것이며, 그렇게 함으로써 인류는 삶의 참된 의미를 발견하게 될 것이다.

　　인류는 당신의 참된 사랑이 되도록 하느님 아버지께서 당신의 아들 예수를 이 땅에 보내셨다. 인류에게 당신의 자녀가 되도록 하느님 아버지께서 당신의 아들 예수를 보내셨다.

　　인류는 사랑을 위해 살고, 하느님을 위해 살도록 하느님 아버지께서 이 땅에 보내셨다. 하느님 안에서 인류는 바라는 모든 것을 발견할 수 있는데, 그 모든 것이란 인류를 위해 이익이 되는 것이다. 그러나 인간은 하느님으로부터 눈을 돌리기 시작했으며, 그 잘못 때문에 인간은 많은 대가(代價)를 치르지 않으면 안 되었다. 인간에게 그 대가를 치르게 만든 것은 하느님이 아니라 인간 자신과 악마 때문이다. 하느님께서는 인간을 해치지 않고, 오로지 인간을 사랑하실 뿐이다. 인간이 고난을 당하는 것은 어둠 쪽으로 얼굴을 돌렸을 때이다. 왜냐 하면, 악마는 언제나 대가를 요구하기 때문이다.

　　악마는 자신이 준 것 이상의 것을 빼앗아 간다. 인간은 이것을 이해하지 못하고 있다. 인간은 어둠을 스스로 끌어들이고 있다. 하느님은 이 세상의 잘못된 일에 대해 종종 비난을 받지만, 그것은 하느님의 잘못이 아니라 인간의 잘못이다.

인간에게는 평화와 기쁨 속에서 사는 데 필요한 모든 것이 주어졌으나, 인간은 그것을 파괴하거나 변화시키고 있다. 몇몇 사람들이 자신의 몫 이상의 것을 취하기 때문에, 다른 사람들은 보다 적게 받게 된다. 더 많은 것을 가진 사람들은 그것에 만족하지 않고, 다시 더 많은 것을 갖기를 원하기 때문에, 적게 가진 사람들은 더욱 적게 갖게 된다.

모든 사람들에게 충분할 정도로 있는 데도, 어리석은 사람은 충분치 않다고 말한다. 많은 사람들이 흥청망청 낭비를 하고 있는 동안, 다른 사람들은 없어서 굶주리고 있다. 인간은 자기 자신을 돌아보고, 사랑과 마음과 자기 자신을 함께 나누어야 함에도 불구하고, 하느님을 비난하고 있다. 만일 인간이 이것을 그렇게 행한다면, 모든 사람은 풍요 속에서 살아갈 수가 있고, 기쁨 속에서 살아갈 수가 있을 것이다. 그리고 모든 사람은 죄로부터 해방되어 살아갈 수가 있고, 하느님 안에서 살아갈 수 있을 것이다.

인류는 너무나도 어리석어서 종종 어둠에 귀를 기울이고 하느님에게는 귀를 기울이지 않는다. 시대가 거듭될수록 죄악(罪惡)은 번성(繁盛)해 갔다. 지금 죄악이 너무나 골고루 퍼져서 온 세상에 팽배해 있다. 죄악은 이제 보편화되어 있어서, 마치 정당한 일인 것처럼 정상적인 것으로 받아들여지고, 미덕으로 받아들여지게 되었다. 죄악은 네가 들여마시는 공기 속에, 네가 먹는 음식 속에, 네가 읽는 책 속에 그리고 도처(到處)에 있다.

죄악은 이제 너무나도 완벽해져서 종종 너무 늦을 때까지 그 존재를 깨닫지 못하곤 한다. 내가 그려 보이는 이 그림은 얼마나 슬픈 그림인가! 하지만 이것은 사실이다. 그러나 인류가 원하기만 한다면, 이 슬픔 속에서 기쁨이 나올 수가 있는 것이다.

　　인간의 것이 될 수 있는 기쁨이란, 하느님의 용서와 자비와 사랑의 기쁨이고 하느님께서 인간을 품 안에 다시 안으려는 자발적인 의지에 대한 기쁨이다. 인간이 이것을 이해하게 된다면 그 죄는 이 세상에서 자취를 감출 것이고, 죄악도 사라질 것이다. 모든 것은 하느님께서 사랑과 은총과 함께 내려 주신 자유의지 선택권을 가진 인류에게 달려 있다.

　　하느님 아버지께서는 당신의 뜻을 결코 인간에게 강요하지는 않으신다. 하느님 아버지께서는 오직 인도하고 조언하실 뿐이다. 그 다음에 인간에게 자신의 미래를 결정하도록 맡기신다. 하느님께서는 인간에게 자신의 운명(運命)을 결정하게 하신다. 하느님께서는 인간을 사랑하신다. 이 사랑은, 인간이 자유롭게 선택하게 하려는 하느님의 뜻으로부터 나온다. 곧 인간으로 하여금 올바른 길을 보고 그 길을 선택하게 하려는 것이다. 하느님께 이르는 길은 오직 하나 뿐이다. 그것은 바로 하느님의 아드님 예수님을 통하여, 어떻게 살아가고 어떻게 베푸느냐 하는 예수님의 모범을 따르는 길뿐이다.

† † †

　　예수님이 바로 그 길이시다. 인간은 그 길을 걸어가려고 하는 사랑과 힘과 품성과 뜻을 갖고 있는가? 하느님께서는 인간이 그것을 갖고 있다는 것을 알고 계시다. 그것을 부인하는 것은 오로지 인간 자신뿐이다.

지금까지 하느님의 사자(使者)들이 받아 온 대우는 언제나 가혹한 것이었다. 하느님을 섬기는 일은 항상 곤란한 것이었다. 이 세상에서의 보상은 거의 없는 것과 마찬가지이지만, 내세(來世)에서의 영광은 비할 바 없이 큰 것이다. 지금까지 하느님께서는 많은 사람들과 함께 나누도록 지침을 몇사람에게 주어 왔다. 하느님께서는 많은 사람에게 항상 믿음 하나만 가지고 따라오도록 요구하셨다. 온 인류가 하느님께 대한 참된 믿음을 받아들인다면, 그 때는 하늘 나라에 이르는 길이 분명해질 것이다.

주님의 예언자들은 하느님을 알고, 하느님의 사랑을 알고, 하느님의 기적을 알고 있다. 그들은 이것을 모든 사람과 함께 하려고 노력했으나, 욕설과 놀림을 받았을 뿐이다. 그것은 예언자들이 진실을 이야기하고, 인류에게 그들의 죄와 나약함을 보여 주었기 때문에, 인류가 종종 그들을 원망했기 때문이 아닐까? 하느님께서 선택한 사람들은 특별하게 보이고, 아무리 그렇게 되려고 해도 그들의 모범을 따르는 것이 너무나도 곤란했기 때문이 아니었을까? 다른 사람들이 예언자들처럼 되는 것이 불가능했기 때문에, 그들을 웃음거리로 삼고, 비웃고, 매도하고, 거부했던 것이 아닐까?

† † †

인간은 하느님께 등을 돌리고, 그 분께서 보내신 사자들을 거부하고 매도하고, 마침내는 하느님의 아드님을 십자가에 못박았던 것이다. 창조주에 대한 대우가, 하느님께 대한 대우가 이럴 수 있겠는가! 자비로우신 하느님께서는 아직도 인류를 향해, 아무리 많은 사람들이 하느님을 무시하고 거부해도 상관없이 인간을 사랑하신다고 말씀하신다. 무한히 자비로우선 하느님께서는 자녀들을 용서하기를 간절히 원하시고, 하늘 나라의 영광 속에 계신 당신에게로 데려가기를 간절히 바라신다. 인간이 해야 할 일은 회개를 하고 용서를 구하는 것 뿐이다. 인간이 원(願)하기만 하면 하느님께서 이루어주실 것이고, 구(求)하기만 하면 하느님께서 주실 것이다.

　　　　인간의 운명은 어떻게 될까? 인간의 미래는 어떻게 될까? 그것은 인간의 손에 달려 있다. 인간은 자신의 운명과 미래를 선택해야 한다. 인간에게는 두 가지 선택지가 있다. 곧 빛이냐, 아니면 어둠이냐 이다. 인간에게는 두 가지 운명이 있다. 좋은 운명이냐, 아니면 나쁜 운명이냐 이다. 인간에게는 두 가지 길이 있다. 곧, 올바른 길이냐 아니면 잘못된 길이냐 이다. 그 중간의 길이란 존재하지 않는다. 이것이냐, 아니면 저것이냐 이다. 인간은 보통 하느님을 필요로할 때, 그 분과 함께 하지 못하는 경우가 있다. 그러면 하느님을 무시해 버린다.

　　　　인간은 오로지 한 가지 선택만을 할 수 있다는 것을 이해해야 한다. 만일 하느님을 선택했다면, 좋을 때나 나쁠 때를 막론하고 하느님과 함께 머물러야 한다. 인간은 더 이상 하느님이 필요 없다고 느껴질 때라도, 하느님을 배반해서는 안 된다. 만일 하느님을 선택했다면, 자신이 동의하는 것 뿐만 아니라, 그 분의 모든 계명을 다 지켜야만 한다. 만일 하느님을 선택했다면, 하느님의 길과 사랑의 길과 하느님의 아드님, 예수님의 길을 따라가야만 한다.

　만일 하느님께 등을 돌리고 어둠으로 향했다면, 너는 어디로 가고 있는가를 이해하지 않으면 안 된다. 너는 미움, 악, 공포, 괴로움, 고뇌로 향해 돌아선 것이다. 너는 영원한 고통, 결코 끝나는 일이 없는 고통, 곧 지옥을 향해 돌아선 것이다. 너를 거기로 내몬 것은 하느님이 아니라, 그것을 자유의지(自由意志)로 받아들인 너 자신이고, 그것을 요구(要求)한 것은 하느님이 아니라 너 자신인 것이다.

　따라서 하느님에게 등을 돌렸을 때, 네가 진실로 자신이 택하고 있는 것이 무엇인가를 깊이 들여다보기 바란다. 깊이 들여다보고 그리고 회개(悔改)를 한다면, 하느님께서 지극히 사랑하시는 아드님, 사랑의 주 예수 그리스도님을 통하여 너를 구원(救援)해 주실 것이다.

　네가 진심으로 용서를 구한다면, 결코 때가 너무 늦는 일은 없다. 사랑을 구하고 변화를 구한다면, 결코 때가 너무 늦는 일은 없다. 그러므로 현명하게 살펴보고 올바른 선택을 하여라. 곧 유일한 선택, 하느님을 선택하고 예수님을 선택하여라.

　하느님을 사랑하는 사람들이 많고, 선한 삶을 사는 사람들이 많고, 다른 사람들을 사랑하고 도와주는 사람들이 많은 데도, 이 세상 사람들은 왜 그처럼 고통을 받고 있는가? 그렇다. 선량한 사람들이 많이 있다. 그러나 또한 길을 잃고, 길을 잘못 들어서고, 혼란을 일으키거나 악한 사람들도 많이 있다. 대다수의 선량한 사람들은 죄(罪)가 이 세상에서 활개를 치고 있는 데도, 왜 그냥 조용히 앉아만 있는가…….

　참으로 악한 사람들은 대다수의 사람들을 혼란에 빠뜨리

고, 그들을 죄의 구렁텅이로 몰고 간다. 그 죄는 종종 너무나 고 상해 보여서 더 이상 죄악처럼 보이지 않는다. 악한 사람들은 악의 얼굴에 미소를 띄고 있어서 그것이 옳은 일처럼 보인다.

낙태(落胎), 전쟁, 기아(飢餓), 탐욕, 마약, 음란(淫亂) 등 이러한 모든 것이 정당화(正當化) 될 수 있게 되었으나, 이러한 모든 것은 하느님을 거역(拒逆)하는 것이고 모두 죄인 것이다. 하지만 어찌된 일인지 죄처럼 보이지를 않는다. 그것들은 악을 역성들고 있으며, 그래도 그런 것과는 상관 없이 죄악인 것이다.

인류가 이 죄악이 저지르고 있는 일을 이해할 수 있게 되면, 인간은 왜 이 세상 사람들이 그토록 고통을 당하고 있는지를 알게 될 것이다. 얼마나 많은 선량한 사람들이 이러한 죄악(罪惡)을 받아들이고, 그것에 대항(對抗)하여 싸우지 못한 핑계를 대고 있는가?

죄악은 선량한 사람들을 하느님께 등을 돌리게 만들고, 악마의 손에 넘겨 준다. 왜냐 하면, 그들은 자신의 의지를 받아들였기 때문이다. 그들은 이 죄악을 받아들이고 이렇게 말한다. "그것들은 이제 더 이상 죄가 되지 않아. 그것들은 이제 옳은 일이야. 더 이상 하느님의 가르침에 위배되지 않아. 이것을 죄로 만든 것은 인간이니까. 따라서 이제 인간은 그것을 삶의 한 부분으로 받아들일 수가 있는 거야. 만일 모든 사람이 받아들일 수 있는 그럴듯한 이유가 있다면 모든 것은 용서될 것이고, 모든 것은 하느님의 사랑 안에서 허용될 것이며, 모든 것은 하느님의 바램 속에 포함될 것이다."

죄를 짓는 것을 하느님께서 어떻게 받아들이시겠는가? 인간이 어떻게 그렇게 될 것이라고 믿을 수 있단 말인가? 인간은 도대체 하느님을 어떻게 생각하고 있단 말인가?

이것은 타락한 천사들이 하느님과 동등하다고 생각했던 것과 마찬가지로, 인간이 결국에는 그 자신을 하느님과 동등한 위치에 갖다 놓는 것이다. 인간도 천사들이 그랬던 것처럼 교훈(教訓)을 받아야 하지 않을까? 인간도 하느님의 진리를 뼈아프게 터득해야 하지 않을까? 인간도 지옥으로부터 구원을 받을 수 있게 정신을 차리도록 혼쭐이 나야 되지 않을까?

하느님께서는 인간의 구원을 바라신다. 하느님께서는 인간에게 자비를 보여주시기를 원하신다. 그리고 하느님께서는 인간을 구세주, 예수님께 데려오기를 바라신다. 만일 인간이 하느님의 말씀, 곧 예수님의 말씀에 귀를 기울일 시간을 내기만 한다면, 이 세상에서 죄를 극복(克服)하기 위해 무엇을 해야 하는가를 알게 될 것이다.

† † †

인류로부터 죄가 제거되었을 때, 하느님께로 가는 길이 모든 사람에게 너무나도 똑똑하게 보여서, 왜 진작 죄를 물리치지 못했을까 하고 의아하게 생각할 것이다. 죄란 무엇인가? 죄란 하느님으로부터 인간을 떼어놓는 쇠사슬이다. 죄는 어둠에 의해서 격려를 받아 인류 스스로 만든 쇠사슬이다.

만일 인류가 예수님을 향해 돌아서서, 그 분의 고통과 수난과 십자가 안에서 힘을 발견한다면, 그때 인간은 악을 쳐부술 수 있을 것이다.

인류는 사랑의 주 예수님께서 당신 자신을 바침으로써 이미 악을 쳐부수었다는 것을 알아야 한다. 이 사실을 받아들이는 것은 바로 인간에게 달려 있으며, 이것을 믿고 이것을 찬양하는 것도 인간에게 달려 있다. 인간이 이것을 행하면, 악은 더 이상 인간을 유혹하고, 속이고, 혼란시키지 못할 것이다. 악은 본래 자신이 속한 지옥에서 휴식을 취할 수 밖에 없을 것이다. 악은 더 이상 존재하지 못할 것이며, 더 이상 인간을 괴롭히지 못할 것이다.

인류가 죄와 악을 거부하고, 하느님을 받아들이고, 예수님을 받아들이고, 성령님을 받아들이기만 한다면, 인간의 미래(未來)는 얼마나 멋지겠는가!

인류가 어둠에 등을 돌리고, 빛을 향해 돌아서기만 한다면, 인간의 기쁨은 얼마나 크겠는가!

하느님 안에서 하느님과 함께 하는 인류의 영광은 얼마나 크겠는가!

하느님 안에서 하느님과 함께 하는 인류의 영원한 행복은 얼마나 크겠는가!

이 얼마나 멋진 미래인가! 오로지 손만 뻗으면 거기에 창조주의 사랑이 있기 때문이다. 오로지 손만 뻗으면, 거기에 하느님의 자비, 곧 예수 그리스도님의 자비가 있기 때문이다.

예수님은 모든 사항에 대한 해답이다. 예수님은 모든 사람을 위한 사랑이시고, 그러므로 예수님은 모든 사람을 위한 하느님이시다.

† † †

이것은 인간을 끔찍이 사랑하시고, 영원한 기쁨의 길이신 천주 성자님께서 저에게 하신 말씀이시다.

제 4 장

영원한 사랑에의 길
── 천주 성자님의 메시지 ──

사랑의 주 예수님!

　아주 옛날 일은 아니지만, 그 때는 온 세상이 영적인 어둠 속에서 살고 있었다. 하느님을 잃고, 하느님 안에서의 삶을 잃고 있었다. 그때 자비로우신 하느님 아버지께서 하느님의 사랑과 하느님의 말씀과 하느님으로 이 세상을 밝히기 위해 당신의 아드님을 보내셨다.
　하느님의 아드님은 인간에게 어떻게 살아야 하는가를 보여주려고 오셨다. 곧, 하느님의 길 안에서 살고, 하느님의 사랑 안에서 살고, 하느님 안에서 사는 법을 보여주러 오신 것이다. 그리고 하느님의 아드님은 귀를 기울이는 사람들을 위하여 하늘 나라의 문을 열어주고, 믿는 사람들을 위하여 영원한 사랑의 문을 열어주고, 따르는 사람들을 위하여 하느님께로 가는 문을 열어주러 오셨다.
　하느님의 아드님의 말씀에 귀를 기울이고, 믿고, 따르는 사람들은 하느님의 진리, 곧 진리이신 예수님을 보게 되었다.

그들은 어떻게 예수님께서 구약성서의 하느님 말씀을 성취하는가, 그리고 그것이 어떻게 하느님의 살아 있는 말씀인가를 보게 되었다. 예수님은 그들에게 말씀의 진리를 보여 주셨다. 어떻게 말씀을 따르고 생활해야 하는가를 보여 주셨다. 예수님은 새로운 사랑에 대한 말씀을 하셨다. 곧, 하느님을 사랑하고, 서로 사랑하라고 말씀하셨다. 그리고 예수님은 삶이란 본래 어떻게 살아야 하고, 또 삶이란 어떤 것인가를 보여 주셨다.

인류에 대한 깊은 사랑을 가지고 예수님께서는 하느님의 신비와 진리와 사랑을 설명하기를 원하셨다. 예수님은 인간을 하느님 안에서의 완전한 삶, 서로에 대한 완전한 삶, 기쁨과 함께 하는 완전한 삶으로 인도해 가기를 원하셨다.

예수님께서는 인간에게 얼마나 많은 선물을 가져다 주셨는가! 예수님께서는 인간에게 얼마나 많은 은총을 선물하셨는가! 예수님께서는 하느님 아버지께 얼마나 큰 영광을 드렸는가!

인간의 내면에는 사랑이 있는데, 종종 깊숙이 숨겨져 있다. 그 사랑은 자신의 운명을 관장하려고 하는, 그리고 자신의 주인이 되려고 하는 인간의 자기 충족 욕구에 의해서 억압당하고 있다.

인류가 이해하지 못하고 있는 것은, 자신이 억압하고 있는 이 사랑이 실은 참된 독립성과 참된 자유와 참된 행복을 가져다 준다는 사실이다. 인간은 내면에 이런 사랑을 갖고 있다는 것을 알고는 있으나, 그것이 진실로 어떤 의미를 지니고 있는지를 모르고 있다.

이 숨겨져 있는 사랑은 하느님께서 인간의 내면에 심어 놓으신 사랑이고, 인간을 하느님께로 데려가는 특별한 은총(恩

寵)이며, 하느님께서 내려 주신 축복(祝福)이다.

　이 사랑으로 인간은 죄와 슬픔과 고통과 수난으로부터 자신을 해방시킬 수 있다. 그리고 인류는 행복 속에서 살 수가 있으며, 참된 자유를 누릴 수 있다. 인류는 기쁨 속에서 살 수가 있으며, 참된 독립성을 손에 넣을 수가 있다. 인류는 사랑 속에서 살 수가 있으며, 그 자신의 운명과 하느님 안에서의 운명을 계속 관장할 수 있게 된다.

　이 사랑을 계속 숨겨 놓으면, 인류는 자유로와질 수가 없다. 인류는 죄와 악의 쇠사슬로 자신을 묶어 놓게 되고, 인류는 자신을 영원한 고통 속에 가두게 된다. 이 사랑을 거부하면 사람들은 어둠의 노예, 이 세상의 노예가 되고 자신의 운명(運命)에 대해 거의 아무런 통제(統制)도 할 수 없게 된다.

　그처럼 강력하고 그처럼 감싸주고 그처럼 강한 이 사랑이란, 이 은총이란, 이 선물이란 도대체 무엇인가? 그것은 바로 하느님의 사랑인 예수님이시다. 그것은 바로 하느님의 아드님 예수님이시다. 그것은 바로 하느님이신 예수님이시다.

　이 세상을 자유를 향해 열어라. 이 세상을 기쁨을 향해 열어라. 이 세상을 참된 운명을 향해 열어라. 그리고 네 마음과 영혼과 너 자신의 문을 예수님을 향해 열어라. 그러면 자유로와질 것이다.

　왜 이 사랑을 숨겨 왔는가? 왜 이 사랑을 억제해 왔는가? 왜 이 사랑을 모른체 해 왔는가? 인류가 하느님의 사랑의 아름다움과 기쁨에 대해 등을 돌리는 것은 참으로 이상하다. 무엇이 인간의 눈을 멀게 만들고, 하느님으로부터 멀어지게 했는가?

　이 세상을 잘 둘러보고 눈을 똑바로 떠보아라. 그것은 명백하다. 그것은 도처에 있고, 그것은 흘러 넘치고 있다. 그것은 바로 인간의 이기심이다. 인류는 지금 오로지 자기 자신만을 생각한다. 어떻게 하면 자신이 더 나아질 수 있을까? 어떻게 하면 더 많은 것을 가질 수 있을까? 어떻게 하면 성공을 할 수 있을까? 어떻게 하면 남이 가진 것을 손에 넣을 수 있을까?

　자신의 지위를 향상시키기 위해서는 어떤 대가를 치루어도 좋다는 생각은 이제 더 이상 문제가 되지 않는 것같다. 만약 자녀를 많이 낳는 것이 자신의 생활 방식이나 즐거움이나 대망이나 재정 상태 같은 것이 미래에 제약을 가할 경우, 인간은 아이를 갖지 말자고 말한다. 만일 하느님께서 아이를 생명의 선물로 주시더라도, 인간은 그 아이를 거부하고 죽여버린다. 왜냐 하면, 자신을 불편하게 만들 지도 모르기 때문이다.

　만약 자신의 재산을 남들과 함께 나누어 갖는 것이 인생의 즐거움을 가로막고, 외식을 하지 못하게 만들고, 휴일이나, 스포츠카나, 큰 저택이나, 유행하는 옷이나 낭비를 불가능하게 한다면, 어떤 사람들은 남들과 함께 나누어 갖지 말라고 말할 것이다. 다른 사람들이 굶어 죽든, 돈만 있으면 고칠 수 있는 병으로 죽든, 판자집에서 살든, 쓰레기 같은 음식을 먹든, 더러운 물을 그냥 마시든, 그런 것은 아무런 관계도 없는 것이다. 많은 사람들은 자신이 잘 먹고 잘 살면서 가난한 사람들에 관해서는 신경을 쓰지 않는다.

　만약 가난한 사람들이 자신의 안락한 생활을 위협하는 경우에 인간은 그들을 먹여 살리는 데 돈을 쓰기보다는, 그들을 억압하기 위해 무기를 사는 데 돈을 쓴다. 그들에게 집을 지어주는 데 돈을 쓰기보다는, 자신의 안전을 위해 많은 돈을 쓴다.

그리고 그들의 병을 고쳐 주는 데 돈을 쓰기보다는 자신의 오락에 더 많은 돈을 쓴다.

사랑은 인간이 만들어낸 자아의 두터운 표피 밑에 숨겨져 있다. 매순간마다 대부분의 사람들이 수수방관하고 그런 것을 받아들이고 있을 때, 그 표피는 자꾸만 두꺼워져 간다. 그것을 그대로 받아들임으로써 더 많은 표피가 만들어진다. 그것을 그대로 받아들임으로써 더 많은 죄가 쌓이게 된다. 옛날 인류에 의해서 거부되었던 것들이, 이제는 대부분의 사람에게 받아들여지고 있다. 옛날에 악이라고 여겨졌던 것이 지금은 선으로 받아들여지고 있다. 모든 것이 자아라는 이름으로 받아들여지고 있다. 모든 것이 실제로는 인간의 악인데도 인간의 정의라는 이름으로 받아들여지고 있다.

인간의 개인적인 프라이버시, 인간의 개인적인 권리, 인간의 개인적인 행동은, 부도덕한 이러한 행동 범위 안에서 허용될 때, 악에게는 모두 반가운 것이다. "다른 사람을 해치지 않는 한 네가 하고 싶은 대로 하라."는 것은, 어둠으로부터 나온 말이다. 그것은 결국 남을 해치는 행동도 충분히 받아들일 수 있는 정상적인 일이 된다는 것을 의미한다. 어떤 행동이 남을 해치는지 아닌지, 누가 어떻게 판단을 내릴 수 있단 말인가? 어른들 사이에 사랑으로 행한 일이므로 아무도 해치지 않으니까, 그것은 괜찮다고 누가 말할 수 있겠는가? 하느님으로부터 권위를 인정받지 않은 한, 감히 누가 어떤 것이 옳고 그른 지를 판단할 수 있겠는가?

인간은 자신의 권위와 법률과 정의가 하느님에 의해서 선포된 것이 아닌 이상 아무런 무게도 지니지 못한다는 것을 명심해야 한다. 하느님의 법은 이해하기가 쉽다. 많은 예언자들이 하느님의 법을 이야기했으며, 많은 사람들이 읽어 왔다. 그러나 많은 사람들은 자신에게 편리한 것만을 받아들인다. 예수님께서 말씀을 선포하셨을 때, "이것은 하느님의 계명이다. 너희가 동의하는 것만 따르면 된다."고 말씀하시지는 않았던 것이다. 예수님께서는 또 이렇게 말씀하셨다. "너희는 모든 계명(誡命)을 따라야 한다!"

† † †

지금 인류는 사랑, 곧 하느님께 대한 사랑과 동료에 대한 사랑에 대하여 결정을 내릴 필요가 있다. 인류는 지금 자신의 손을 부뜰고 하느님과 함께 사랑 안에서 걸어가야 할 필요가 있다. 인류는 지금 모든 희망과 포부를 다른 사람들에게 돌려야 할 필요가 있다. 곧, 온 인류가 하느님의 사랑과 평화 속에서 살 수 있을 것이라는 희망(希望)과 포부(抱負)를 다른 사람들에게 돌려 주어야 한다.

인간이 사랑과 기쁨과 함께 나눔 속에서 한 걸음 앞으로 내어디딜 준비가 되어 있다면, 얼마나 놀라운 미래가 기다리고 있겠는가! 인간이 사랑 속에서 함께 영원으로 통하는 계단을 올라 간다면, 얼마나 놀라운 미래가 기다리고 있겠는가! 인간이 창조주의 사랑과 친절을 받아들인다면, 얼마나 놀라운 미래(未來)가 기다리고 있겠는가!

인류는 이런 이유 때문에 아니, 오직 이런 이유 하나 때문에 생존하고 있는 것이다. 곧, 하느님께로 가기 위해서 세상에 있는 것이다. 이것을 받아들이면 어떻게 살아야 하는지, 어떤 사람이 되어야 하는지를 이해하게 된다. 인류가 자신의 참된 모습을 알고, 자신이 어떻게 해야 하는지를 알게 된다면, 인류가 창조주이신 하느님을 진실로 믿게 된다면, 인류가 하느님의 은총으로 여기에 있다는 것을 깨닫게 된다면, 그리고 인류가 하느님의 소망을 존중하게 된다면, 그때 비로소 인류는 참된 운명, 곧 하느님께서 인간을 위해 준비해 놓은 운명을 발견할 수 있을 것이다. 예수님은 이것을 어떻게 행하는가를 설명해 주셨다. 예수님은 하느님의 길 안에서 어떻게 살아가야 하는가를 보여 주셨다. 예수님은 모든 사람이 똑같이 되기를 갈망하셨다.

예수님은 인류에게 그 길을 보여 주시기 위해서 당신의 모든 것을 바치셨다. 예수님은 인류를 변하게 하기 위해서 모든 것을 바치셨다. 그리고 예수님은 인간의 죄를 속죄하기 위해서 당신 자신을 바치셨다. 그 희생을 거절하지 마라. 그것을 받아들이고, 하느님의 사랑을 받아들여라. 왜냐 하면, 예수님은 하느님의 사랑이기 때문이다.

어느 곳을 찾아보더라도 인간은 두 가지 길, 곧 이기심과 죄의 길 아니면 하느님과 사랑의 길을 발견하게 될 것이다. 인간이 장래 어디에 서 있기를 기대하든 간에, 이 두 길 중 하나를 걸어서 거기에 도달할 것이다. 인간이 어떤 존재가 되려고 목표를 정하든 간에, 이 두 길 중 하나를 선택(選擇)해야만 한다.

그 선택지는 명백하다. 그 선택지는 서로 너무나 다르기 때문에, 선택하기가 무척 쉬울 것이다. 그 선택지는 서로 너무나 멀리 떨어져 있기 때문에, 발을 잘못 내어디딜 염려가 전혀 없을 것이다.

　　인간은 나약하므로 그 선택지를 흐릿하게 만들고 있다. 인간은 이성에 의해서 그 선택지를 흐릿하게 만들고 있다. 그리고 인간은 그 선택지를 다른 유일한 선택지, 곧 악으로 흐릿하게 만들고 있다.

　　인간은 올바른 선택을 하기 위해서, 올바른 길로 들어서기 위해서 그리고 하느님께로 인도하는 길을 선택하기 위해서 무엇을 해야 하겠는가?

　　인간은 영혼을 갈기갈기 찢어 놓으려고 기다리고 있는 악마의 발톱을 피하기 위해서 무엇을 해야 하겠는가? 인간은 하느님의 사랑 안에서 현세로부터 내세로 가려면 무엇을 해야 하겠는가? 인간은 정말로 무엇을 해야 하겠는가?

　　그 해답은 모든 사람이 볼 수 있도록 놓여져 있다. 그 해답은 보려고 하는 사람에게는 명백한 것이다. 그 해답은 들으려고 하는 모든 사람에게 주어져 있다. 그리고 그 해답은 마음과 영혼과 내면으로 들으려는 모든 사람에게 주어져 있다. 그 해답은 바로 예수님이시고, 사랑이시며 기쁨이시다. 그 해답은 하느님이시다. 이것은 많은 사람들이 부인하는 해답이다. 그러나 이것은 유일한 해답이다. 인간으로 하여금 올바른 길을 선택하도록 도와주기 위해서 오신 하느님의 아드님의 해답이다. 인간은 과연 들을 귀와 볼 눈과 그것을 따를 마음을 갖고 있는 것일까?

　　이 세상의 남자들아. 이 세상의 여자들아. 너희를 너무나도 깊이, 너무나도 강하게, 너무나도 열정적으로 사랑한 나머지, 당신의 생명까지도 너희를 위해 바치신 예수님의 말씀에 이제는 귀를 기울여다오.

† † †

"나의 사랑스런 자녀들아, 이제는 도움을 받기 위해 나에게 의지하여라. 이제는 용서를 받기 위해 나에게 의지하여라. 이제는 사랑을 받기 위해 나에게 의지하여라. 왜냐 하면, 나는 사랑이기 때문이다.

나는 너희에게 자신의 삶을 재평가할 것을 요구한다. 자신이 나쁜 일을 하고 있는 것은 아닌지, 악한 일을 그대로 받아들이고 있는 것은 아닌지, 악한 일을 그대로 버려두고 있는 것은 아닌지 살펴 보기를 바란다. 일어나 선을 위해 말하여라. 악에 대항해서 일어나고, 하느님을 위해 일어나거라. 만일 나의 자녀들이 나를 위해 일어서지 않는다면, 누구에게 그것을 요구하겠느냐? 나의 자녀들이 나를 따르지 않는다면, 누가 내 말을 들으려고 하겠느냐? 나의 자녀들이 죄를 범한다면, 어떻게 다른 사람들에게 죄를 범하지 말라고 말할 수 있겠느냐?

나의 자녀들아, 나는 너희를 위하여 피를 흘렸다. 너희를 위하여 내 생명을 주고 너희에게 영생을 주었으니, 이제는 그것을 받아들여 너희 것으로 만들어라. 나의 말씀을 생활화함으로써 그것을 받아들여라. 하느님을 위해 살고, 다른 사람들을 위해 살고, 영원한 생명을 위해 삶으로써 그것을 받아들여라.

이제는 나의 깃발 아래에 모여서, 악에 대항하는 소리를 드높이고, 너희가 하느님의 참된 아들 딸이라는 것을 보여줄 때인 것이다."

⊙ 가계 안의 불쌍한 영혼들을 위한 기도

○ 하느님 아버지!
가계 안의 불쌍한 영혼들을 위하여 기도합니다.
● 시간과 공간을 초월하시는 주님! 주님께서는 수십 년 전 아니
그보다 더 오래 전의 우리 조상들과 먼저 떠난 가족들을 아시나이다.
○ 묶인 이들에게는 해방을 알리시고
눈먼 사람들은 보게 하고
억눌린 사람에게는 자유를 주시는(이사: 61, 1-2)
당신의 말씀이 갇힌 이들에게도 내리게 하소서.
● 주님께서는 모든 인간에게 양심과 이성을 비추시어
바른 생각과 행동을 하도록 이끄십니다.
그러나 당신께 죄를 지어
그 죄로 인한 보속을 다하지 못한 채
어둠 속에서 신음하고 있는 영혼이 있다면 사하여 주소서..
당신 십자가의 성혈로 씻어주시고 정결케 해주소서.
○ 주벽의 죄, 폭언과 폭력의 죄가 있나이다.
인색과 낭비의 죄가 있나이다.
기만과 이간 그리고 교만의 죄, 미색과 탐욕, 도박의 죄가 있나이다.
미움과 보복, 다툼과 분쟁의 죄, 우상숭배와 미신의 죄가 있나이다.
주여, 용서하소서.
● 갖가지 과오로 쓰러진 영혼들을,
성심의 사랑으로 살려주시고
당신의 거룩하신 피로 구하소서.
○ 우리는 주께 희망을 두나이다.
당신의 자비를 믿습니다.
● 오 주님이시여!
하느님 사랑을 기리며 신음하는
가계 안의 불쌍한 영혼들을 구해 주소서.
주님께서 "아버지, 이들을 용서하소서.
이들은 이들이 하는 바를 알지 못하나이다." 하고 외치신 당신이 흘리신 십자가의 눈물로 이들을 구하소서.
○ 어머니,
십자가 밑에 서 계셨던
당신의 애탄으로
이들이 주님 품에 안기게 하소서.
주님께서 한 영혼, 한 영혼을 건져주시고
아버지의 영원한 나라에서 편히 쉬게 하소서.
◎ 아멘!

제 II 부
확실한 나의 길

제1장 인류의 죄 / 123
  ── 천주 성부님의 메시지 ──

제2장 이성이라는 이름 아래서 / 146
  ── 성모님의 메시지 ──

제3장 잘못 알고 있는 길 / 150
  ── 천주 성부님의 메시지 ──

제4장 하늘나라로 가는 길 / 166
  ── 삼위일체이신 하느님의 메시지 ──

성모송

은총이 가득하신 마리아님, 기뻐하소서!
주님께서 함께 계시니 여인 중에 복되시며
태중의 아들 예수님 또한 복되시나이다.
천주의 성모 마리아님,
이제와 저희 죽을 때에
저희 죄인을 위하여 빌어주소서.
아멘.

영광송

(밑줄 부분에서 고개를 숙이며)
<u>영광이 성부와 성자와 성령께</u>
처음과 같이
이제와 항상 영원히.
아멘.

제 1 장

인류의 죄

—— 천주 성부님의 메시지 ——

자비의 천주 성부님! —— 1995년 1월 3일

　　인류가 자신을 돌아보고, 도덕성을 되돌아 볼 필요가 있는 때가 있다면, 그것은 바로 지금이다.
　　인류는 지금 도덕성의 결여 탓으로, 생명의 가치에 대한 이해력의 부족 탓으로 절망의 길을 가고 있다.
　　한 처음에 하느님께서 인간을 만들어 내셨을 때, 인류에게 도덕을 내려 주셨다. 곧 하느님의 사랑 안에서 다른 사람과 함께 어떻게 살아가느냐에 대한 가이드라인을 내려 주신 것이다. 세월이 흘러가면서, 인류는 이 도덕으로부터 조금씩 조금씩 벗어나기 시작했다. 그러자 주님께서는 충실한 종 모세를 통하여, 선한 삶을 살아가기 위해 필요한 것을 인간에게 똑똑히 상기시켜 주셨다.
　　인류는 일단 얼마 동안 귀를 기울였으나 다시 조금씩 조금씩 벗어나기 시작했다. 그러자 지극히 큰 자비와 사랑의 행동으로, 하느님께서는 당신의 아들 예수를 보내시어 인간에게 참된 운명이 어떤 것인가를 상기시켜 주셨다.
　　예수는 이 땅에 내려 와서, 모든 사람이 본받아야 할 삶을 살았다. 예수는 세상에 와서, 하늘나라의 하느님 아버지께 가는 길을 똑똑히 보여 주었다. 예수는 이 세상에 와서 인간을 용서하고, 사랑의 행동으로 인류에게 손을 뻗어 주었다. 그 사랑은 하느님 아버지로부터 나온 것인데 예수를 통하여, 마침내 성령에 의해서 생생하게 전해 주었다.

예수는 세상에 와서 인류에게 하느님께로 가는 방향을 제시해 주었다. 그 길을 제시하면서, 예수는 온 인류가 영원한 행복을 얻기 위하여 해야 할 일은 사랑 안에서 생활하는 것임을 보여 주었다. 그 사랑은 조건 없는 사랑으로 남을 돕고, 용서하고, 이해하고, 자신이 대우받기를 바라는 만큼 남을 대우해 주는 것이다.

그러나 인류는 또 다시 조금씩 조금씩 하느님으로부터 벗어나기 시작했다. 인류는 참된 도덕이 결여되고, 거짓 도덕만이 판을 치는 사회를 만들어내기에 이르렀다. 거짓 도덕은 실제로는 죄이며, 하느님을 부정하고, 예수를 모독하는 것이다.

예수는 이 세상에 걸어다니면서 오직 사랑만을 말씀하고, 오직 친절만을 말씀하고, 오직 진리만을 말씀하였다. 예수는 당신의 말씀에 귀를 기울이는 사람들에게 생명의 존엄성에 대하여 말씀하였다. 그리고 어린이들에게서나 찾아볼 수 있는 사랑의 따뜻함에 대하여 말씀하였다. 예수는 당신의 말씀에 귀를 기울이는 사람들에게, 어린이들처럼 된다면 하늘 나라에서 영원한 생명을 얻을 것이라고 말씀하였다.

주님과 하느님께서 인류를 내려다 보시면서, 어린이들이 전쟁터에서 살해당하고, 기아로 굶어 죽어가고, 낙태로 억울하게 죽어가는 것을 어떻게 느끼실까를 한번 상상해 보아라. 이러한 모든 일들은 피할 수 있는 데도, 인간은 오히려 퍼뜨리는 길을 선택하고, 이 세상에서 곪아 터져 고름이 나오는 상처인 채로 놔두고 있다.

예수가 어린 자녀들이 그처럼 학대당하는 것을 보고 얼마나 슬퍼하겠는가를 상상해 보아라.

예수는 이러한 모든 증오와, 모든 죄를 멈추게 하기 위해 얼마나 간절하게 원하겠는가를 생각해 보아라.

예수는 인간에게 선택권을 주었다. 인간이 잘못된 선택을 할 때마다 예수가 얼마나 실망하겠는가를 상상해 보아라.

† † †

자비의 천주 성부님! ── 1995년 1월 3일

낙　　태 (落胎)

예수는 천지창조 때부터 인류를 지켜보아 왔으며 이 세상이 끝날 때까지 인류를 계속 지켜보고 있을 것이다. 예수는 모든 영혼을 개인적으로 잘 알고 있다. 그리고 모든 사람을 잘 알고, 모든 사람을 친구라고 부른다. 그러므로 어떤 일을 하든 상관 없이 모든 사람은 계속 예수의 친구인 것이다. 그러나 이러한 우정을 받아들여, 인간이 창조된 목적 그대로 사랑이 되느냐는 것은 개인 각자에게 달려 있다.

예수는 모든 영혼을 개인적으로 알고 있기 때문에, 당신의 친구가 이 세상에서 삶을 시작하기도 전에 끝나 버렸을 때,

예수가 겪은 고통이 어떠했을까를 상상해 보아라. 임신되는 순간에 볼 수는 없다 하더라도, 영혼이 몸 속으로 들어간다. 그 때부터 그 몸은 이미 존재하고 있으며, 그 몸은 하느님께서 사람이 되도록 창조하신 영혼으로 채워진다.

　　　　이 영혼은 모든 감정과 이해력과 완전히 발육한 사람이 갖고 있는 소망을 지니고 있지만, 인간은 그것을 인식하지 못하고 있다. 영혼이 육신에 들어가면, 이미 하느님 안에서 완전한 인간이 된 것이다. 왜냐 하면, 하느님으로부터 나온 것이기 때문이다. 그것은 이미 완전한 창조물이어서, 하느님을 사랑하고 있다는 것을, 인간의 몸 안에서 삶의 체험을 통하여 자유롭게 보여줄 수 있다. 모든 영혼은 하느님의 영광으로부터 나오고, 예수를 따르고, 하느님의 길을 살아가며, 하느님의 영광 속으로 돌아가기 위해 창조되었다. 이렇게 인류를 창조하시고, 베풀어 주시고, 사랑하시고, 마지막에는 하늘 나라에까지 데려가시는 하느님의 선물은 얼마나 훌륭한 것인가!

　　　　시간이 흐르면서 인간은 부도덕한 면으로 돌아갔는데, 지금은 그것을 인간의 권리라고 부르고 있다. 태어나지 않은 영혼의 권리는 부모가 아직 자녀를 가질 준비가 되어 있지 않다거나, 자녀를 키울 수 있는 능력이 없다는 핑계로 무시되고 있다.

　　　　때때로 다음과 같이 의학적인 합리화를 시도하기도 한다. 곧, 그녀가 아이를 갖기에는 너무 어리다든가, 산모의 몸이 아직 출산을 위한 준비가 되어 있지 않다거나, 산모가 정서적으로나 또는 정신적으로 견디어낼 수 없다는 이유이다. 이러한 구실과 다른 많은 핑계가 모든 사람에게 너무나도 크고 깊은 고통과 괴로움을 가져다 주는 죄, 곧 낙태의 죄를 덮어주기 위해 이

용되고 있다.

　　인간은 하느님께서 주시는 생명의 선물인 축복을, 연루된 모든 사람에게 죄의 굴레를 씌우는 비극으로 바꿔 놓고 있다. 낙태는 이제 또 다른 형태의 피임법이 되고 있으며, 모든 사람에게 자유롭게 활용되고 있다. 낙태는 모든 사람이 이용 가능한 안전한 선택지로 여겨지고 있다. 이 세상에 새로운 생명을 가져다 주는 이점(利點)을 선전하는 대신에, 낙태의 이점을 선전하는 기구들이 세워지고 있다. 사탄의 종들은 이 혐오스러운 일에 대해서 자유롭게 이야기를 하고 있다. 마치 그것이 많은 사람들의 사회적이고 경제적인 문제들을 해결해 줄 수 있는, 인류에 대한 놀라운 선물이라도 되는 것처럼 떠들고 있는 것이다.

　　이 대죄를 선전하는 사람들은 이 죄를 어째서 받아들여야 하고 환영해야 하는가를 보여주기 위해 온갖 그럴듯한 논거와, 과학적이고 사회적인 논거를 열거하고 있다. 그러나 모든 사람들은 내면 깊은 곳에서 이것은 죄악이고, 이것은 하느님의 뜻을 거역하는 짓이라는 것을 알고 있다. 그러나 많은 사람들은 어둠의 그럴듯한 논거에 귀를 기울이고, 이러한 내면의 지식이 흐려지고 은폐되도록 내버려 둔다. 이 살인죄를 용인해야 한다는 메시지가 세계적인 단체와 국가의 지도자들에 의해서 신문과 텔리비전과 영화를 통해 되풀이해서 전파되고 있다.

　　많은 사람들이 혼란을 일으키는 것도 당연하다. 많은 사람들이 어찌할 바를 모르는 것도 당연하다. 하느님을 대변하는 사랑의 목소리는 어디에 있는가? 하느님의 대변자들은 있지만, 실제로는 그 반대가 사실인 데도 불구하고 광신자라든가 극단론자라는 낙인이 찍혀 있다. 하느님의 목소리를 무력화시키기 위해 사탄이 행한 일은, 그 그룹 안에 자신의 하수인을 잠입시키는 것이다. 그 하수인들은 교활한 솜씨로, 하느님의 종들을 혼란시키고, 그들의 말과 행동을 혼란에 빠뜨리고 있다.

만일 하느님을 위해 소리 높이 외치고 변호하는 사람들이 하느님은 사랑이시며, 그 분의 이름으로 하는 모든 행동은 사랑의 행위라는 것을 기억했다면, 이 세상 사람들은 귀를 기울이기 시작했을 것이다. 하느님의 일을 행하는 사람들이 목적을 달성하기 위해 어둠의 도구들을 이용한다면, 다시 말해서 낙태 병원의 근무자들을 총으로 쏜다면, 그들은 더 이상 하느님의 일을 하는 사람들이 아니라 오히려 악마의 선동에 따르는 사람들이다.

하느님의 종들은 어둠 속의 빛이 되어야 한다. 그러기 위해서는 하느님께서 당신의 아들 예수를 통하여 보여 주신 것처럼 살아야 한다. 어떤 죄도 안 되며 오로지 사랑만을 베풀어야 한다. 어떤 증오도 안 되며, 오로지 자비만을 베풀어야 한다. 어떤 사리사욕(私利私慾)도 채우려 해서는 안 되며 오로지 남을 도와야 한다. 하느님의 일을 하는 욕구(欲求) 외에는 어떤 욕구도 안 된다.

† † †

세월이 흐르면서 태어났든 태어나지 않았든 간에, 죄없는 유아를 죽이는 것은 그다지 중요성을 갖지 않게 된 것같다. 낙태가 더 많이 행해지면 행해질수록 더 많은 정당화가 이루어지고, 그래서 또 낙태가 많이 행해지게 된다. 더 많은 교활한 논거가 구실을 제공하기 위해 생겨나게 되고, 더 많은 죄를 짓게 되지만, 더욱 죄악으로 여기지 않게 되는 것같다.

낙태가 지닌 폐해가 어떤 것인지, 낙태가 요구하는 대가가 무엇인지를 생각해 보아라. 첫째로, 그 무고한 생명은 존재 자체가 고통의 원인이 되고 있는 것이다. ──그 몸이 파괴될 때의 아픔을 생각해 보아라. 때때로 조각조각 토막을 내서는 쓰레기처럼 버려진다. 때로 사람의 모습을 갖춘 태아는 아무도 원치 않고, 아무도 사랑하지 않고, 아무도 살기를 허용하지 않는 생명 없는 살덩어리로 만들어지기 위해 따뜻하고 안전한 어머니의 자궁으로부터 잔인하게 분리되어 버린다. 그 어린 생명은, 사랑받는 존재가 되려고 얼마나 울부짖는지 모른다. 그 어린 생명은 원하는 존재가 되려고 얼마나 울부짖는지 모른다. 그리고 살려달라고 주님께 얼마나 울부짖는지 모른다.

이번에는 어머니의 영혼에 주는 영향을 생각해 보기로 하자. 임산부는 어쩌면 자기 자신에게 한 짓이 무엇인지를 깨닫거나 이해하지 못할 지도 모른다. 때때로 그 대가는 인생의 후반기에 정서적이고 심리적인 문제점으로, 때로는 신체적인 문제점으로 나타날 지도 모른다. 그러나 항상 영적인 문제점이 가장 심각하다. 영적인 문제점은, 만약 임산부가 나의 아들 예수에게 용서를 구하지 않는다면, 그녀의 존재를 파괴해 버릴 지도 모른다. 설사 임산부가 낙태를 나쁜 일이라고 믿지 않는다 하더라도, 낙태가 나쁜 일이고 하느님께 대한 모욕이라는 사실을 바꾸지는 못한다.

이러한 끔찍한 수술을 시행한 사람들은 자신들이 저지른 행위에 대해서 책임을 지게 될 것이다. 타락한 그들이 창조주와 대면할 때, 자신들이 죽여버린 모든 생명이 주님의 심판이 내려

지기를 기다리고 있는 것을 발견하게 될 것이다. 그 때는 이미 하느님의 자비를 구하기에는 너무 때가 늦다. 지금 이 세상에서 살고 있을 때가 바로 하느님의 용서를 구할 때인 것이다. 지금 이야말로 그 잔인한 행위를 그만두고, 하느님께 돌아서서 자비를 구할 때이다. 그들은 하느님께서 자신들에게 무엇을 요구하시는 지를 알고 있다. 만일 그것을 거부한다면, 그들은 전적으로 자신의 위험을 걸고서 자신의 행위(行爲)를 책임지고 그렇게 행하는 것이다.

이러한 죄를 묵과하는 사람들은 낙태를 행한 사람과 똑같이 책임을 져야 한다. 그 죄에 동의하는 것은 그 죄를 짓는 것이고, 그 죄를 장려하는 것은 죄악을 선전하는 것이며, 죄악을 선전하는 것은 하느님께 등을 돌리는 행위인 것이다.

왜 언제나 가장 약하고 가장 상처입기 쉬운 사람들이, 이른바 "먼저 행하는 사람"의 손에 의해 고통받는 자가 되는 것일까? 어떤 이유에서든 어떤 형태로 죄를 조장하는 사람은 "먼저 행한 자"가 아니라, 아무에게도 해를 끼치지 않으니까 낙태를 받아들이도록 장려하는 "선동하는 자"이다. 그러나 불행하게도, 낙태는 언제나 누군가에게 해를 끼치며, 언제나 약하고 상처받기 쉬운 사람들에게도 해를 끼친다.

그러므로 이 "먼저 행한 자들"은 실제로는 죄의 하수인들이고, 악의 하수인들이고, 사탄의 하수인들인 것이다. 설혹 그들이 그것을 깨닫지 못하고, 그것을 인정하지 않더라도 말이다. 그 사람들이 실제로 행하고 있는 것과 그 해악을 깨닫고는, 하느님의 용서를 구하고 자신들이 행한 해악을 원래의 상태로 되돌려놓기 시작할 때, 하느님께서는 당신의 자비로 그들의 영혼과 마음과 정신을 환하게 비춰 주실 것이다. 하느님의 용서와 하느님의 사랑을 도로 찾는 것은, 오로지 그들 자신(自身)의 태도(態度)에 달려 있다. 그리고 그것은 하느님의 아들 예수를 통해서 이루어질 것이다.

그들의 마음의 성찰(省察)로, 인류는 자신들이 범한 모든 죄에 대한 참된 해답을 발견하게 될 것이다. 만일 인류가 참된 감정을 마음과 영혼을 뒤덮고 있는 딱딱한 외피를 통해서 비춰 본다면 어떤 것이 나쁘고, 어떤 것이 좋은가를 이해할 수 있게 될 것이다. 이 외피를 벗겨내야만 참된 인간의 모습이 드러나게 되는데, 이 외피를 예수의 사랑으로 벗겨내는 것은 오직 인간에게 달려 있다. 만일 인류가 무고한 생명의 학살로 자기 자신이 행하고 있는 것을 재평가하지 않는다면, 그 때는 반드시 대가(代價)를 치뤄야 할 것이다. 그리고 무고한 생명의 절규는 반드시 응답을 받게 될 것이다.

† † †

무고한 생명은 낙태의 잔인한 죄에 의해서 죽임을 당한 영아들 뿐만이 아니다. 여기에는 또한 인간의 무관심 때문에 굶어 죽는 사람들도 포함된다. 그리고 전쟁이나 계획적인 대량 학살이나 억압적인 통치자의 잔인한 공격성에 의해서 무고하게 살해당한 사람들도 있다. 인류의 죄 때문에 젊은이가 죽어갈 때마다 또 다른 빚이 쌓이게 되기 때문에, 그 대가는 치뤄야 한다. 젊은이가 하느님으로 향하는 충만한 삶에 도달하는 기회가 거부당할 때마다, 영혼은 절망 속에서 울부짖으며 하느님께 왜 자신의 가족이, 인간의 가족이 이를 거부하느냐고 묻는다.
　　어린이가 고문당하고 살해당할 때마다 하늘 나라의 천사들은 그런 일을 멈춰야 한다고 사랑으로 절규한다. 이 세상의 새로운 생명들이 무가치한 것으로 여겨질 때마다, 하느님의 어머니는 피눈물을 흘리고, 위로하기 위해 그 영혼들을 품 안에 감싸 안고, 하늘 나라의 하느님께로 데려 간다. 인간은 죄를 범할 때마다, 자기 자신을 지옥으로 한 걸음 더 가까이 가도록 만들지만, 그들은 그것을 믿지 않는다. 매번 죄를 지을 때마다 악마의 날카로운 발톱 쪽으로 한 걸음 더 가까이 가지만, 인간은 그러한 결과에 눈을 감고 있다.
　　사탄의 사주를 받아서 인간은 이러한 끔찍한 행동을 하고, 하느님과 하늘나라의 영혼들에게 이러한 죄를 범하고 있다. 인간은 죄를 받아들이고, 환영하고 그리고 악마를 반긴다. 그러나 인간은 그 대가를 요구해 올 때, 그것 또한 반길까? 인간은 그러한 죄에 직면할 필요가 없으며, 그에 대한 대가도 치를 필요가 없다고 생각하고 있는 것일까? 그처럼 인간을 속여 넘기는 악은 얼마나 교활한가! 그리고 실제로 일어나고 있는 일에 대해서 눈을 감고 있는 인간은 얼마나 어리석은가! 실제로 일어나고 있는 일이란, 악마의 계획에 자발적으로 동참하여 자기 손으로 인간을 멸망시키는 것이다. 이 세상에는 악마도, 사탄도 존재하지 않는다고 생각하는 인간은 얼마나 어리석은가! 그, 속임수를 쓰는 악마는 얼마나 교활한가! 그러나 악마가 그 속임수를 자기 자신에게 쓰게 만드는 인간은 얼마나 바보스러운가!
　　인류는 이제 자신이 그 존재를 허용한 죄의 굴레로부터 벗어나야 한다. 인류는 태아를 경시할 것이 아니라, 사랑하는 것부터 시작할 수가 있다. 아기를 죽이는 것이 아니라 구하는 것부터 시작할 수가 있다. 그리고 생명을 끊는 것이 아니라 존중하는 것부터 시작할 수가 있다. 기도를 통하여 하느님께 돌아서고, 주님의 용서와 인도를 간구함으로써 스스로에게 과한 십자가를 등에서 벗어 내는 것에서부터 시작할 수가 있다. 그리고 예수에게 돌아서고, 예수의 손을 잡고 함께 사랑의 길을 걸어가는 것에서부터 시작할 수가 있다.

† † †

자비의 천주 성부님! —— 1995년 4월 2일

진　　리 (眞理)

오늘날 진리는 발견하기가 매우 곤란하다. 왜냐 하면, 가장 단순한 진리조차도 수시로 변하기 때문이다. 어제의 진리는 더 이상 오늘의 진리가 아니다.

진리는 오늘날의 세계에서는 상실된 것처럼 보인다. 심지어 한 나라의 지도자까지도 공개적으로 거짓말을 하고, 그것이 거짓말이라는 것이 탄로날 때까지 진리라고 공언하고 있다. 한 나라의 지도자가, 정부가, 그리고 심지어는 종교 지도자까지도 참된 진리를 말하지 않는다면, 어떻게 인간이 진실된 삶을 살아갈 수 있겠는가?

내가 충실한 종인 모세를 통해서 내려 주고, 나의 아들 예수를 통해서 다시 강조한 계명은, "거짓말을 하지 마라."였다.

나는, "너에게 유리하면 거짓말을 하지 마라. 그러나 다른 때는 거짓말을 해도 좋다."고 말하지 않았다. 나는 이렇게 거듭 말했다. "거짓말을 하지 마라." 설사 관련된 사람들 모두에게 최고의 이익이 된다 하더라도, 거짓말을 하는 것은 정당화될 수 없다.

어떻게 죄가 최고의 이익이 될 수 있겠는가? 죄는 오로지 최악의 이익이 될 수 있을 뿐이다. 다른 사람의 죄나 실수를 감싸주기 위해 거짓말을 하는 것은 그 문제를 더욱 악화시킬 뿐이며, 죄를 증대시킬 뿐이다. 진리를 말한다면, 즉각 그 자리에서 죄를 저지할 수가 있다. 그리고 죄가 더욱 깊이 곪고, 퍼져 나가는 것을 막아 준다. 진리는 악을 극복하는 방법이다. 왜냐 하면, 악은 진리와 맞설 수가 없기 때문이다. 악은 진리로부터 도망치고 숨어 버리기 때문이다. 진리는 이 세상이 어둠의 심연으로 굴러 떨어지는 것을 막아준다. 그러므로 인류는 본래(本來)의 위치(位置)로 되돌아가기 위해 노력을 해야만 한다.

진리는 내가 너희에게 준 은총이다. 나는 진리를 부인하지 말고 사용하라고 주었다. 그러므로 진리를 본래의 목적대로 사용하여라. 곧 사랑 안에서 진리를 사용하여라.

† † †

자비의 천주 성부님! —— 1995년 4월 2일

간　음 (姦淫)

다른 사람의 배우자를 취하는 것과 다른 사람의 파트너를 사랑하는 것은 내가 내려 준 계명을 어기는 것이다. "간음하지 마라."는 내가 너희에게 내려 준 계명이다. 왜냐 하면, 남자와 여자는 결혼 서약을 하게 되면, 한 몸이 되기 때문이다. 결혼 서약은 내 앞에서 이루어진다. 그리고 남자와 여자가 사랑 안에서 결합하겠다는 나에 대한 약속이다. 결혼 서약은 깨뜨릴 수 없는 거룩한 맹세이다. 그리고 결혼 서약에 의해서 두 사람의 영혼이 나의 성심 안에서 하나가 된다.

결혼 서약은 남자와 여자가 나에게 바치는 선물이다. 그리고 두 사람이 함께 하는 나날을 사랑으로 극대화시키는 선물이다. 날마다 나에게 기쁨을 배가시켜 주는 선물이며, 내가 가장 아끼고, 나의 성심에 깊이 새기고 있는 선물이다. 결혼 서약은 내가 잃어버리고 싶지 않은 선물이며, 항상 나와 함께 하기를 바라는 선물이다. 그래야만 내가 자주 들여다보고, 그 순수함과 사랑을 즐길 수 있기 때문이다. 이 선물은 인류가 나에게 줄 수 있는 가장 특별한 선물이다.

결혼의 파괴는 나에 대한 모욕이다. 왜냐 하면, 나에게 주었던 선물을 빼앗는 것이기 때문이다. 악마는 그것을 알고 있기 때문에, 나에게 모욕을 주기 위해 모든 결혼을 파괴하려 하고 있다. 간음죄를 범하면, 손상을 입는 것은 부부 뿐만 아니라, 이 죄에 가담한 부부 이외의 사람들도 역시 손상을 입게 된다. 그들은 하느님께 이렇게 말할 것이다. "나는 당신에게는 신경을 쓰지 않겠습니다. 나의 형제와 자매에게도 신경을 쓰지 않겠습니다. 나는 오로지 나 자신에게만 신경을 쓰겠습니다." 죄가 있는 것은 간음에 적극적으로 가담한 사람 뿐만 아니라 가만히 지켜 보거나, 아무 말도 하지 않거나, 심지어 장려한 사람들까지도 역시 죄가 있는 것이다.

　　결혼 생활이 간음에 의해서 파괴된다면, 그 죄가 너의 하느님인 나에게 너무나도 깊고 너무나도 모욕적인 것이어서, 나는 슬픔 때문에 등을 돌리게 된다. 왜냐 하면, 차마 눈을 뜨고 그것을 똑바로 바라볼 수가 없기 때문이다.

　　이따끔 이러한 길을 잃은 나의 자녀들은 또 재혼을 하고, 그리고는 더 이상 죄를 짓지 않고 있다고 믿고 있다. 왜냐 하면, 세상 사람들의 눈에는 그들은 엄연히 남편이고 아내이기 때문이다. 악마는 나의 자녀들이 끊임없는 죄의 상태 속에서 살아가도록 속임수를 쓰고 있는데, 그것은 나날이 더욱 악화되어 가고 있다. 그들은 그 죄를 깨닫지 못하고, 그들의 친구나 가족들도 종종 그것을 알아보지 못한 채 그냥 받아들이고만 있다. 또 다시 죄가 덩치를 키우고 그들과 접촉을 하는 모든 사람들을 전염시키면서 사방으로 퍼져 나간다. 이러한 죄의 상태 속에서 사는 사람들은 나의 아들 예수를 통(通)하여 용서(容恕)를 구(求)해야 한다. 그리고 용서를 받은 다음에는 다시 죄의 세계로 돌아가서는 안 된다.

† † †

　　때때로 결혼 생활(結婚生活)은 또 다른 이유 곧 폭력, 분노(憤怒), 이기심(利己心), 탐욕(貪慾), 냉담함 등 많은 이유 때문에 파괴된다. 그리고 이러한 모든 이유는 악마로부터 나온다.

　　결혼 생활에서, 만일 사랑이 무럭무럭 자라고 성숙해 간다면, 그리고 인간의 정신과 마음의 전면을 차지한다면, 그와 같은 일은 결코 일어나지 않는다. 왜냐 하면, 사랑은 모든 것을 쳐부수기 때문이다. 불행하게도 약점(弱點)이 많은 나의 자녀들은 종종 악마의 유혹에 넘어가서 자신의 사랑이 빛을 발하지 못하게 만든다.

만일 이런 일이 일어나서 결혼 당사자 중 한쪽이 헤어지기로 결심한다면, 다른 한쪽은 내 앞에서 한 약속을 지키기 위해 그 자리에 그대로 남아 있어야 한다. 그렇게 하지 않으면, 역시 죄를 짓게 된다. 배우자와 아직도 함께 살고 있는 것처럼 생활해야 한다. 이런 식으로 하느님께 대한 사랑과 자신이 선택한 사람에 대한 참된 사랑을 나타내 보여야 한다. 그러면 그들의 선물은 나에게 대단히 특별한 것이 된다. 그리고 나는 그들을 위해 내 성심 안에 특별한 장소를 마련해 놓을 것이다.

인류는 하느님 앞에서 사랑으로 한 몸이 되는 것을 매우 특별한 은총이라는 것을 기억해야 한다. 이 은총을 거부하거나 파괴해서는 안 된다. 왜냐 하면 그렇게 할 경우, 너는 영혼과 정신에 치명적인 타격을 받게 되기 때문이다.

† † †

자비의 천주 성부님! —— 1995년 4월 2일

생명(生命)이냐 죽음이냐

"사람을 죽이지 마라."는, 가르침은 내가 나의 자녀들에게 내려 준 또 하나의 계명이다. 내가 왜 이런 계명을 내렸는가?

왜 내가 사람을 죽이는 것은 나쁜 일이라고 말하지 않으면 안 되는가? 그 설명은 매우 간단하다. 만일 너희가 고의로 다른 사람을 죽인다면, 그때 너희는 나의 창조물, 사랑의 창조물을 파괴하는 것이 되기 때문이다. 나의 창조물을 파괴할 뿐만 아니라 자신의 영혼을 파괴하고, 스스로 하늘 나라에서의 영원한 생명을 부인하는 것이다.

살인을 하는 데는 많은 방법이 있고, 살인을 하기 위한 구실도 많이 있다. 그러나 그 방법이 어떤 것이든, 그 이유가 어떤 것이든 간에 살인은 분명히 나쁜 일이고, 언제나 죄악이다. 만일 너희가 정의를 위하여, 혹은 옳은 일을 위하여 살인을 한다 하더라도, 그것은 죄악이다. 만일 너희가 진리와 명예를 위하여 살인을 한다 하더라도, 그것은 죄악이다. 만일 복수를 하기 위하여, 혹은 조국을 위하여 살인을 하더라도, 그것은 죄악이다. 그것이 사고에 의해서 일어난 일이 아닌 이상, 그것이 우연히 일어난 일이 아닌 이상 모든 살인은 죄악이다.

어떤 이유에서든 생명을 빼앗는 것은 너희 하느님인 나에게 상처를 깊이 입히는 것이며, 자신의 영혼에 치명적인 상처를 입힌다.

국가간의 전쟁이든 정의의 실현이든 간에, 살인에 동의하는 사람들 역시 영혼에 깊은 상처를 입게 될 것이다. 자비의 행위이든 고통 속에 있는 사람들을 돕기 위한 행동이든 간에, 살인에 동의하는 사람들 역시 영혼에 깊은 상처를 입게 될 것이다. 다른 사람이 살인하는, 것을 가만이 서서 방관하거나 아무 말도 하지 않는 사람들도 역시 방관적인 태도에 의해서 영혼에 깊은 상처를 입게 될 것이다. 살인을 막기 위해 살인하는 사람들도 그들이 반대한 사람들과 마찬가지로, 죄로 가득 차게 될 것이다. 모든 살인은 나쁜 것이며, 모든 살인은 너희들의 하느님인 나에게 상처를 입히고, 모든 살인은 너희를 하느님으로부터 멀리 떼어놓게 된다.

† † †

자비의 천주 성부님! —— 1995년 4월 2일

탐욕(貪慾)과 질투(嫉妬)

인간은 탐욕과 남에 대한 질투 때문에 많은 죄를 범한다. 그리고 인간은 언제나 더 많은 것을 원하고 있다. 자신이 갖고 있는 것이 아무리 많다 하더라도, 항상 더 많은 것을 손에 넣으려고 안간힘을 쓰고 있다. 만일 구하는 것이 더 많은 사랑이나, 친절이나, 기쁨이나, 진리나, 행복이나 믿음이라면 은총이 될 수 있다. 그러나 자기 자신은 더 많이 갖고 남에게는 적게 줄 때, 남들보다 더 많이 나누어 갖고 남보다 자신이 필요 이상 더 많이 과소비할 때, 하느님의 영광을 위해서는 보다 적게 갖고 개인적인 영광을 위해서는 보다 많이 가질 때, 필요한 것보다 더 많은 것을 원할 때, 그것은 죄가 된다.

인간은 다른 사람들을 바라보고, 그들이 가진 것을 보고는 이렇게 말한다. "저것을 갖고 싶다." 그리고는 형제와 자매가 얼마나 상처를 입든지 상관하지 않고, 동물과 식물이 얼마나 피해를 입든지 상관하지 않고, 모든 것을 상관하지 않은 채 그것을 자기 것으로 만든다.

    탐욕과 질투 때문에 많은 죄를 짓게 된다. 그리고 많은 고통과 고뇌 때문에 죄를 범하기도 한다. 죄는 인간을 하느님으로부터 떼어 놓고, 인간을 영원한 어둠 속으로 이끌어간다.

    탐욕과 질투는 자신이 갖고 있는 것을 남에게 베푸는 것으로 바뀌어야 한다. 그렇게 한다면, 인간은 다시 하늘 나라에 이르는 길을 갈 수 있게 된다.

†††

자비의 천주 성부님! —— 1995년 4월 2일

부도덕(不道德)한 행위(行爲)

    하느님께서 사람을 창조하실 때 여자를 위해 남자를 지어내시고, 남자를 위해 여자를 지어내셨다. 인간은 이런 식으로 창조되었기 때문에, 남자와 여자는 하느님과 함께 사랑으로 하나가 될 수 있다. 인간은 나의 자녀들에게 사랑을 가져다 주도록 창조되었다. 인간은 남자가 자신의 씨로 수태를 시키고, 여자는 자신의 몸 속에 인간을 잉태하도록 만들어졌다. 남자는 하나의 반쪽이고, 여자는 다른 반쪽이다. 두 사람은 동등하고, 두 사람은 창조될 때 하느님과 함께 하나로 결합되도록 만들어졌다. 만일 어떤 다른 방식이 있었다면, 하느님께서는 그렇게 만들어내셨을 것이다.

    동성끼리 파트너로 부도덕하게 함께 살고 있는 사람들은

하느님을 모독하는 것이며, 모든 창조물을 욕되게 하는 것이다. 그러한 부도덕한 행위는 영혼을 악마의 손에 맡기게 된다. 이러한 하느님께 대한 모독이, 만물에 대한 모독이 많은 사람에게 받아들여지게 되었다. 길거리에서 동성연애자들이 퍼레이드를 벌일 정도까지 되었다. 그것이 인간의 법률에 의해서 허용되고, 심지어는 가족으로까지 인정하고 있다. 이것을 허용하자는 목소리가 많아지면 많아질 수록, 보다 많은 사람들이 동성애에 마음이 끌리게 될 것이다. 이것이야말로 악마의 방식이고, 그 유혹에 빠지는 것이 아니고 무엇이겠는가?

수많은 나약하고 상처받기 쉬운 사람들이 어둠에 의해서 이런 생활방식으로 끌려 들어가고 있다. 그것은 실제로 영원한 죽음의 길이다. 수많은 나약하고 상처받기 쉬운 사람들이 이런 식으로 행동해도 괜찮다고 믿도록 기만을 당하고 있다.

이런 사람들에게 필요한 것은 하느님의 빛 아래로 다시 데려다 주는 사랑과 이해이다. 이 길잃은 영혼들로 하여금 다시 하느님을 발견하도록 도와주는 것이 모든 그리스도교 신자들의 의무이다.

인간이 이렇게 하느님을 몹시 마음아프게 하는 악행에 가담할 때마다 악마는 미소를 짓는다. 많은 사람들이 손쉽게 이런 길로 빠져드는 것을 보고 악마는 회심의 미소를 짓는다. 인간이 이 죄에 대해 눈을 감고 있는 동안 악마는 계속 미소를 짓고 있다.

† † †

자비의 천주 성부님! —— 1995년 4월 2일

약물(藥物) 남용(濫用)

인간의 몸은 하느님의 성전(聖殿)이다. 모든 사람은 몸을 소중히 다루고 하느님을 위해 순결하게 보존하라고 내려 주셨다. 인간의 몸은 모든 신체적인 필요에 적합(適合)하도록 하느님께서 지어내셨다.

몸의 건강에 좋지 않은 약물을 복용하면, 하느님께 이렇게 말하는 것과 같다. "나는 당신이 주신 선물을 존중하게 여기지 않습니다."

사람의 몸, 즉 성전을 하느님의 사랑으로 가득 채워주지 못하는 것은, 무엇이든 악마에게서 나온 약물을 복용하기 때문이므로, 그것은 폐기(廢棄)해야 한다. 이런 약물들은 너무나도 매혹적으로 보인다. 인간을 기분 좋게 만들어 주고, 고민거리를 잊도록 만들어 주고, 흥분하게 만들어 준다. 그러나 그 대가는 종종 인간이 알고 있는 것보다 훨씬 비싸게 먹힌다. 그 대가는 인간의 영혼일 수도 있고, 인간의 정신일 수도 있다.

처음에는 가히 매혹적이지만, 언제나 그 대가를 요구하는 것은 죄의 방식이 아닌가?

인간이 오로지 하느님께만 의지하고, 그분의 사랑에 자신을 활짝 열면, 자신이 원하는 모든 흥분, 사랑, 좋은 감정, 환희를 발견할 수 있을 것이다. 하느님의 사랑으로 충만해지는 것은 다른 것과 비교가 되지 않기 때문에, 일단 그것을 알고 나면 영원히 잃어버리지 않게 된다.

† † †

자비의 천주 성부님! ── 1995년 4월 2일

인간(人間)의 선택(選擇)

　　인간은 죄를 망각하고 있는 것처럼 보인다. 왜냐 하면 대부분의 사람들은 죄 속에서 살거나, 죄를 받아들이거나, 무시하고 있기 때문이다. 대부분의 사람들은 죄를 더 이상 죄로 보지 않고, 삶의 한 부분으로 보거나, 자신의 운명(運命)을 추구(追求)하는 수단(手段)으로 보고 있다.

　　죄는 인생에서 많은 사람의 파트너가 되고 있으며, 많은 사람에게는 죽음의 쇠사슬이 되고 있다.

　　죄는 이 세상을 손아귀에 움켜 쥐고 있고, 나약하고 눈이 먼 이 세상은 그것을 환영하고 있다. 인간은 사랑과 선에 대해서는 마음을 꽉 닫고 있으나, 죄와 고통에 대해서는 마음을 활짝 열고 있다.

　　지난 몇세기에 걸쳐서 죄는 성장하고 또 성장하였다. 지금도 '소돔과 고모라' 시대와 똑같은 죄를 범하고 있고, 모세의 시대와 똑 같은 죄를 범하고 있다. 지금도 인간은 서로 다른 이름과 서로 다른 이유를 가지고 똑같은 죄를 범하고 있다.

　　죄는 인간이 호흡하고 있는 공기 속에도 있다. 그리고 인간이 먹는 음식 속에도, 남용하는 약물 속에도, 부도덕한 관계의 이른바 '사랑' 속에도, 세상에서 보다 나은 생활을 하기 위해 사용하는 피임약과 낙태 속에도, 이른바 정의를 위해서 혹은 증오 때문에 일으키는 전쟁 속에도, 어린이와 노인의 학살 속에도, 불구자와 박약아의 살해 속에도, 자신이 갖고 있는 악행을 자행하는 살인 속에도, 인간의 필요에 맞도록 창조물을 바꾸는 것 속에도, 세상에 대한 하느님의 뜻을 바꾸는 것 속에도, 하느님을 부인하는 것과 하느님의 계명(誡命)을 거부하는 속에도 죄는 있다.

  이 세상은 죄 속을 헤매고 있다. 그리고 팔을 활짝 벌려 악마와 그 하수인을 맞아들이고 있다. 세상은 몇번이고 거듭하여 경고를 받아 왔다. 지금까지 일어났던 모든 전쟁과 기아와 전염병과 재난을 통해서 죄의 결과를 목격해 왔다. 그런데도 아직 죄를 반기며 받아들이고 있다. 이 세상의 많은 사람들은 알게 모르게 사탄의 노예가 되어 가고 있다.

  우리 주 하느님께서는 지금 인간에게 어떻게 살고 어떻게 존재할 것인가에 대하여 재평가를 요구하고 계신다. 인간은 무엇을 받아들이고 무엇을 거부하고, 무엇을 법률로 받아들이고 무엇을 보강하면 되는가를 재평가해야 한다. 그리고 무엇을 맞아들이고, 대가를 요구하면 무엇을 할 것인가에 대해서 오랫동안 심각하게 생각해 볼 필요가 있다.

  하느님은 인간에게 당신의 아들 예수를 믿고 구세주를 의지하면서 자비를 구할 것을 요구하고 있다.

  죄 속에서 살고, 부도덕하게 살고, 부도덕한 행위를 자행하고, 하느님의 계명을 지키지 않고, 하느님을 경멸하고, 하느님을 부정하고, 자신을 파괴하는 사람들은 잠시 멈춰 서서 자신의 삶을 돌아보아야 한다. 자신의 죄와 미래를 생각해 보아야 한다. 그리고 기쁨과 사랑 속에서 영원히 살기를 원하는지, 아니면 고통과 고난 속에서 영원히 살기를 원하는지를 결정(決定)해야 한다.

　　올바른 선택을 하고 예수께 돌아서서 용서를 구하는 사람은 자신을 위해 기다리고 있는 것을 발견하게 될 것이다. 예수는, 당신의 자녀들이며 동시에 하느님의 자녀들인 너희들을 모두 도와 주기를 간절히 바라고 있다. 예수는 이렇게 열망하고 있으니까, 그 분께 간절히 구하여라.

　――계속, 간구(懇求) 하여라.

◉ 부부의 기도

○ 인자하신 하느님 아버지,
혼인성사로 저희를 맺어주시고
보살펴 주시니 감사하나이다.

● 이제 저희가 혼인 서약을 되새기며 청하오니
저희 부부가 그 서약을 따라
즐거울 때나 괴로울 때나, 잘살 때나 못살 때나, 성할 때나 아플 때나 서로 사랑하고 존경하며 신의를 지키게 하소서.

○ 또 청하오니
언제나 주님을 찬미하는 저희 부부의 삶이
주님의 사랑을 드러내는 성사가 되게 하소서.
우리 주 그리스도를 통하여 비나이다.

◎ 아멘.

제 2 장

이성이라는 이름 아래서

── 성모님의 메시지 ──

우리의 성모 마리아님! ── 1995년 3월 19일

(장미의 냄새. 그때 성모님은 저에게 받아 쓰라고 요구하셨다.)

오늘 날 많은 죄가 이성이라는 이름 아래 받아들여지고 있다. 많은 악한 일들이 정당한 일처럼 보여지고 있다. 이것이 바로 악의 방식이다. 악은 나쁜 것을 좋게 보이게 만들고, 좋은 것을 나쁘게 보이게 만든다.

악은 사랑을 증오로 바꾸어 놓고, 올바른 것을 무엇인가 수치스러운 것으로 바꾸어 놓고, 그리고 거짓말을 진리로 바꾸어 놓는다. 악은 얼마나 교활하고, 영리하고, 애를 태우고 또 유혹적인지 모른다. 그리고 언제나 인간의 약점 곧 자존심, 이기심, 탐욕, 나태, 허영심 같은 약점을 공격하고 또한 온갖 방법으로 인간을 속여서 하느님의 사랑으로부터 멀리 떼어 놓고 있다.

인간이 눈을 크게 뜨고 이 세상 곳곳에 충만해 있는 악을 보기만 한다면, 악이 얼마나 손쉽게 퍼져 나가는지를 알 수 있을 것이다. 오늘 날 아주 어린 나이 때부터 인간은 악을 받아들이는 것을 배우고 있다. 악을 흥분에 넘치고, 매력적이고,

욕구를 충족시켜 주는 것으로 보도록 유혹하고 있다. 인간은 젊은이들에게 오락물을 통해서 악이 꽤나 괜찮은 선택이라는 것을 보여 주고 있다. 그리하여 오락물을 본의 아니게 어둠의 도구로 바꿔 놓고 있다. 어린이들이 이른바 오락물 속에서 어른들이 범죄와 폭력과 성폭행에 연루되어 있는 것을 보면, 그것을 받아들일 수 있는 행위로 보기 시작할 것이다. 왜냐 하면 어른들이 그런 오락물을 허용하고, 지켜보기를 즐기고, 흥분을 느끼는 이상, 그런 식으로 행동해도 아무 상관 없다고 생각할 것이기 때문이다.

어린이들은 어른들의 모범을 따른다. 만일 어린이들이 나쁜 일을 부모나 혹은 연상의 친구들에 의해서 좋은 일로 받아들여지는 것을 본다면, 그것을 좋은 일로 받아들일 것이다. 자신의 방식으로 어린이들을 교육시키는 악마는 얼마나 영리한가! 그들을 사랑하는 사람을 통해서 어린이들에게 악을 교육시키는 악마는 얼마나 영리한 존재인가!

어린이들이 교묘한 방법으로 배운 그러한 가치관을 갖고서 자라날 경우, 그러한 가치관을 생활화하게 된다. 곧 살인, 도둑질, 마약, 강간, 간음, 거짓말, 증오, 노여움, 폭력 등이 어린이들 일부에게 생활 방식이 된다. 대부분의 어린이들은 그 일부를 받아들이고, 나머지 어린이들은 이러한 모든 것을 다 받아들이게 된다.

국가의 안전이나 소수 민족의 권리라는 이름 아래 자행되는 범죄를 보아라. 금지되어 있는 것이 아무 것도 없다. 그러나 평화를 지지하고, 하느님을 지지하고, 사랑을 지지하고, 희망을 지지하고, 선을 지지하는 사람들도 있다. 하지만 그 사람들에게 무슨 일이 일어나고 있는가를 보아라. 인간을 위한 참된 길을 추구하고 있는 이 사람들은 종종 구타당하고, 살해당하고, 치욕을 당하고, 매도당하고, 나약하고 쓸모없는 인간으로 낙인찍히고 있다. 이것은 악이 선에 대하여 언제나 반응을 보여 주는 방식이 아닌가? 악은 선에 대항해서 싸울 수가 없기 때문에, 교활한 수법을 사용하여 선을 악으로 보이게 만들고, 악을 옳은 것처럼 보이게 만들어서 많은 사람들이 선(善)에 등을 돌리게 해 왔던 것이다.

악이 어떻게 반응하는가는 너무나도 명백하다. 악은 시간이 시작된 이래 언제나 똑같았으나 인류는 악에 대해 눈을 감고 있다. 악은 그처럼 떠들썩한 데도, 인류는 아직도 악이 어떤 것인지 보지 못하고, 어떻게 인간을 속여서 파괴시키고 있는지를 알지 못한다.

인류는 이제 발걸음을 멈추고, 자녀들과 자기 자신에게 어떤 일이 일어나도록 허용하고 있는가를 똑똑히 보아야 한다. 죄와 악의 길을 따라간다면, 인류에게 어떤 미래가 기다리고 있는지를 알아야 한다. 그 길은 단 하나의 운명으로 이끌어갈 뿐이다. 곧, 영원한 고통과 영원한 어둠, 그리고 하느님의 사랑으로부터 영원한 이탈(離脫)을 가져올 뿐이다.

만일 인류가 마음을 열고, 하느님의 아드님, 예수님의 마음을 통하여 창조주와 하나가 됨으로써 얻을 수 있는, 아름다움과 기쁨과 행복과 사랑을 볼 수 있게 된다면, 그때 인류는 참된 본분(本分)과 참된 자아(自我)와 참된 정신에 도달할 수 있을 것이다. 여기서 본분이란 사랑을 말하고, 자아란 남의 요구를 위하여 존재하는 것이고, 정신이란 하느님의 사랑 안에서의 자유

(自由)를 말한다. 이 자유는 인류에게 하느님의 자비와 은총의 옷을 입혀줄 수가 있다.

예수님과 손을 맞잡고 걸어갈 때, 인류는 악마가 어떻게 자신을 속이고 있는가를 알게 될 것이고, 선과 악 사이의 커다란 차이를 알게 될 것이며, 눈에서 비늘을 제거할 수 있게 될 것이고, 무거운 돌을 가슴에서 제거할 수 있게 될 것이다. 그리고 이 세상에서 악이 너무나도 명백하게 모습을 드러내게 되어서, 자신이 받아들인 것이 얼마나 추악한가를 알고 아연 실색하게 될 것이며, 자신이 부인하고 있는 것이 무엇인가를 알 수 있게 될 것이다.

지금 인류가 짊어지고 있는 십자가가 제거될 것이며, 그 영광스러운 날에 구하는 모든 사람 위에, 하느님의 자비와 하느님의 용서로 말미암아 어지신 예수님의 성심이 환하게 빛날 것이다.

⊙ 가정을 위한 기도 (1)

○ 마리아와 요셉에게 순종하시며
가정생활을 거룩하게 하신 예수님,
저희 가정을 거룩하게 하시고 저희가 성가정을 본받아 주님의 뜻을 따라 살게 하소서.
● 가정생활의 자랑이며 모범이신

성모 마리아와 성 요셉,
저희 집안을 위하여 빌어주시어
모든 가족이 건강하고 행복하게 하시며
언제나 주님을 섬기고 이웃을 사랑하며 살다가
주님이 은총으로 영원한 천상 가정에 들게 하소서.
◎ 아멘.

제 3 장

잘못 알고 있는 길

—— 천주 성부님의 메시지 ——

자비의 천주 성부님! —— 1995년 4월 2일

진리(眞理)의 이해(理解)

이 세상에는 단 하나의 진리 밖에 없다. 그것은 하느님으로부터 나오는 진리이고, 진리는 곧 하느님이다. 인류가 믿든 믿지 않든 간에, 그것은 여전히 진리이다.

옛날에는 많은 사람들이 지구가 둥글다는 것을 믿지 않았으나 지구는 둥글다. 많은 사람들이 지구가 태양의 주위를 돌고 있다는 것을 믿지 않았으나 지구는 돌고 있다. 인간이 어떻게 생각하든 간에, 진리는 진리이다. 이제는 다음과 같은 진리를 이해해야 한다. 한처음에는 하느님 밖에 아무 것도 존재하지 않았다. 별도 없었고, 행성도 없었으며, 가스도 없었고, 미립자도 없었다. 하느님 밖에는 아무 것도 존재하지 않았다.

창조주이신 하느님께서는 사랑으로 첫 번째 물질을 창조하시고, 그 물질로부터 모든 것을 지어 내셨다. 그 물질의 미세한 미립자가 폭발하여 덩어리가 된 것이라거나, 하느님의 말씀에 의해서 덩어리가 되었다는 것은 그다지 중요하지 않다. 가장

중요한 것은 하느님께서 무에서 창조를 했다는 사실이다. 그리고 인류가 받아들이건 받아들이지 않건 간에 그것은 진리라는 사실이다. 인류는 증거를 제시할 때까지 너무나도 많은 진리를 부정해 왔다. 그리고 믿을만한 증거가 나올 때까지는 조금 밖에 받아들이지 않았다. 그것이 사실이라는 것을 나타내는 압도적인 사실에 의해서 눈이 열릴 때까지 인류는 진리에 대해 계속 눈을 감아 왔다.

이제는 지금까지 인류에 의해서 부정되어 왔던 근본적인 진리 중 얼마간을 똑바로 바라보고 논의를 할 때가 되었다. 인류와 우주의 참된 존재의 현실에 대해 인간의 마음과 가슴을 열 때가 되었다.

† † †

자비의 천주 성부님! —— 1995년 4월 2일

인류(人類)의 진화(進化)

많은 사람들은 인류가 원숭이로부터 진화했다고 말하고 있다. 만일 그것이 사실이라면, 그 원숭이는 어디로부터 온 것인가? 원숭이는 원래 물고기로부터 비롯된 것이라고 그들은 설명한다. 그렇다면, 그 물고기는 어디서 온 것일까? 그 물고기는 작고 가느다란 세포로부터 나온 것이라고 말한다. 그렇다면 그 세포는 어디서 나왔는가? 만일 그 세포가 개스에서 나온 것이라면, 그 개스는 어디서 온 것일까?

한 처음에 모든 것이 하느님으로부터 나왔다. 어떤 동물이나 식물이 어떻게 진화를 했느냐 하는 것은 중요하지 않다. 왜냐 하면, 그것들은 모두 하느님의 사랑으로부터 나온 것이기 때문이다.

많은 과학자들은 인류가 원숭이의 형제라고 말하고 있다. 이것은 어떤 의미에서는 사실이다. 하느님께서는 인간의 동반자, 친구, 도우미가 되라고 동물을 이 땅에 배치하셨기 때문이다. 사람들은 동반자나 친구나 도우미를 가족의 일원이라고 부르고 있지 않은가? 사람들은 동물들을 사랑을 가지고 대하고 있지 않은가?

인류는 이 지구상에서 독특한 존재이다. 이것을 아는 데는 그다지 많은 지능을 필요로 하지 않는다. 만일 인류가 동물처럼 자연적인 진화를 통하여 생존을 성취했다면, 다시 말해서 시간을 통하여 진화한다는 이치대로라고 한다면, 왜 다른 종류는 비슷한 특성을 성취하지 못했을까? 만일 인류가 원숭이로부터 온 것이라면, 왜 원숭이는 인간을 좀 더 많이 닮은 것으로 진화하지 못했을까? 원숭이는 반드시 어느 정도까지는 인간을 뒤따라 왔어야 했을 것이다. 왜냐 하면 근본적인 구조, 근본적인 생명은 같기 때문이다. 따라서 시간이 흐를수록 원숭이는 인간을 더욱 더 닮아가야 할 것이다. 그러나 그런 일은 일어나지 않았으며, 앞으로도 일어나지 않을 것이다. 왜냐 하면, 진리이신 하느님께서는 그런 방식으로는 디자인하지 않으셨기 때문이다.

하느님께서는 사랑으로 창조하신 인간을 위한 낙원을 지어내셨다. 이 낙원을 당신의 자녀들이 사랑과 조화 속에서 살 수 있도록 하기 위해 모든 식물과 동물을 가지고 아름답게 꾸

미셨다. 하느님은 이 지상에서 존재하기 위해 필요한 모든 것을 갖다 놓으시고, 환경이 바뀌더라도 모두 적응(適應)을 할 수 있도록 만드셨다. 하느님은 이 지상을 인류를 위해서 자력갱생(自力更生)하는 낙원(樂園)으로 만드셨다.

　이 땅에 자녀들을 받아들일 준비를 모두 끝내시고, 하느님께서는 사람을 창조하셨다. 그리고 이 땅 위에서 사는 데 필요한 몸을 주셨다. 그래서 동물들과 유사성이 있는 것은 당연한 일이다. 왜냐 하면, 동물들도 인간과 같은 환경 속에서 살아가도록 만들어졌기 때문이다. 유사성(類似性)은 동일성(同一性)을 의미하는 것은 아니다. 하느님께서는 당신의 모습대로 인간을 지어내셨다. 그리고 하느님께서는 당신의 사랑과 성령으로 가득 채워 주셨다. 인간이야말로 하느님의 창조물이다. 하느님께서 인간을 당신의 자녀라고 부르심으로써, 인간은 사랑 안에서 하느님과 함께 영원히 살도록 운명지워졌다. 인간은 하느님의 자비와 사랑과 영원한 생명의 선물을 즐기도록 창조되었다. 그 자녀들은 하느님과 함께 있도록 만들어졌으나, 하느님과 동등하지는 않다. 그 자녀들은 하느님의 사랑의 창조물이다.

　인간은 하느님께서 우리에게 주시는 선물이다. 하느님께서는 인간에게 너무나 많은 선물을 주셨다. 하느님의 독특한 창조물인 인간은 어떤 동물도 결코 도달할 수 없는 참된 사랑의 정신으로 발전해 가도록 만들어졌다.

† † †

자비의 천주 성부님! —— 1995년 4월 2일

하느님과 인간의 관계(關係)

인간을 창조하신 하느님께서는 당신의 지혜로 인간을 다른 모든 창조물 위에 올려 놓으셨다. 하느님께서 인간에게 주신 영원한 정신의 선물이 창조의 목적대로 사랑으로 발전할 수 있도록 하기 위하여 그렇게 하셨다.

▶ 질 문 : 하느님께서는 어째서 인간을 원하시는 대로 완전하게 만들지 않으시고, 왜 발전해 나가도록 만드셨습니까?

▷ 대 답 : 자비의 하느님은 사랑의 창조물이 참된 자아(自我)로 성장해 나가는 모습을 보는 것을 좋아하신다. 그것은 정원사가 씨를 뿌리고, 그런 연후에 그 씨가 꽃으로 자라나서 참된 아름다움을 나타내 보이는 것을 지켜보는 것과 같다. 하느님과 함께 정원사는 정신의 씨앗이 자라고 자라서 사랑의 아름다운 꽃으로 활짝 필 때까지 지켜보시는 것을 즐기신다.

▶ 질 문 : 때때로 인간의 정신은 악으로 변하고 미움으로 가득 채워집니다. 하느님께서 인간을 사랑으로 지어내시고 사랑이 되도록 만드셨다면, 어떻게 이런 일이 일어날 수 있다고 보십니까?

▷ 대 답 : 하느님이 인간을 지어내시고, 사랑 안에서 성장할 수 있도록 낙원에서 살게 하셨을 때, 하느님은 역시 인간에게 자유의지를 주셨다. 하느님은 인간에게 영원한 사랑과 영

원한 어둠 중에서 하나를 선택할 수 있도록 자유의지를 주셨다. 하느님은 인간을 사랑하시고, 자신의 의지를 강요하고 싶지 않으시기 때문에 자유의지(自由意志)를 주셨다. 정원사와 마찬가지로, 하느님은 씨앗을 뿌리시고, 사랑이라는 형태로 좋은 땅과 비료로 에워싸 주셨다. 그러나 식물과 마찬가지로, 그 중 일부는 비록 주위에 생명의 양식이 풍부하게 있는 데도 너무 약해서 자라나지 못했다. 식물과 마찬가지로, 일부는 빛이 부족해서 시들어 말라 죽었다. 그래서 그들은 어둠 속에서 오그라들고 말았던 것이다.

▶ 질 문 : 좋은 땅과 좋은 양식과 좋은 빛이 있다면, 어떻게 그런 일이 일어날 수 있습니까?

▷ 대 답 : 비록 자랄 수 있는 모든 조건을 갖추고 있다 하더라도, 식물이 무럭무럭 자라는 데 실패한다면, 잡초에 에워싸이게 되거나 벌레의 공격을 받게 되기 때문일 것이다. 그 식물은 자체로는 그것을 극복할만큼 강하지 못하기 때문이다. 그것은 인간의 경우도 마찬가지다. 비록 영원한 생명을 얻는 데 필요한 것을 모두 갖고 있다 하더라도, 때때로 인간은 자신을 함정에 빠뜨리는 악과, 영혼 자체를 공격하는 어둠을 극복할만큼 충분히 강하지 못한 경우가 있다. 잡초와 벌레로 완전히 뒤덮여 있는 정원을 상상해 보아라. 거기에서는 불과 두 세 송이의 꽃만이 천신만고 끝에 자라나서 햇빛을 가까스로 쬐고 있을 뿐이다. 이것이 바로 오늘의 인간의 모습이다.

▶ 질 문 : 이런 상황 속에서 정원사는 무엇을 해야 한

다고 생각하십니까? 이런 상황 속에서 하느님은 무엇을 하셔야 한다고 생각하십니까?

▷ 대　답 : 한 가지 해결책 밖에 없다. 잡초와 벌레를 제거하는 것이다. 시들어버린 꽃들은 뽑아내고, 살아 남은 꽃들이 햇빛을 마음껏 쬐고 자유롭게 자라도록 해 주는 것이다.

▶ 질　문 : 해결책이 그처럼 명백하다면, "왜 진작 그렇게 하시지 않았습니까?" 하고 많은 사람들이 물을 것입니다.

▷ 대　답 : 자비와 사랑의 하느님은 인간이 정원을 깨끗이 가꾸기를 원하시기 때문에, 그것을 할 수 있는 방법들을 인간에게 내려주셨다. 하느님은 당신이 창조한 사랑의 꽃의 목을 죄고 있는 세상의 악과 죄를 극복할 수 있는 해답을 내려주셨다. 하느님 아버지께서는 아들 예수를 통하여 당신 자신을 내려주셨다.

▶ 질　문 : 예수님은 여기에 거의 2천여 년 전에 오셨지만, 아직도 죄와 악이 판을 치고 있습니다. 예수님께서 악을 쳐부수셨다면 어떻게 그런 일이 생겨날 수 있습니까?

▷ 대　답 : 나의 아들 예수가 십자가의 희생으로 악을 쳐부수었다. 나의 아들 예수가 십자가의 희생으로 인류를 구원했으며, 십자가의 희생으로 하느님이 존재한다는 것을 보여 주었다.

　　　예수가 행한 일은 정원에 있는 모든 꽃들에게 구원을 베푸는 것이었다. 사랑의 주 예수는 어떤 꽃도 잃기를 원치 않았다. 왜냐 하면, 모든 꽃을 소중히 생각하고 있었기 때문이다.

잡초로 뒤덮여 있는 정원의 모든 꽃들을 뽑아 버리는 대신에, 예수는 잡초에 갇혀 있는 꽃들에게, 다시 태양을 볼 수 있도록 하기 위해 스스로 잡초를 헤쳐 나갈 수 있는 능력을 베풀어 주셨다.

이런 과정은 시간이 걸리는 법이다. 왜냐 하면, 약하고 죽어가는 꽃들은 다시 강해질 필요가 있는데, 회복하는 데 시간이 필요하며, 예수가 베풀어 주는 도움과 사랑을 받아들이기에 충분한 겸손이 필요하기 때문이다. 이 꽃들이 하느님의 도움을 받아들이면, 정원의 잡초들은 꽃들을 방해하기 위해 더욱더 열을 올리고, 때로는 뿌리채 뽑아 버려서 정원의 어두운 구석에 내던져 시들어 죽어버리게 하기도 한다.

그 잡초들이 보지 못하고 이해하지 못하는 것은, 꽃들이 보다 강하게 자라나면 자라날 수록 자신들에게 달라 붙는 잡초들을 더욱 힘차게 뿌리쳐 버린다는 사실이다. 이렇게 보다 강해진 꽃들은 하느님의 사랑이 자라난다는 것을 보여 주고, 어느 날엔가 지극히 강하고 키큰 사랑의 꽃들이 되고, 모든 잡초들은 떨어져 나가 그늘에서 시들어 죽을 것이다.

사랑의 주 예수는 이 꽃들에게 영양을 주어 키우고, 가지를 쳐서 햇빛 쪽으로 향하게 해준다. 사랑의 주 예수는 정원에 새로운 씨앗을 심어서 더욱 강하게 자라나 정원을 사랑의 향기로 가득 채우게 할 것이다. 장래 어느 날, 그 잡초들과 벌레들을 제거하는 작업이 벌어지게 될 것이다. 정원이 다시는 악에 침범당하는 일이 없도록 잡초들과 벌레들을 한데 모아서 모두 불태워 버릴 것이다.

† † †

자비의 천주 성부님! —— 1995년 4월 4일

인간과 형제 자매와의 관계

인간은 점점 더 고립되어 가고 있다. 하느님께 더욱 가까이 다가가는 대신에, 많은 사람들은 오로지 자기 자신이나 직계 가족이나 친구만을 만나고 있다. 그 밖의 모든 사람은 거의 의미가 없는 것이다.

▶ 질 문 : 모든 사람이 하느님에 의해서 사랑을 하도록 창조되고, 동등하게 만들어졌다면 어떻게 이런 일이 일어나고 있습니까?

▷ 대 답 : 이런 일은 많은 사람들이 하느님과 서로간에 마음을 닫고 있기 때문에 일어나고 있다. 이것이 바로 많은 사람들이, 하느님께서 그들에게 주신 자유의지를 사용하는 방식이다. 자유의지는 본래 인간에게 하느님의 영광에 자유롭게 다가가게 하기 위해 주신 것인데 말이다.

▶ 질 문 : 그렇다면 하느님께서는 그 자유를 빼앗아야 하는 것 아닙니까?

▷ 대 답 : 하느님은 그렇게 하지 않으실 것이다. 왜냐하면, 하느님은 인간의 사랑이 강제적으로가 아니라 자유롭게 성장하기를 원하고 계시기 때문이다. 하느님께서 행하고 계시는 것은, 당신의 아들 예수를 통해서 인간에게, 인간은 어떻게 살아야 하고, 아무리 힘들다 하더라도 인간은 어떻게 이웃을 사랑

해야 하며, 인간은 어떻게 서로 함께 나누고 도와야 하고, 인간은 어떻게 친절과 다정함 속에서 살아야 하며, 인간은 어떤 사람이 되어야 하는가를 보여 주시기 위한 것이다.

▶ 질 문 : 많은 사람들이 하느님의 말씀에 귀를 기울이지 않는 것 같은데, 왜 그렇습니까?

▷ 대 답 : 모든 사람 앞에 음식이 산더미처럼 놓여 있다고 상상하여라. 그 사람들은 오랫동안 먹지를 못해서 모두가 굶주리고 있었다. 거기에 있는 사람들 중에는 남들보다 훨씬 강한 사람들도 있지만, 또 어떤 사람들은 너무 쇠약해서 움직일 힘조차 없는 사람도 있다.

그 음식의 산더미가 있는 방의 문이 열리자, 강한 사람들은 약한 사람들을 남겨 두고 앞을 향하여 뛰어가기 시작했다. 강한 사람들은 실컷 배불리 먹고는 다시 배고플 경우에 대비하여 음식을 주머니 속에 챙겨 넣었다. 약한 사람들이 음식 더미 있는 곳으로 겨우 갔을 때에는 그들 모두가 먹기에는 음식이 너무 부족했다.

약한 사람들은 강한 사람들에게 음식을 돌려달라고 부탁했으나, 강한 사람들은 장래를 위해 그 음식이 필요하다고 응하지 않았다. 약한 사람들 중 많은 사람은 굶어 죽고 말았다.

그때 하늘에서 이렇게 말하는 소리가 들려 왔다. "음식은 모든 사람이 먹기에 충분히 있다. 왜 너희는 나누어 먹지를 않느냐?" 강한 사람들이 대답했다. "우리는 내일 먹을 것이 필요합니다. 이것이 없으면 굶어 죽을지도 모릅니다."

하늘의 목소리가 다시 말했다. "내일은 항상 있다. 그 때는 누가 굶게 되겠느냐? 강한 사람들도 결국에는 쇠약해질 것이고, 이번에는 굶는 것이 너희 차례가 될 것이다. 강한 사람들이 너희가 쇠약해졌을 때, 도와줄 것이라고 생각하느냐?"

그러자 강한 사람들 중 일부가 약한 사람들에게 음식을 가져다 주고 그들을 부축해 주었다. 그러나 많은 사람들은 그렇게 하지 않기로 했다.

하늘의 목소리가 말했다. "나는 너희에게 도와주던가 도와주지 않던가 자유롭게 선택하도록 하였다. 자신의 잘못을 뉘우치고 나누어준 사람들은 하늘나라의 영원한 생명의 빵을 받게 될 것이다. 그러나 그렇게 하지 않은 사람들은 그들이 베푼 것만큼 받게 될 것이다. 그러니까 결국 그들은 아무 것도 받지 못할 것이다."

아무 것도 주지 않고 모두 챙기고 있던 사람들은 오로지 자신의 필요만을 보고, 자신의 배고픔만을 생각한 것이다. 왜냐하면, 그들은 모든 사람이 얼마나 소중하고, 다른 사람들의 필요도 자신의 경우만큼 얼마나 정당한지, 베풀고 나누어줌으로써 어떻게 되돌려 받는지를 보여 주는 사랑의 마음을 열지 않았던 것이다. 강한 사람들은 강하기 때문에 약한 사람들을 도와줄 수가 있다. 그리고 약한 사람들은 약하기 때문에 강한 사람들의 동정과 친절과 사랑을 배울 수가 있다. 그리고 베푸는 것으로써 보상받는 것을 배우는 것이다.

▶ 질 문 : 하느님의 말씀에 귀를 기울이지 않고 오직 자신의 교만심에만 귀를 기울이는 사람들은 어떻게 됩니까?

▷ 대 답 : 이 자녀들도 하느님에게는 선량하게 살아 가

고 있는 사람들 만큼이나 소중하다. 예수는 선량한 사람들 뿐만 아니라 이 사람들도 구원하기 위해 이 땅에 보내졌다. 예수는 아무리 죄를 많이 지었더라도 그들 죄인을 구원하기 위해 보내졌다. 예수는 회개하고 하느님을 사랑하는 모든 사람을 하늘 나라로 데려가기 위해 내려왔다. 그리고 죄에 등을 돌리고 진리를 받아들이는 사람들을 하늘나라로 데려가기 위해서 왔다.

▶ 질 문 : 그것은 평생 동안 하느님을 섬기며 하느님의 사랑 안에서 살아 온 사람들에게는 불공평하지 않습니까? 그것은 이렇게 말하는 것과 같잖습니까? "좋다, 너희는 죽기 전에 회개만 한다면, 얼마든지 죄를 지어도 괜찮다."

▷ 대 답 : 평생 동안 하느님 안에서 하느님을 위해 살아 온 사람들은, 형제들을 자진해서 하느님의 품 안으로 데려갈 것이다. 왜냐 하면, 그것이 예수의 가르침이기 때문이다. 예수는 용서를 가르쳐 주었다. 그러나 어떤 사람들은 예수의 말씀을 완전히 이해하지 못하기 때문에, 부당한 대접을 받고 있다고 느낄지도 모른다. 이것은 그들이 하느님께 완전히 가깝게 가지 못했다는 것을 보여 준다. 이것은 그들이 아직도 교만심의 장벽을 쌓고 있다는 것을 나타내 준다. "나는 선량하게 살아 왔다. 나는 하느님의 말씀을 그대로 따라왔으니까 그들보다는 더 많은 보상을 받아야 한다."는 것은 탐욕이 아닌가? 다른 사람들이 용서를 받고 하느님의 사랑을 나누어 갖는 것을 원치 않으니까 말이다.

물론, 너희는 선량하고 성스러운 생활을 해야 한다. 너희는 하느님의 아들 예수의 말씀을 따라야 한다. 그러면 물론 너희는 하늘나라에서 그 보상을 받게 될 것이다. 하느님은 모든 사람에게 무엇이든지 주고도 남을만큼 충분히 갖고 계시며, 너희가 이 세상에서 하느님의 이름으로 더 많이 베풀면 베풀수록 하늘나라에서 그만치 더 많이 받게 된다는 것을 명심하여라. 하느님은 당신의 일을 행한 사람들에게는 많은 상을 내리시고, 당신의 참된 종들이 하늘나라에 왔을 때, 영광을 내려 주신다. 또한 하느님은 진심으로 회개하고 하느님을 사랑하는 사람들을 사랑하시고 하늘나라로 반갑게 맞아들이신다.

이것은, "나는 지금 죄를 짓고 나중에 회개하겠다."고 말하는 사람들을 의미하지는 않는다. 왜냐 하면, 그것은 참된 회개가 아니기 때문이다. 그것은 죄를 범하기 위한 구실에 지나지 않는다. 나중이라는 것은 존재하지 않을 수도 있다. 왜냐 하면, 그들은 이른바 회개를 시작하기 전에 죽을 지도 모르기 때문이다. 그렇게 되면 이미 때가 늦은 것이다. 참된 회개는 자신이 하느님의 마음을 아프게 하고, 죄를 짓고 있다고 깨닫는 순간에 시작해야 한다. 죄를 짓고 있다는 것을 일단 알게 되면, 인간은 자신의 행동에 대하여 책임을 져야 한다. 일단 자신이 죄를 짓고 있다는 사실을 알게 되면, 즉각 그것을 중단하지 않으면 안 된다. 그리고 곧 회개해야 한다. 그리고 선량한 생활을 행해 나가야 한다.

▶ 질 문 : 죄를 범하고 있지만, 자신이 죄를 짓고 있다는 것을 모르는 사람들은 어떻습니까?

▷ 대 답 : 자신이 죄를 짓고 있다는 것을 알지 못하는 사람들에게는 반드시 진실을 이야기해 주고, 진리를 가르쳐 주

어야 한다. 다른 사람들에게 죄에 대해서 교육을 하고 이치를 따져서 설명을 해 준 사람은, 잘못 인도한 사람들에 대하여 책임을 져야 한다. 그리고 모든 사람은 하느님께서 내려 주신 내면의 진리를 갖고 있으며, 내면의 진리는 그들에게 이렇게 말한다. "살인하는 것은 나쁜 짓이다. 도둑질은 나쁜 짓이다. 거짓말을 하는 것은 나쁜 짓이다." 등등.

　　이러한 내면의 감정이 무시당하면, 사람들은 행동에 대해 불안해지고, 불쾌해지고 께름직해진다. 그리고 이것은 그들이 하고 있는 행동을 중단하라는 신호이다. 모든 사람이 그것을 느끼고 있지만, 어떤 사람들은 그것을 무시해 버린다. 그것을 무시하고 죄를 범하면, 그들은 자신의 행동에 대하여 책임을 져야 한다.

▶ 질　문 : 하지만 그러한 내면의 감정은 야만인들이 살인을 하고 죄를 범하는 것을 막지 못하고 있지 않습니까?

▷ 대　답 : 야만인들도 교육을 받은 사람들과 마찬가지다. 어떤 사람들은 선량하고 어떤 사람들은 악하다. 세계 곳곳에 퍼져 있는 여러 종족들을 살펴본다면, 많은 사람들이 평화(平和)와 조화(調和)와 사랑 속에서 살고 있다는 것을 알게 될 것이다. 이 사람들은 하느님으로부터 받은 내면의 선물을 받고 있기 때문이다. 그러나 다른 야만인들은 살인을 하고, 손발을 절단하고, 증오하고, 수많은 나쁜 짓들을 자행하고 있다. 어째서 그런가? 문명인들과 똑같은 이유, 곧 탐욕과 질투와 분노 때문이다. 야만인들은 하느님이 내려주신 내면의 선물에 귀를 기울이지 않기 때문에 죄를 범하는 것이다.

▶ 질 문 : 만일 예수님이 하늘 나라에 이르는 길이고, 비그리스도교 신자가 예수님을 모르고 있다면, 그들은 어떻게 하늘 나라에 들어갈 수 있습니까?

▷ 대 답 : 그들에게 예수의 사랑과 예수의 말씀과 예수의 선물을 가져다 줌으로써 그 사람들로 하여금 예수를 알게 만드는 것은, 첫째로 모든 그리스도교 신자들의 의무이다. 이것은 결코 무시해서는 안 되는 책임이다. 왜냐 하면, 이렇게 함으로써 모든 그리스도교 신자는 하느님으로부터 은총을 받을 수 있기 때문이다.

둘째로, 만일 이 사람들이 예수를 모른 채 죽었다면, 그것은 그들의 잘못이 아니므로, 하늘 나라에 계신 사랑의 하느님이 정상 참작을 해 주실 것이다. 이것은 예수 없이 하늘 나라에 들어갈 수 있다는 것을 의미하지는 않는다. 그것은 자비의 하느님께서 그들로 하여금 예수를 주님으로 받아들이느냐, 부인하느냐를 선택하는 은총을 주신다는 것을 의미한다.

모든 그리스도교 신자의 의무는 그들이 죽기 전에 다른 사람들에게 예수를 알고, 받아들이고, 사랑할 기회를 주는 것이다. 그러면 그들은 자신들의 삶에서 악을 쳐부수어 줄 하느님의 살아 있는 자녀들이 될 것이고, 예수의 사랑을 다른 사람들에게 전파하게 될 것이다.

▶ 질 문 : 예수님을 하느님으로 받아들이지 않고 오로지 인간으로 받아들이는 세계 도처에 있는 사람들은 어떻게 됩니까?

▷ 대 답 : 그렇게 잘못 알고 있는 자녀들은 악마에 의

해서 하느님의 진리로부터 멀리 떨어져 있다. 이렇게 잘못 알고 있는 자녀들은 성서를 연구하여 성서가 진실로 이야기하고 있는 것을 알아야 할 필요가 있다. 이렇게 잘못 알고 있는 자녀들은, 이제까지 그렇게 말한 사람은 아무도 없다는 것을 기억할 필요가 있다. "나는 죽을 것이지만 사흘만에 다시 살아날 것이다." 예수는 그 말씀을 이행하였다.

　이렇게 잘못 알고 있는 자녀들은 예수가 당신 자신이 주님이라는 것을 얼마나 많이 보여주셨는가를 이해할 필요가 있다. 그리고 이처럼 잘못 알고 있는 자녀들은 그처럼 많은 사람들이 예수를 위해 자발적으로 자신의 생명을 바쳤는지 그 이유를 생각해 보아야 한다.

　이같이 잘못 알고 있는 자녀들은 죽어서 하늘 나라에서 예수와 대면할 때, "나는 믿습니다." 하고 말해 보았자, 이미 때가 너무 늦다는 것을 생각해야 한다. 그들의 이른바 모든 신들, 곧 돈의 신, 수정 구슬 신, 우주적인 현실, 땅의 주인, 영적 스승, 악의 주인 등은 그들을 돕기 위해 거기에 오지 못할 것이다. 예수와 사람들의 대면장소이기 때문이다. 그렇다면 누가 그들을 구해줄 수 있겠는가? 어떤 수정 구슬 신이 그들을 보호해 줄 수 있겠는가? 어떤 영매(靈媒)의 힘에 의지해야 한단 말인가? 주님에 의해서 심판을 받고, 진리를 보게 된다면, 그들은 믿거나 믿지 않거나 간에 진리가 있다는 것을 발견하게 될 것이다.

† † †

제 4 장

하늘나라로 가는 길

—— 삼위일체이신 하느님의 메시지 ——

자비의 천주 성부님! —— 1994년 10월 21일

　　예수는 과거에도 있었고, 현재에도 있으며, 미래에도 항상 있을 것이다. 예수는 한 처음부터 말씀이었다. 예수는 현재를 위한 말씀이고, 예수는 미래에도 항상 말씀일 것이다.
　　예수는 사랑이고, 예수는 기쁨이며, 예수는 행복이다. 예수는 나의 아들이요, 예수는 바로 나이다.
　　예수. 예수. 예수. 이 이름 안에 노래가 있고, 이 이름 안에 사랑이 있고, 이 이름 안에 하느님이 계신다. 한 분이신 참하느님! 예수에게 신비가 있고, 하느님의 계시가 있으며, 예수는 하느님이시다.

† † †

자비의 천주 성부님! —— 1994년 10월 21일

　　너희를 보살펴 주고, 모두를 보살펴 주고, 영혼을 보살펴 준다. 너희를 사랑하고, 모두를 사랑하고, 영혼을 사랑한다. 너희를 보호해 주고, 모두를 보호해 주고, 영혼을 보호해 준다.
　　너희를 섬기고, 모두를 섬기고, 하느님을 섬긴다. 이것이 바로 천사들이 하는 일이다.

† † †

자비의 천주 성부님! ── 1994년 10월 21일

　　고통과 슬픔, 분노와 증오, 불신과 속임수, 도둑질과 거짓말, 욕망과 살인, 이러한 모든 것을 인간이 저지르고 있다. 이러한 모든 것은 악마로부터 나온 것이다. 그런데도 많은 사람들은 자진해서, 그리고 행복하게 그것을 받아들이고 있다. 악마가 손짓해 부르면 많은 사람들은 그에게 달려간다. 많은 사람들은 악마를 사랑하고, 숭배하고, 악마를 따른다. 그러니 인간은 얼마나 어리석은가!
　　사랑과 기쁨, 신뢰와 우정, 진리와 정직성, 도와주고 보살펴주는 것, 베풀고 나누어주는 것, 하느님의 말씀과 계명을 따르는 것──. 많은 사람들은 이러한 것들을 행하지 않고 있다. 그래도 이러한 것들은 모두 하느님의 덕목이다. 인간은 이런 것들로부터 도망 치고, 인간은 이 길을 살지 않으려고 구실을 만들어내고 있다. 이 길은 바로 예수이다. 많은 사람은 이 길을 따르지만, 그보다 훨씬 더 많은 사람들은 따르지 않는다. 너무나 많은 사람들이 하느님을 거부하고, 하느님의 사랑을 거부하고 있다. 너무나 많은 사람들이 악을 받아들이고, 너무나 많은 사람들이 선을 거부한다.

이것이 인간의 본연의 모습이란 말인가? 이것이 내가 인간에게 바라는 본연의 모습인가? 내가 자유선택권을 주었지만, 너무나 많은 사람들이 잘못된 선택을 하고 있다. 너무나 많은 사람들이 무엇이 옳은 것인지를 모르고 있다. 너무나 많은 사람들이 말씀인 예수를 모르고 있다. 그들이 구원을 받고, 하늘나라에 있는 나에게 올 수 있도록 가르쳐 주어라. 나를 위하여, 나의 안에서 나를 그들에게 가르쳐 주어라.

† † †

살아 계신 성령님! ─── 1994년 10월 21일

모든 사람이 하느님께 귀를 기울이기만 한다면, 얼마나 멋진 세상이 될 수 있을까! 하느님 안에서, 하느님과 함께 하느님을 위하여 살고 사랑한다면 꿈만 같을 것이다. 만일 인류가 마음을 돌려 사랑을 받아들이고, 온정을 받아들이고, 친절을 받아들여서 그렇게 살 수 있다면, 이 세상은 또 다시 낙원이 될 것이다. 어떻게 하면 인류가 하느님의 사랑으로 되돌아갈 수 있을까? 어떻게 하면 인류는 이 지상에 낙원을 다시 만들 수 있을까? 어떻게 하면 인류는 타고난 참된 운명을 맞이할 수 있을까?

기도가 그 유일한 길이다. 기도는 모든 것에 대한 해답이고, 기도는 하느님께서 인간에게, 이 세상을 당신께 열라고 주신 선물이다. 기도는 평화와 행복으로 가는 길이다. 기도는 이 세상을 변화시키는 말이다. 인류가 보다 기도를 많이 하고, 보다 사랑을 많이 한다면 얼마나 좋겠는가!

† † †

사랑의 주 예수님! ── 1994년 10월 22일

　폭력은 폭력을 낳고, 죄는 죄를 낳고, 사랑은 사랑을 낳는다.

† † †

자비의 천주 성부님! ── 1994년 10월 26일

　모든 사람은 나의 아들이 되고, 모든 사람은 나의 사랑이 되고, 모든 사람은 나의 친구가 되어야 한다.

† † †

자비의 천주 성부님! ── 1994년 10월 26일

　나의 아들 예수는 너희를 소리쳐 부르고 있다. 나의 아들 예수는 너희를 기다리고 있다. 나의 아들 예수는 너희 옆에 있다. 팔을 뻗어서 모든 사람을 위한 나의 아들 예수의 사랑을 느끼어라.
　모든 사람에게 내 사랑은 모두를 위한 것이라고 말하여라. 그리고 너희는 그저 팔만 뻗어서 붙잡으면 되는 것이다.

† † †

자비의 천주 성부님! —— 1994년 10월 26일

(악마가 나를 혼란시키려고 노력하고 있을 때)

악의 안개를 헤치고 나가면서, 눈물의 베일을 헤치고 나가면서, 인간의 죄를 헤치고 나가면서 미소를 멈추지 말고, 빛을 잃지 말고, 계속 사랑하여라.

† † †

자비의 천주 성부님! —— 1994년 10월 27일

신비, 거룩한 신비. 예수, 거룩한 예수. 삼위일체, 거룩한 삼위일체. 삼위가 한 분이신 하느님!

† † †

자비의 천주 성부님! —— 1994년 10월 27일

나의 아들 예수는 어질다. 나의 아들 예수는 기쁨이다. 예수는 만물을 위해 존재하고, 만물은 예수이다.
예수는 모든 사람을 위해서 존재하고, 모든 사람은 예수를 위해서 있다.

† † †

자비의 천주 성부님! ── 1994년 10월 27일

    인류는 자신의 내면을 들여다보기 시작해야 한다. 인류는 사랑을 가지고 모든 것을 보기 시작해야 한다.
    인류는 예수를 의지하기 시작해야 한다.

† † †

자비의 천주 성부님! ── 1994년 10월 27일

    나를 위하여 행하는 모든 일을 통하여 순종을 나타내 보이고, 존경심을 나타내 보이고, 겸손을 나타내 보여라. 나를 위하여 행하는 모든 일을 통하여 사랑 안에서 살고, 진리 안에서 살고, 예수 안에서 살아라.
    나를 위하여 행하는 모든 일을 통하여 하느님을 찾고, 빛을 찾고, 곧 나를 찾으라. 예수를 통하여 하느님 안에 머물고, 사랑 안에 머물고, 그리고 내 안에 머물러라.

† † †

사랑의 주 예수님! ── 1994년 10월 27일

    나의 사랑하는 자녀들아, 사랑 안에서 나를 맞이하고, 기뽐 안에서 나를 맞이하고, 성체 안의 나를 맞이하여라. 나를 네 안에 받아들여서, 사랑으로 너를 가득 채우게 하여라. 나를 네 안에 받아들여서, 너를 완전하게 사랑하도록 하여라.

　　나를 네 안에 받아들이고 항상 나를 사랑하여라.

†††

자비의 천주 성부님! ── 1994년 10월 28일

　　하느님과 함께 살면 고독이 사라져 버린다. 예수와 함께 살면 자신에 대한 연민이 사라져버린다.

　　그리고 성령이 너를 가득 채워주게 되면, 슬픔이 곧 사라질 것이다.

†††

살아 계신 성령님! ── 1994년 10월 28일

　　그리스도교 신자는 예수님 안에서 행복해야 한다. 그리스도교 신자는 사랑 안에서 행복해야 한다. 그리고 그리스도교 신자는 예수님과의 사랑 안에서 행복해야만 한다.

†††

사랑의 주 예수님! ── 1994년 10월 28일

나의 사랑에 의지하여라. 나의 힘에 의지하여라. 그리고 곤경에 빠졌을 때와 시련을 겪을 때에, 곧 나에게 의지하여라.

† † †

환　시(피정 중에 본) ── 1994년 10월 29일

　　나는 모든 신자들 위에 하얀 빛을 발하고 있는 성체 위쪽에서 한 마리의 비둘기를 보았다.
　　그리고 성당 안에서, 나는 십자가에 못박힌 예수님의 손과 배에서 새빨간 피가 흘러 나오는 것을 보았다.

† † †

사랑의 주 예수님! ── 1994년 10월 30일

　　사랑에 눈을 뜨고, 기쁨에 눈을 뜨고, 그리고 나에게 눈을 뜨라. 사랑에 마음을 열고, 기쁨에 마음을 열고, 그리고 나에게 마음을 열어라.
　　나의 사랑을 원하고, 나의 기쁨을 원하고, 나를 원하여라. 이것이 바로 인간이 해야 할 일이다.

† † †

자비의 천주 성부님! ── 1994년 10월 31일

네 영혼을 사랑으로 씻어내고, 네 영혼을 영원한 사랑으로 씻어내고, 네 영혼을 예수로 씻어내어라. 네 영혼을 죄로부터 해방시키고, 네 영혼을 악으로부터 해방시키고, 그리고 네 영혼을 나의 아들 예수를 통하여 해방시켜라.

사랑으로 깨끗이하고, 기쁨으로 깨끗이하고, 예수로 깨끗이하여라.

† † †

자비의 천주 성부님! ─── 1994년 10월 31일

예수께 매달리고, 사랑에 매달리고 그리고 예수의 사랑에 매달려라. 하늘 나라에 매달리고, 영원에 매달려라.

영광에 매달리고, 하느님께 매달리고 그리고 예수에게 매달려라. 왜냐하면, 예수는 하느님의 영광이니까──.

† † †

사랑의 주 예수님! ─── 1994년 11월 1일

찬양하고, 기도하고, 감사하는 것은 너희가 행복할 때나 불행할 때나 한결같이 해야 할 일이다.

도움을 청하고, 사랑을 구하고, 나를 얻기 위하여 기도하고, 기도하고 또 기도하여라.

† † †

사랑의 주 예수님! ── 1994년 11월 1일

　나의 백성에게 사랑을 내려주고, 나의 백성에게 선물을 주고, 나의 백성에게 자비를 베풀어준다.

† † †

사랑의 주 예수님! ── 1994년 11월 3일

　나의 사랑을 기다리고, 나의 기쁨을 기다리고, 나를 기다려라. 너희는 나의 사랑과 나의 기쁨과 나를 끊임없이 큰 기대를 가지고 기다려야 한다.
　이것이 너희가 항상 취해야 할 태도이다. 항상 나에게 기대하고, 항상 나를 기다리고, 항상 나를 사랑하여라.

† † †

사랑의 주 예수님! ── 1994년 11월 3일

　성체는 사랑의 양식이고 생명의 양식이며 하느님의 양식이다. 성체 안에서 나의 사랑을 먹고, 나의 기쁨을 먹고 그리고 나를 먹어라. 성체 안에서 하늘나라를 먹고, 나를 먹고 그리고 사랑을 먹어라.

† † †

살아 계신 성령님! —— 1994년 11월 4일

　　죄의 멍에, 악의 멍에, 고통의 멍에. 인간은 이 멍에를 받아들여 자진해서 그 무거운 짐을 짊어지고 간다. 인간은 얼마나 어리석은가! 인간은 얼마나 순진한가! 인간은 얼마나 바보스러운가! 이 멍에는 오로지 영원한 어둠만을 가져다 준다.
　　그러므로 이제는 그 멍에로부터 해방되어, 사랑의 주 예수님을 통해서 영원한 광명을 찾도록 하여라.

† † †

환　　시 : 십자가로 덮여 있는 성심! —— 1994년 11월 4일

† † †

사랑의 주 예수님! —— 1994년 11월 5일

　　나를 위하여 남을 사랑하고, 자신을 위하여 남을 사랑하고, 남을 위하여 남을 사랑하여라.
　　사랑하고, 사랑하고 또 사랑하여라. 내 안에서 항상 사랑하고, 자발적으로 사랑하고, 완전하게 사랑하여라.

† † †

사랑의 주 예수님! ──── 1994년 11월 5일

  너를 사랑하고, 다른 사람들을 사랑하고, 모든 사람을 사랑하는 것은 내가 하고 있는 일이다. 왜냐 하면, 나는 사랑이기 때문이다.
  너를 포옹하고, 다른 사람들을 포옹하고, 모든 사람을 포옹하는 것은 내가 하고 있는 일이다. 왜냐 하면, 나는 생명의 포옹이기 때문이다.
  너를 위안하고, 다른 사람들을 위안하고, 모든 사람을 위안하는 것은 내가 하고 있는 일이다. 왜냐 하면, 나는 위안이기 때문이다.

† † †

살아 계신 성령님! ──── 1994년 11월 10일

  외로운 사람은 사랑을 애타게 기다리고, 외로운 사람은 우정을 애타게 기다리고, 외로운 사람은 기쁨을 애타게 기다리고 있다.
  그러므로 모든 사람은, 예수님을 알지 못하면 외롭다.

† † †

살아 계신 성령님! ──── 1994년 11월 10일

세세대대로 인간은 하느님을 찾고, 세세대대로 인간은 하느님의 진리를 찾고, 그리고 세세대대로 인간은 같은 길을 걷고 있다. 그러므로 인간은, 인간을 위한 길이요 해답인 예수님만을 오로지 의지할 필요가 있다.

† † †

자비의 천주 성부님! ── 1994년 11월 12일

칭찬은 하느님을 사랑하는 사람을 위한 것이다. 칭찬은 하느님을 위해 사는 사람을 위한 것이다.
칭찬은 하느님의 법에 의해서 사는 사람을 위한 것이다.

† † †

자비의 천주 성부님! ── 1994년 11월 12일

필요한 것은, 하느님 안에서의 한 순간 뿐이다. 소용되는 것은, 하느님 안에서의 한 순간 뿐이다. 요구되는 것은, 하느님 안에서의 한 순간 뿐이다.
── 나의 일을 하는 데는, 한 순간 밖에 안 걸린다.
이 한 순간은, 네 인생이다. 이 한 순간을, 나의 영광, 하느님의 영광을 위하여 사용하여라. 이 한 순간을, 사랑을 위하여 사용하고, 이 한 순간을, 온 인류를 위하여 사용하여라.

† † †

환　　시 —— 1994년 11월 12일

　　흰색 가장자리를 가진 황금빛과 검정색 십자가가 흰빛으로 반짝이고 있다.
　　예수님 주위에서 황금빛과 흰빛이 반짝이고, 비둘기 한 마리가 날아서 내리고 있다.

† † †

사랑의 주 예수님! —— 1994년 11월 12일

　　네 영혼을 나의 손에 맡기고, 네 미래를 나의 손에 맡기고, 네 운명을 나의 손에 맡기고 영원히 살아라.

† † †

자비의 천주 성부님! —— 1994년 11월 14일

　　네 눈과 네 마음과 네 영혼을 나에게 열어 보여라. 네 눈을 크게 뜨고 네 주위의 모든 것 안에서 내가 만들어내는 기적들을 보아라.
　　네 마음을 활짝 열고, 네 주위의 모든 사람에게 내가 베풀고 있는 사랑을 느끼거라. 네 영혼을 나에게 열고, 창조주이며 사랑인 나의 한 부분이 되어라.

† † †

자비의 천주 성부님! —— 1994년 11월 14일

나를 사랑하라는 것이 내가 요구하는 것의 전부이다. 사람을 사랑하는 것이 내가 요구하는 것의 전부이다.
사랑하고, 사랑하고, 사랑하는 것은 내 안에서 사는 것이 된다.

† † †

사랑의 주 예수님! —— 1994년 11월 14일

언덕 위에 십자가가 서 있다. 십자가상에 한 사람이 매달려 있다. 십자가에 하느님이 매달려 있다.
그리고 사랑을 모든 사람에게 베풀어 주셨다. 그리고 사랑을 모든 사람에게 나누어 주셨다.
사랑은 바로 그 사람, 곧 하느님이시다.

이 십자가에 매달려 있는 나는 모든 사람의 죄를 짊어지고 있다. 나는 모든 사람의 증오, 탐욕, 정욕, 노여움, 두려움을 전부 짊어지고 있다. 나는 모든 것을 다 견디어내서, 하느님께서 인간의 모든 잘못, 인간의 모든 과오, 인간의 모든 죄를 용

서하셨다는 것을 보여 주었다.

　나는 인간을 용서하고, 사랑하고, 하느님 아버지와 함께 하는 참다운 운명에로 이끌어가기 위해 왔다.

　인간이 아직도 하느님께서 인간에게 주신 것과, 하느님께서 인간에게 아직도 베푸시고 있는 것을 믿지 않고 이해하지 못하는 것을 보면, 얼마나 나의 마음이 아픈지 모른다.

　마치 창으로 나의 성심을 찌르고 있는 것처럼 아프다. 그러나 인간이 하느님을 부인하고 등을 돌리는 것을 보는 것만큼 아픔이 더 크지는 않다.

　인간이 자신의 손으로 자기 자신을 파괴하고, 영혼을 파괴하는 것을 볼 때마다, 나는 못이 십자가상의 내 살갗을 찢는 것 같은 아픔을 느낀다.

　인간이 자신의 영혼을 더럽히는 것을 볼 때마다, 나는 채찍이 살갗을 짓찢는 것 같은 아픔을 느낀다.

　인간이 악의 쓰디쓴 술을 마시는 것을 볼 때마다, 나는 십자가상에서 맛본 증오의 해면 같은 쓴맛을 느낀다.

　인간이 악마의 발톱에 짓찢기는 것을 볼 때마다, 나는 가시가 살갗을 찢었을 때의 고통을 느낀다. 그리고 인간이 권력에 눈이 머는 것을 볼 때마다, 나는 피가 흘러 들어가 눈이 보이지 않게 되었을 때의 느낌을 느낀다.

　어째서 인간은 자신에게 하고 있는 것을 이해하지 못하고, 하늘나라에 계신 하느님께 하고 있는 짓을 왜 깨닫지 못하는 것일까?

　분명히 인간은 무엇이 옳고 무엇이 그른지를 알고 있다. 그리고 분명히 인간은 나쁜 길이 고통과 아픔만 가져다 준다는 것도 알 것이다.

분명히 인간은 올바른 길을 걷기를 원하고 있다.

올바른 길은 하나 밖에 없다. 그것은 사랑과 친절과 온화함의 길이고, 곧 하느님의 길인 것이다.

네 영혼을 그 길로 인도하여라. 그리고 네 자신을 영원한 기쁨의 길로 인도하여라.

나는 세상 사람들에게 자신에게 상처를 입히는 것과 자신의 영혼을 괴롭히는 것을 중지하라고 요구한다. 그리고 세상 사람들에게 나와 함께 나란히, 길을 잃지 않고 올바른 길을 가기 위하여, 주저 말고 바로 자기 자신을 고치기 시작할 것을 요구한다.

† † †

사랑의 주 예수님! ── 1994년 11월 15일

두 개로 쪼개졌다. 너의 내면(內面)이 쪼개졌다. 두 개의 자아(自我)로 쪼개졌다. 죄의 자아와 사랑의 자아로──.

다른 사람들로부터 떨어져 나갔다. 그리고 네 마음이 두 개로 쪼개졌다. 베푸는 마음과 빼앗는 마음으로──.

너의 죄의 자아는 사라지고, 이제 오로지 사랑의 자아만이 존재하고 있다. 네 영혼(靈魂)은 이전에 섞여 있던 것에서 떨어져 나갔다.

네 영혼이 개조(改造)된 것이다. 네 마음은 이제 오로지 베푸는 마음, 남에게 베푸는 마음이다. 네 마음은 이제 오로지 나의 사랑을 남에게 전(傳)하는 마음이다.

† † †

사랑의 주 예수님! —— 1994년 11월 15일

　　나와 하나가 되고, 나를 위한 사람이 되어 영원한 생명을 얻어라. 나의 손을 잡고, 네 마음을 나의 성심에 합치고, 네 영혼을 나에게 맡겨라.

† † †

사랑의 주 예수님! —— 1994년 11월 15일

　　예수님의 피는 인류(人類)를 위하여 흘리셨다.
　　예수님의 몸은 인류를 위하여 부서지셨다.
　　예수님의 성심은 인류를 위한 사랑이시다.

† † †

사랑의 주 예수님! —— 1994년 11월 15일

　　이 세상에서 걸어다닐 때, 사람들이 보고 느끼는 것을 나도 보고 느꼈다. 이 세상에서 걸어다닐 때, 사람들이 주위에 빽빽히 들어차 있는 악과 대면하여 괴로워하는 것을 나는 알았다.

이 세상에서 걸어다닐 때, 사람들이 내면에 지니고 있는 모든 고통을 견디어내는 쪽을 나는 선택했다.

　이러한 모든 것을 경험한 뒤에, 나는 온 인류의 참된 형제가 되었다. 나는 인간과 하나가 되고, 나는 얼마 동안 같은 인간이 되었다.

　이제 나는 나의 형제 자매들을 바라보면서, 그들의 모든 고통과 모든 괴로움을 느끼고, 형제 자매들을 그들로부터 구해 주기를 원한다.

　인간이 나에게 맡겨만 준다면, 나는 그들에게 참된 위안과 참된 기쁨과 참된 행복을 가져다 줄 것이다.

　그것을 가로막는 것은 다름 아닌 인간이다. 나의 사랑을 더 이상 가치 없는 어떤 것으로 바꾸는 것은 다름 아닌 인간이다. 자신에게 커다란 슬픔을 가져다 주는 것은 다름 아닌 인간이다.

　이 메시지를 인류에게 전하고, 하느님의 진리에 네 자신을 활짝 열라고 요구하여라. 그리고 하느님의 사랑에 네 자신을 활짝 열고, 나 예수님에게 네 자신을 활짝 열라고 요구하여라.

　그러면 구원(救援)을 받을 것이다.

† † †

자비의 천주 성부님! —— 1994년 11월 16일

　매일을 소홀히 하지 말고, 매분을 소홀히 하지 말고, 매 순간을 소홀히 하지 마라.

이것이 바로 나의 사랑을 받아들이는 방법이다.

날마다 네 자신을 나의 사랑으로 가득 채워라. 매분마다 나의 사랑에 살고, 매순간마다 나의 사랑이 되어라.

나의 사랑은, 언제나 모든 사람에게 모든 것이기 때문이다.

† † †

자비의 천주 성부님! —— 1994년 11월 17일

십자가는 너를 나에게 가까이 데려다주는 선물이다. 십자가를 기쁨으로 참아내야 한다. 너는 나의 아들 예수의 고통을 나누어 가졌기 때문이다. 십자가를 통해서 네가 나를 사랑하고, 나를 위하여 모든 것을 받아들일 준비가 되어 있다는 것을 보여 주어야 한다.

나의 아들은 십자가를 반긴다. 왜냐 하면, 십자가가 하늘 나라로 끌어 올려주기 때문이다.

† † †

환   시 —— 1994년 11월 18일

자동차 안에서 장미꽃 향기가 났다. 그때 성모님께서 저에게 말씀하셨다. 인자하신 성모님은 "너를 사랑한다."고 말씀하셨다.

† † †

환　　시 —— 1994년 11월 18일

　　미사 때, "주님! 제 안에 주님을 모시기에 합당치 않사옵니다." 하고 기도할 때, 저는 기다란 테이블에서 오른쪽 자리를 비워 놓고 앉아 계신 예수님을 보았다. 예수님은 저에게 옆에 와서 앉아 함께 식사를 하자고 말씀하셨다. 제가 옆에 앉자, 예수님께서 오른손으로 저의 왼손을 잡으셨다.
　　영성체를 한 후에, 예수님께서 다시 모습을 나타내시어 저의 손을 잡으시고 말씀하셨다. "이제 너는 나를 먹었으니 나와 함께 걷자." 그리고 우리는 길을 따라 걸어갔다. 그때 예수님께서 또 말씀하셨다. "항상 나와 함께 걸어가자."

† † †

사랑의 주 예수님! —— 1994년 11월 18일

　　나의 살을 먹고, 나의 피를 마시고, 나의 길을 걸어라. 네가 그렇게 하면, 내가 너에게 말할 수 없는 행복을 가져다 줄 것이다.
　　그리고 네가 그렇게 하면, 너는 나에게 더 할 수 없는 행복을 가져다 주게 된다. 그러므로 항상 그렇게 행하고, 또 사랑으로 행하여라.

† † †

사랑의 주 예수님! ── 1994년 11월 18일

    길을 따라 걸어가면, 너는 많은 놀라운 일들을 보게 될 것이다. 길을 따라 걸어가면, 너는 많은 놀라운 느낌을 받게 될 것이다.
    그리고 길을 따라 걸어가면, 너는 많은 놀라운 선물을 받게 될 것이다.

† † †

사랑의 주 예수님! ── 1994년 11월 18일

    나는 너에게 나 자신을 주고, 나는 너에게 나의 사랑을 주고, 그리고 너에게 나의 일을 주었다.
    네 자신을 나에게 바치고, 네 사랑을 나에게 바치고, 네 모든 것을 나의 일을 위해 바쳐라.

† † †

사랑의 주 예수님! ── 1994년 11월 18일

    별은 찬란하게 빛나고 있다. 별은 어둠 속에서 빛나고, 하늘에서도 빛나고 있다.

── 그러므로 너는 나를 위한 별이 되도록 노력하여라.

†††

사랑의 주 예수님! ── 1994년 11월 20일

영광의 왕, 기쁨의 왕, 사랑의 왕, 하늘 나라의 왕, 위안(慰安)의 왕이시다. 애덕(愛德)의 왕, 영원의 왕, 만물의 왕, 왕중의 왕, 광명(光明)의 왕이시다.
권능(權能)의 왕, 영원한 생명의 왕, 자비의 왕, 기도의 왕이시다. 고통(苦痛)의 왕, 수난의 왕, 성심의 왕이시다.

†††

자비의 천주 성부님! ── 1994년 11월 21일

하늘 나라에 이르는 길은 험난(險難)한 길이지만, 단 하나의 유일(唯一)한 길이다.

†††

자비의 천주 성부님! ── 1994년 11월 23일

사람들은 나의 사랑이고, 사람들은 나의 기쁨이며, 사람들은 나의 자녀들이다.

나의 자녀들은 나에게 사랑과 기쁨을 바쳐야만 한다.

나의 자녀들은 서로 사랑하고 서로에게 기쁨을 가져다 주어야 한다.

그리고 이런 일을 하기 위해서 창조되었다는 것을 항상 잊어서는 안 된다.

† † †

살아 계신 성령님! ── 1994년 11월 23일

예수님은 길이시다. 예수님은 단 하나 뿐인 길이시다. 왜냐 하면, 예수님은 하느님이시기 때문이다.

하느님 아버지께서는 당신의 아들 예수 그리스도를 통하여 인간에게 당신을 주셨다. 이제 인간은 예수님을 통하여 자신을 하느님 아버지께 바쳐야만 한다.

하느님 아버지께서는 인간이 자기 자신을 바치기를 기다리고 계신다. 그러면 하느님 아버지께서는 인간에게 선물과 은총과 모든 것을 주실 것이다.

이제 인간은 예수님의 사랑을 통해서 선물과 은총(恩寵)을 구하고, 바라고, 갈망(渴望)하기만 하면 된다.

† † †

살아 계신 성령님! ── 1994년 11월 24일

한 순간 너는 나를 사랑하고, 한 순간 너는 나를 경배하여라.

그리고 한 순간 너는 나와 함께 있지만, 이 순간은 너의 일생(一生)인 것이다. 왜냐 하면, 영원한 하늘나라에서 보면 일생은 한 순간에 불과하기 때문이다.

† † †

살아 계신 성령님! ── 1994년 11월 25일

항상 기도하는 것을 잊지 마라. 네 행동과 말과 생각으로 기도하여라. 열심히 꾸준하게 항상 기도하여라.
── 그러면 너는 내 안에서 더욱 굳세게 성장할 것이다.

† † †

사랑의 주 예수님! ── 1994년 11월 25일과 1994년 12월 2일

성체 성사는 나의 하느님 아버지께서 당신께 더욱 가까이 데려가시기 위하여 인류에게 주신 특별한 선물이다.

성체 성사(聖體聖事)는 인류가 결코 과소평가해서는 안 된다. 그리고 인류는 하느님께서 내려 주신 은총에 대하여 감사해야 한다. 성체 성사는 특별히 인류를 위한 것이고, 영혼을 위한 것이며, 정신을 위한 것이다. 성사를 받음으로써, 인간은 자신이 알고 있는 것보다 더 많이 알게 되고, 하늘 나라에 계신 하느님

아버지의 사랑의 선물을 손에 넣을 수 있게 된다.

성사(聖事)를 받으면, 하느님께서 인간에게 영혼(靈魂)을 살찌게 하고, 정신(精神)에 자양분(滋養分)을 주시고, 정신을 가득 채워 주시는 사랑을 내려 주신다.

성사를 받음으로써 인류도 역시 하느님께, 하느님의 사랑을 받아들이고, 진실(眞實)로 믿고 있다는 것을 보여드리고, 하느님께 대한 사랑을 표명(表明)하는 선물(膳物)을 드리는 것이다.

인간은 모든 성사가 갖는 참된 의미(意味)를 반드시 이해해야 한다. 그리고 모든 성사에는 참된 선물과 참된 사랑이 들어 있다는 것을 이해해야 한다. 성체를 영함으로써 인간은 하느님과 결합하고, 주 예수님의 살과 피를 통하여 하느님과 하나가 된다.

성체 안에 계신 예수님을 받아 먹으면, 예수님께서 인간의 존재 전체를 가득 채워 주신다. 그리고 당신의 사랑과 빛과 당신 자신으로 가득 채워 주신다.

이것이 진실로 부활(復活)하신 주님의 몸과 피라는 것을 믿지 않고, 인간이 예수님의 사랑과 빛과 예수님 자신을 거부하게 되면, 인간은 자신을 기다리고 있는 하느님과 하나가 되는 참된 기쁨과 영광이라는, 충만한 은혜를 받지 못하게 된다.

성체를 영할 때, 진실로 예수님이라는 것을 받아들여라. 그리고 예수님께서 너를 완전히 사랑하시도록 맡겨라. 영성체는 최소한 일 주일에 한 번은 해야 한다. 그러나 하느님의 참된 사랑의 징표(徵標)로 매일 영성체를 해도 좋다.

고해 성사의 본래 의미를 이해해야 한다. 고해 성사를 통해서 창조주이신 하느님께서 인간을 깨끗이 해 주시고, 인간을 용서하시고, 인간을 순결하게 만들어 주신다. 하느님께서는 "나는 너를 사랑한다."고 말씀하시고, "나는 네가 너 자신을 사랑하기를 원한다."고 말씀하시며, "나는 네가 죄를 짓고 네 자신에게 상처를 입히는 것을 중단하기를 바란다."고 말씀하신다. 또한 "나는 네가 창조된 대로 진실되고, 순결한 영혼이 되기를 바란다."고 말씀하신다.

고해 성사를 통해서 하느님께서는 자비와 친절과 상냥함과 사랑을 보여 주신다. 고해 성사를 통해서 하느님께서는 "나는 너를 좋아한다. 그래서 너를 용서한다."고 말씀하신다.

고해 성사를 통해서 하느님께서는 "나는 너를 사랑한다. 그리고 네가 나를 사랑해 주기를 원한다."고 말씀하신다.

고해 성사를 통해서 하느님께서는 "행복해져라. 나의 사랑 안에 머무는 것으로 행복해지고, 죄에서 해방되는 것으로 행복해져라."고 말씀하신다.

고해 성사(告解聖事)를 통해서 하느님께서는 "나는 네 약점(弱點)과 네 단점(短點)을 이해하고 있으며, 그래도 아직 너를 사랑하고 있다"고 말씀하신다.

고해 성사를 통해서 하느님께서는 "나의 사랑 안에서 살면 영원히 안전할 것이다." 이렇게 말씀하신다. 그리고 "나는 너를 사랑한다."고 말씀하신다.

고해 성사는 매주 보아야 하는 성사이지만, 매일 보는 것은 더욱 좋다.

† † †

사랑의 주 예수님! —— 1994년 11월 26일

　　하느님께로 가는 길에는 많은 장애물이 있는데, 그 때문에 네가 하느님을 진실로 사랑하고 신뢰하는가를 보여줄 수가 있다. 그 장애물은 네 하느님인 나에게 보다 가까이 다가오는 데 필요한 계단이다. 만일 그 모든 장애물을 도전으로 간주하고 악에 대한 선의 싸움으로 간주한다면, 너는 그것을 보다 손쉽게 극복할 수 있을 것이다.

　　나는 네가 어떻게 느끼고 있는가를 이해하고, 네가 어떤 체험을 하게 될지를 알고 있다. 그 때문에 너를 위해 거기에 있는 것이다. 내 안에서 참고 견디고 더욱 더 강해지거라. 참고 견디면서 나에게 더욱 가까이 다가오도록 하여라. 참고 견디면서 하느님께로 가는 길을 보여 주는 나의 길잡이가 되어라.

† † †

사랑의 주 예수님! —— 1994년 11월 26일

　　올바른 길을 걸어가는 것은 어렵다. 하늘나라에 이르는 길을 걸어가는 것은 더욱 더 어렵다. 그러나 하늘 나라가 그 보상을 가지고 때가 오기를 기다리고 있다.

사랑의 주 예수님! —— 1994년 11월 27일

하느님께 네 마음을 활짝 여는 것은, 하느님을 위해 다른 사람들에게 네 자신을 열어 보이는 것이다.
하느님께 네 자신을 활짝 여는 것은, 네 자신을 사랑에 열어 보이는 것이고, 하느님의 아드님 예수님께 네 자신을 열어 보이는 것이다. 그리고 기쁨에 네 자신을 열어 보이는 것이다.
항상 네 마음을 열고, 나의 사랑이 되도록 노력하여라!

† † †

사랑의 주 예수님! —— 1994년 11월 27일

자비로우신 주님을 찬양하여라. 사랑이신 주님을 찬양하여라. 기쁨이신 주님을 찬양하여라.
그리고 존재 자체이신 주님을 항상 찬양하여라.

† † †

자비의 천주 성부님! —— 1994년 11월 28일

사랑 안에서 나에게 오너라. 기쁨 안에서 나에게 오너라. 예수 안에서 나에게 오너라.

† † †

자비의 천주 성부님! —— 1994년 12월 5일

마음 속에 사랑을 맞아들이는 것은, 나의 아들 예수를 맞아들이는 것이다. 마음 속에 진리를 맞아들이는 것은, 나의 아들 예수를 맞아들이는 것이다.

그리고 하느님을 마음 속에 맞아들이는 것은, 나의 아들 예수를 맞아들이는 것이다. 왜냐 하면, 예수는 사랑이요, 진리요, 하느님이기 때문이다.

† † †

자비의 천주 성부님! ── 1994년 12월 5일

인내(忍耐)는 모든 사람이 추구해야 할 덕행(德行)이다. 왜냐 하면, 인내는 하늘나라를 구(求)할 때 필요하기 때문이다.

그러므로 사랑 속에서 인내하고, 베풂 속에서 인내하고, 보살핌 속에서 인내하여라.

† † †

사랑의 주 예수님! ── 1994년 12월 8일

한 사람, 한 말씀, 한 분이신 하느님은 바로 예수님이시다. 일년, 하루, 한 순간, 죄(罪)로부터 구원(救援)하는 분이시다.

한 사람, 한 분이신 성령님, 한 분이신 성부님!

† † †

「예수님의 눈으로」 시리즈 : "앨런 에임스가 받은 사랑의 메시지 6"

사랑의 주 예수님! —— 1994년 12월 8일

    온 인류를 사랑하시는 성모님을 찬양하여라. 성모님께 감사하고 또 감사하여라.
    그리고 성모님을 사랑하여라. 왜냐 하면, 성모님은 모든 사람을 누구든 마다하지 않고 사랑하시기 때문이다.
    성모님은 이 세상의 어머니들처럼 자녀를 사랑하신다.

† † †

자비의 천주 성부님! —— 1994년 12월 8일

    나를 믿는 사람은, 누구나 영원히 살게 될 것이다. 나를 사랑하는 사람은, 누구나 영원히 사랑하게 될 것이다.
    그리고 나를 위해 사는 사람은, 누구나 사랑 안에서 영원히 살게 될 것이다.

† † †

자비의 천주 성부님! —— 1994년 12월 8일

    하느님을 위하여 사는 사람은, 위대하다. 생명을 사랑하는 사람은, 위대하다.
    그리고 하느님인 내 안에서 살고 사랑하고 믿는 사람은, 위대하다.

† † †

자비의 천주 성부님! —— 1994년 12월 8일

　　세상은 천천히 변하지만, 생명은 순식간에 사라진다. 형세는 천천히 변하지만, 영원한 생명은 순식간에 찾아온다.
　　악은 천천히 물리쳐 지겠지만, 그러나 되도록 단번에 물리쳐야만 한다.

† † †

자비의 천주 성부님! —— 1994년 12월 8일

　　진리는 네가 자기 기만 속에서 살고 있을 때에만 상처를 입힌다. 진리는 네가 죄 속에서 살고 있을 때에만 상처를 입힌다. 진리는 예수이며, 예수는 결코 상처를 입히지 않는다.
　　인간이 진리를 무시함으로써 자기 자신에게 상처(傷處)를 입히고 있을 뿐이다.

† † †

사랑의 주 예수님! —— 1994년 12월 9일

　　모든 사람은 나의 친구이고, 나의 사랑이고, 나의 기쁨이다. 그러나 많은 사람들은 이것을 받아들이지 않고 믿지 않는다.

나의 사랑, 나의 기쁨, 나의 우정, 나의 모든 것은 영원하다. 인류는 이것을 반드시 명심하고 받아들여야 한다.

†††

사랑의 주 예수님! —— 1994년 12월 9일

내 품 안에서 쉬는 것, 내 사랑 안에서 쉬는 것, 그리고 내 안에서 쉬는 것은 모든 영혼이 해야 할 일이다.
내 품 안에서 생활하는 것, 내 사랑 안에서 생활하는 것, 그리고 내 안에서 생활하는 것은 모든 영혼이 해야 할 일이다.
내 품 안에서 기도하는 것, 내 사랑 안에서 기도하는 것, 그리고 내 안에서 기도하는 것은 모든 영혼이 하느님 아버지께 이르는 길을 발견하는 방법이다.

†††

사랑의 주 예수님! —— 1994년 12월 9일

나의 자녀들을 바라볼 때 나는 사랑으로 보고. 나의 자녀들에게 갈 때, 나는 사랑으로 가고, 나의 자녀들에게 나 자신을 줄 때, 나는 사랑으로 준다.
이제 나의 사랑을 받아들이고, 나에게 네 사랑을 다오!
이제 나를 받아들이고, 나에게 너를 다오. 이제 하느님을 받아들이고 행복하여라.

† † †

살아 계신 성령님! —— 1994년 12월 10일

　나를 먹는 것은, 영원한 생명을 먹는 것이다. 그리고 나를 마시는 것은, 영원한 기쁨을 마시는 것이다.
　나와 하나가 되려면, 예수 그리스도님의 살과 피를 먹고 마시어라.

† † †

살아 계신 성령님! —— 1994년 12월 10일

　절망의 때가 찾아오면, 세상 사람들은 어떤 해결책에라도 매달리고, 마지막 결과가 어떻게 될 것인가에 대해서는 생각하려고도 하지 않는다.
　두려움의 때가 찾아오면, 세상 사람들은 어떤 구세주에게라도 매달리고, 그가 진실로 누구인지를 알아보려고도 하지 않는다.
　믿음을 잃어버릴 때가 찾아오면, 세상 사람들은 해답을 구하기 위해 자기 자신에게 매달리지만, 그러나 해답은 결코 찾지 못한다.

† † †

살아 계신 성령님! —— 1994년 12월 10일

　　사랑이 너를 통해서 넘치게 하고, 기쁨이 너를 통해서 넘치게 하고, 그리고 하느님이 너를 통해서 넘치게 하여라.
　　네 마음과 영혼을 열고, 네 자신을 너의 하느님인 나에게 활짝 열어라. 그리하여 성령인 내가 너를 나의 빛과 나의 사랑과 나 자신으로 감싸게 하여라.

† † †

살아 계신 성령님! —— 1994년 12월 10일

　　한 분이신 하느님은, 하나의 존재이시고 하나의 사랑이시다. 한 분이신 성령은, 한 분이신 하느님이시다.
　　한 분이신 하느님 아버지, 한 분이신 아드님, 한 분이신 하느님이시다.

† † †

살아 계신 성령님! —— 1994년 12월 10일

　　다른 사람들을 사랑하는 것은 하나의 선물이고, 다른 사람들을 도와 주는 것은 하나의 기쁨이다.
　　그리고 다른 사람들을 위해 느끼는 것은 특별한 은총이다. 왜냐 하면, 그것은 기쁨의 선물이며 선물(膳物)의 은총(恩寵)

이기 때문이다.

† † †

우리의 성모 마리아님! —— 1994년 12월 11일

　　사랑의 주 예수님은 당신을 희생하여 하늘 나라의 문을 열어 주셨다. 사랑의 주 예수님은 당신을 바치심으로써 악을 물리치셨다.
　　그리고 사랑의 주 예수님은 인간에게 사랑을 베풀 때마다 자비를 보여 주셨다.

† † †

사랑의 주 예수님! —— 1994년 12월 11일

　　생명의 빵과 영혼의 양식은, 하느님의 아드님이시고 곧 예수님이시다. 영원한 기쁨의 포도주와 성령님의 음료수는, 하느님의 아드님이시고 곧 예수님이시다.
　　희망의 불꽃과 사랑의 불은, 하느님의 아드님이시고 곧 예수님이시다.

† † †

자비의 천주 성부님! —— 1994년 12월 12일

십자가상에 "유다인의 왕"이라는 명패가 붙어 있었다. 십자가에 왕이, 하늘나라의 왕이 매달려 있었다.
    그리고 인간 안에 십자가가, 죄의 십자가가 매달려 있다. 그 죄의 십자가는 하늘나라의 왕에 의해서 짓밟혀졌으나, 인간은 그것이 계속 살아가도록 방치하고 있다.

† † †

자비의 천주 성부님! ── 1994년 12월 13일

    십자가에 못박혀 있던 것은 인간의 용서였다. 십자가에 못박혀 있던 것은 인간의 사랑이었다. 십자가에 못박혀 있던 것은 구세주였다.
    인류는 그런 선물을 받은 것을 잊어버리고 있다. 그리고 하느님의 사랑의 선물을, 하느님의 용서를, 그리고 하느님을 통하여 죄로부터 구원받은 것을 잊어버리고 있다.

† † †

자비의 천주 성부님! ── 1994년 12월 13일

    잠에서 깨어나 눈을 뜨거라. 절망에서 깨어나 마음을 열어라. 어둠에서 깨어나 영혼을 열어라.
    모든 것을 하느님의 사랑과 하느님의 용서와 하느님의 구원을 향해 활짝 열어라.

† † †

사랑의 주 예수님! ── 1994년 12월 13일

　　나의 상처는 인류를 위하여 피를 흘리고 있다. 나의 성심은 인류 때문에 갈기갈기 찢어진다. 나의 영혼은 인류를 위하여 눈물을 흘리고 있다.
　　인간은 자아(自我)로 가득 차 있고, 죄로 가득 차 있으며 그리고 교만심으로 가득 차 있다. 인간은 자아로부터 이러한 것들을 모두 비우고, 하느님의 자비와 사랑의 컵으로 그리고 나의 컵으로 실컷 마셔야 한다.

† † †

환　　시 ── 1994년 12월 14일

　　미사에 참여하고 있는 동안, 성체(聖體)가 그 위에 있는 하얀 십자가와 함께 빛나고 있는 것을 보았다.

† † †

살아 계신 성령님! ── 1994년 12월 14일

　　힘의 십자가(十字架), 슬픔의 십자가, 용서(容恕)의 십자가.
　　오늘날의 십자가, 내일의 십자가.

† † †

살아 계신 성령님! ── 1994년 12월 14일

그리스도님의 피는 천상의 음료수이다. 그리스도님의 몸은 천상의 음식이다.
그리스도님의 성령님은 천상의 빛이시다. 그리스도님의 아버지는 하느님이시다.

† † †

자비의 천주 성부님! ── 1994년 12월 15일

아무리 어려울 때라도, 아무리 괴로울 때라도, 아무리 고군분투를 할 때라도──.
하느님께서는 항상 너를 사랑하고 계심을 기억하여라.

† † †

살아 계신 성령님! ── 1994년 12월 15일

하느님을 찬양하여라. 그 분의 자비를 위하여 하느님을 찬양하여라. 그 분의 사랑을 위하여 하느님을 찬양하여라.
그 분의 영광을 위하여 하느님을 찬양하여라. 오로지 하느님을 찬양하여라.

† † †

살아 계신 성령님! ── 1994년 12월 15일

　　선을 위한 선택을 하여라. 사랑을 위한 선택을 하여라. 하느님을 위한 선택을 하여라.
　　── 오로지 하느님 아버지를 위한 선택을 하여라.

† † †

살아 계신 성령님! ── 1994년 12월 15일

　　거룩하신 한 분, 천주 성삼, 거룩하신 하느님이시다. 높은 중에서도 지극히 높으시고, 왕 중의 성스러운 왕이시다.
　　마음 중의 마음, 사랑 중의 사랑, 기쁨 중의 기쁨, 진리 중의 진리이시다. 성스러운 한 분, 성스러운 천주 성삼, 성스러운 하느님이시다.

† † †

사랑의 주 예수님! ── 1994년 12월 15일

　　하느님의 참된 사랑은 선물이다. 이것은 하느님께서 너에게 주시고, 네가 하느님께 선물로 되돌려 드리도록 하기 위해 주신 선물이다.

하느님 안에서 참된 기쁨을 누리는 것은 은총이다. 하느님께서 너에게 주시고, 네가 다른 사람들과 나누어 가질 때, 네가 하느님께 선물로 되돌려 드리도록 하기 위해 주신 은총이다.

참된 베풂은 하느님께서 너에게 주신 선물이다. 네가 사랑으로 너 자신을 그 분께 바칠 때, 네가 하느님께 되돌려 드리도록 하기 위해 주신 선물이다.

† † †

사랑의 주 예수님! —— 1994년 12월 16일

사랑으로 하느님께 의지하여라. 기쁨으로 하느님께 의지하여라. 그리고 행복으로 하느님께 의지하여라.

이것이 바로 영원한 생명으로 가는 길이다.

† † †

사랑의 주 예수님! —— 1994년 12월 16일

하느님의 자비에 의지하여라. 하느님의 용서에 의지하여라. 그리고 하느님의 은총에 의지하여라.

그러면 인간의 모든 꿈을, 이루어 주실 것이다.

인간의 모든 기도를, 들어 주실 것이다.

인간의 모든 소망을, 이루어 주실 것이다.

† † †

사랑의 주 예수님! ── 1994년 12월 16일

　　은총의 시간에, 하느님께서는 많은 사람들 위에 사랑을 비추어 주신다. 자비의 시간에, 하느님께서는 많은 사람들에게 선물을 내려 주신다. 사랑의 시간에, 하느님께서는 많은 사람들 안에서 풍성해지신다.
　　은총과 자비와 사랑의 시간이 아닌 때는 단 한 순간도 없다. 왜냐 하면, 하느님의 위대하심은 영원하시기 때문이다.

† † †

사랑의 주 예수님! ── 1994년 12월 16일

　　사랑의 세 가지 모습── 하느님.
　　하늘 나라의 세 가지 풍경── 하느님.
　　한 분 안의 세 가지 성심── 하느님.

† † †

사랑의 주 예수님! ── 1994년 12월 16일
　　성부님의 사랑, 예수님의 사랑, 성령님의 사랑.
　　성부님의 불, 예수님의 불, 성령님의 불.
　　성부님의 자비, 예수님의 자비, 성령님의 자비.

성부님의 기쁨, 예수님의 기쁨, 성령님의 기쁨.
모두가 똑같으며 모두가 다르며, 모두가 하나이며 모두가 하느님이시다.

† † †

사랑의 주 예수님! —— 1994년 12월 16일

하느님의 사랑은 인간의 사랑이다. 진리(眞理)의 사랑은 선(善)의 사랑이다. 주는 사랑은 곧 받는 사랑이다.
존재의 사랑은 하느님과 하나가 되는 사랑이다. 모든 것을 사랑하는 것은, 모든 사람을 사랑하는 것이다.
도움을 주는 사랑과 치유의 사랑은 하늘나라에 이르는 길을 보여 주는 사랑이다. 기도의 사랑은 7성사의 사랑이다.
마리아님의 사랑은 하느님의 어머니의 사랑이다.
예수님의 사랑은 성령님의 사랑이고, 하느님 아버지의 사랑은 하느님의 사랑이시다.
지닐 가치가 있는 사랑은 구(求)할 가치가 있는 사랑이다. 너와 모든 이를 기다리고 있는 사랑은 바로 생명인 사랑이다.

† † †

환   시 —— 1994년 12월 17일

오늘 아침, 영성체를 하고난 후에, 예수님께서 저에게 오서서 말씀하셨다. "나와 함께 이 길을 걷자. 그리고 이 길이 어디로 인도하는지 보아라."

저는 예수님과 함께 걸어갔는데, 그 분은 나를 하늘나라로 데리고 가셨다. 저는 커다란 옥좌에 하느님 아버지께서 앉아 계시는 것을 보았다(하느님 아버지의 얼굴을 똑똑히 볼 수가 없었다). 그 분의 오른쪽에는 예수님이, 왼쪽에는 성령님이 앉아 계셨다. 그리고 예수님의 아래쪽 왼편에는 성모 마리아님이, 바로 그 아래는 성 요셉님이 있었다. 성령님의 양옆과 아래에는 세 명의 대천사가 있었다.

그리고 대천사 아래쪽에는 성 베드로를 비롯하여 제자들이 일렬로 늘어서 있었다. 그 밑에는 수백만의 천사들과 성인들이 있었는데 모두 하얗게 빛나고 있었다. 성모님의 아래쪽에 있는 모든 이들이 성부님과 성자님과 성령님을 바라보면서 이렇게 말하고 있었다.

"우리는 하느님 아버지를 사랑하고 있습니다. 모든 찬양과 존경과 영광을 성자님과 성령님을 통하여 하느님 아버지께 바칩니다."

모든 이들이 저를 돌아다보고, 저를 껴안으면서 이렇게 말했다. "우리 모두는 당신을 사랑합니다." 저는 기쁨으로 충만했다. 그 곳에 있는 동안 내내 느낀 것은 기쁨과 행복과 환희였다. 그때 예수님께서 저에게 말씀하셨다. "이것이 바로 너와 나의 길을 따르는 모든 사람이 기다리고 있는 모습이다."

† † †

사랑의 주 예수님! —— 1994년 12월 17일

  자비로우신 하느님 아버지께서 자녀들을 바라보면서 말씀하셨다. "너희에게 나의 아들 예수를 보내니, 기뻐하여라. 하느님께서 너희와 함께 계신다."
  성령님께서 자녀들을 바라보면서 말씀하셨다. "너희에게 하느님의 아드님을 보내니, 기뻐하여라. 하느님께서 너희 속에 계신다."
  구원의 예수님께서 자녀들을 바라보면서 말씀하셨다. "너희에게 나는 사랑과 평화로 찾아와서 너희에게 구원을 주리라. 너희의 마음을, 네 자신을 나에게 활짝 열어라."

† † †

사랑의 주 예수님! —— 1994년 12월 17일

  너 자신을 내 안에서 거룩하게 하여라. 너 자신을 내 안에서 구원하여라. 변형된 세속의 너 자신을 내 안에 버리고, 내 안에서 본래의 너 자신을 찾아라.
  너 자신을 내 안에서 몸치장하여라. 나의 선물로 너 자신을 꾸미고 너 자신을 버림으로써 풍성해지거라.
  참된 사랑은 영원히 계속된다. 참된 희망은 결코 죽지 않는다. 그리고 참된 영혼은 하느님과 하나가 된다.
  내가 너를 믿는 것처럼 나를 믿고, 내가 너를 사랑하는 것처럼 나를 사랑하고 그리고 내가 네 안에 있는 것처럼 항상 내 안에 있도록 하여라.

†††

사랑의 주 예수님! ── 1994년 12월 18일

　　사랑을 위하여 기도하고, 기쁨을 위하여 기도하고 그리고 예수님을 위하여 기도하여라. 사랑을 찾고, 기쁨을 찾고 그리고 예수님을 찾아라.
　　사랑 안에서 살고, 기쁨 안에서 살고 그리고 예수님 안에서 살아라.

†††

살아 계신 성령님! ── 1994년 12월 18일

　　자비를 위하여 주님을 찬양하고, 은총을 위하여 주님을 찬양하고, 사랑을 위하여 주님을 찬양하여라.
　　── 오로지, 항구하게 주님을 찬양하여라.
　　포도주를 마셔라! 그 포도주는 곧 예수님이시다. 빵을 먹어라! 그 빵은 곧 예수님이시다. 사랑을 통하여 하느님과 하나가 되어라! 사랑은 곧 예수님이시다.

†††

살아 계신 성령님! —— 1994년 12월 18일

　　네 인생은 한 순간에 지나지 않지만, 너는 영원을 획득할 수 있다. 그것을 사랑 안에서 획득하느냐, 아니면 미움 안에서 획득하느냐 하는 것은 네가 지금 어떻게 사느냐에 달려 있다. 그것은 하늘나라에 계신 아버지, 창조주께 네 영혼이 얼마나 진실되냐에 전적으로 달려 있다. 네 인생을 하느님 안에서 살아 갈 것인가, 아니면 하느님께 등을 돌리고 살아 갈 것인가를 결정해야 한다. 이것은 네 자유로운 선택에 달려 있는 것이다.

　　네가 인생에서 내리는 모든 결정은 하느님을 위한 결정이 되거나, 하느님을 거스르는 결정이 될 것이다. 네가 내딛는 모든 걸음은 하느님께로 가는 걸음이거나, 하느님으로부터 멀어져 가는 걸음이 될 것이다. 네가 하는 모든 행동은 하느님을 위한 행동이거나, 하느님을 배반하는 행동이 될 것이다. 그리고 네가 하는 모든 생각은 하느님께 대한 생각이거나, 하느님으로부터 너를 떼어 놓는 생각이 될 것이다.

　　모든 기도는 하느님께 드리는 선물이 될 수도 있지만, 생각이 모자라는 문구나, 의미 없는 문장이나, 아무 것도 아닌 것이 될 수가 있다. 모든 사람은 하느님께서 창조하신 참된 영혼이 될 수도 있지만, 하느님께서 실망하시는 어둠의 영혼이 될 수가 있다. 그 선택은 오로지 네가 해야 한다. 그러므로 반드시 올바른 선택을 하도록 하여라.

† † †

살아 계신 성령님! ── 1994년 12월 18일

  남편과 아내는 하느님과 더불어 한 몸이다. 남자와 여자는 하느님과의 일치, 하느님과의 사랑, 하느님의 눈 안에서 결합한다. 둘이 하나가 되고, 하나가 둘이 된다. 남편은 아내를 위하여 있고, 아내는 남편을 위하여 있다. 그러므로 한 몸의 절반이다. 사랑으로 결합된 것은, 절대로 갈라지지 않는다.
  예수님의 성심을 통하여 하느님 아버지와 결합된 것은, 결코 갈라서지 못한다. 여자를 위한 남자의 사랑과 남자를 위한 여자의 사랑은, 함께 하늘 나라에서 기름 부음을 받게 된다.

✝ ✝ ✝

환 시 ── 1994년 12월 18일

  제병을 축성한 후에, 흰색으로 빛나고, 그 주위에 황금색과 흰색의 광선이 반짝이는 것을 보았다.

✝ ✝ ✝

자비의 천주 성부님! ── 1994년 12월 19일

  기도를 할 적마다 네 영혼은 사랑 안에서 뛰어 놀고, 기쁨 안에서 뛰어 놀고, 예수 안에서 뛰어 논다.
  너의 사랑과 찬양의 말이 하늘 나라에 받아들여지면, 그것은 네 영혼을 위한 행복과 함께 되돌아온다.

　　기도를 하는 모든 사람에게 나는 선물을 준다. 그러나 사람들은 정말로 무엇을 받고 있는지를 이해하지 못한다. 사람들은 나의 사랑을, 나의 빛을, 나를 받고 있는 것이다. 그리고 생명의 충만함을 받고, 참된 영광을 받는다.

　　사람들은 나의 모든 은총을 받고, 나의 모든 사랑을 받고, 나의 아들 예수와 성령을 통해서 나를 받는다. 기도는 얼마나 놀라운 선물인가! 얼마나 놀라웁고 추구해야 할 재산인가! 얼마나 놀라운 기쁨인가! 얼마나 놀라운 사랑인가!

† † †

자비의 천주 성부님! —— 1994년 12월 19일

　　사랑은 유일한 진리이다. 하느님은 유일한 진리이다. 예수는 유일한 진리이다. 나의 아들 예수는 사랑이요, 진리요, 하느님이다.

† † †

사랑의 주 예수님! —— 1994년 12월 19일

　　나의 길을 따르는 것은 놀라운 선물이다. 길을 따라 걸어가다 보면, 사랑하고 베풀고 행복해질 기회가 너무나 많이 올 것이다. 반면에 이 길에는 또한 인간을 유혹하기 위한 함정, 발을 걸어 넘어뜨리려는 바위와, 길을 가로막는 장애물이 널려 있다.
그러나 그것들의 정체를 알게 되면 나의 사랑으로, 극복할 수 있을 것이다.

† † †

자비의 천주 성부님! ──── 1994년 12월 20일

이 세상의 아이들은 모두 하늘 나라의 자녀들이다. 이 세상의 아이들은 모두 하느님의 자녀들이다. 그리고 이 세상의 아이들은 모두 사랑의 자녀들이다.
하느님의 자녀들이고, 사랑의 자녀들이고, 예수의 자녀들이다. 희망의 자녀들이고, 영원한 진리의 자녀들이고, 성령의 순결한 자녀들이다. 그 아이들은 기쁨의 자녀들이고, 완전무결한 자녀들이고, 하느님의 자녀들이고, 사랑의 자녀들이다.

† † †

자비의 천주 성부님! ──── 1994년 12월 21일

예수를 믿는 것은 가장 중요한 일이다. 구세주의 손에, 곧 나의 아들 예수 그리스도의 손에, 자기 자신을 맡기는 것은 평화와 행복에 이르는 참된 길이다. 예수를 통해서 너를 나와 결합시키면, 영원한 기쁨을 누리게 될 것이다.

「예수님의 눈으로」 시리즈 : "앨런 에임스가 받은 사랑의 메시지 6"

†††

자비의 천주 성부님! ── 1994년 12월 21일

　　바위와 같이 무거운 마음은, 사랑으로 움직일 수가 있다. 얼음과 같이 차가운 마음은, 사랑으로 녹일 수가 있다. 마음 속의 죄는, 사랑으로 깨끗이 씻어낼 수가 있다.
　　그 사랑은, 곧 나의 아들 예수 그리스도이다.

†††

살아 계신 성령님! ── 1994년 12월 21일

　　하느님의 사랑에 영혼을 여는 것은, 인간이 영원한 행복을 찾을 수 있는 유일한 길이다. 하느님의 자비에 영혼을 여는 것은, 인간이 영원한 기쁨을 찾을 수 있는 유일한 길이다.
　　하느님의 용서에 영혼을 여는 것은, 인간이 영원한 평화를 찾을 수 있는 유일한 길이다. 사랑과 기쁨과 평화는, 곧 예수님이시다.

†††

환　　시 ── 1994년 12월 21일

　　미사 때 감실을 바라보고 있는데, 성작과 성체가 함께 흰

구름 속에서 빛나고 있었다.

† † †

살아 계신 성령님! —— 1994년 12월 21일

    성체는 너의 양식이다. 성체는 너의 사랑이다.
  —— 성체(聖體)는 너의 모든 것이다.

† † †

살아 계신 성령님! —— 1994년 12월 21일

    주님을 환호하고, 성부님을 찬양하고, 성자님을 경배하고, 성령님을 찬미하여라. 예수님을 사랑하는 그 기쁨을 성령님과 함께 찬양 노래하고, 영혼으로…… 마음으로 찬양 노래하여라.
    예수님을 사랑하는 그 영광을 큰 목소리로 외치고, 사랑의 기쁨으로 외치고, 온 존재를 담아서 외치거라.
    사랑 안에서 기뻐하고, 하느님과 하나가 된 것을 기뻐하고, 예수님 안에서 기뻐하여라. 행복 안에서 춤추고, 환희 안에서 춤추고, 예수님과 함께 춤추어라. 사랑 안에서 걷고, 예수님과 함께 걷고, 하늘나라로 걸어 가거라.

† † †

자비의 천주 성부님! —— 1994년 12월 22일

　　기쁨은 예수 안에서 시작되고 끝나도다. 생명은 예수 안에서 시작되고 끝나도다. 소망은 예수 안에서 시작되고 끝나도다.
　　영원한 기쁨과 생명과 소망은, 곧 하느님의 아들인 예수 그리스도이다.

† † †

자비의 천주 성부님! —— 1994년 12월 22일

　　참된 길이란 사랑의 길이고, 참된 길이란 기쁨의 길이며, 참된 계단이란 소망의 계단이다.
　　길의 도중에 있는 모든 계단은, 예수에게로 인도하는 길이다.

† † †

환　　시 —— 1994년 12월 23일

　　비행기 속에서 삼위일체 묵주기도를 드리는 동안 (「주님의 기도」(33번) 「영광송」(3번)) —— 저는 마음 속에서 환시를 보았다. 제1단 11회의 「주님의 기도」를 드리는 동안, 저는 하느님 아버지를 상징하는 황금빛 광선을 보았다. 제2단 11회의 「주님의 기도」를 드리는 동안, 저는 예수님을 상징하는 황금빛 가시 면류관을 보았다. 제3단 11회의 「주님의 기도」를 드리는 동안, 저는 성령님의 황금빛 불꽃을 보았다.

황금빛 불꽃이 불 속에서 날아 올라, 마음과 영혼 속으로 들어와 제 안에서 황금빛 불꽃이 되었다.

† † †

사랑의 주 예수님! —— 1994년 12월 24일

즐거움을 위한 날, 사랑을 위한 날은 예수님을 위한 날, 예수님을 위한 기쁜 날이다.

가정을 위한 날, 하느님을 위한 날은 하느님의 가정을 위한 날, 너의 가정을 위한 날이다.

진리를 위한 날, 지혜를 위한 날은 하느님의 용서를 위한 날, 너의 가족이 회개하는 날이다.

받기 위한 날, 베풀기 위한 날은 하느님과 하나가 되는 날, 너의 가족이, 곧 성가정이 되는 날이다.

사람을 위한 날, 하느님을 위한 날은 사람이시며 하느님이신 예수님을 위한 날이다.

진리 중의 진리, 사랑 중의 사랑, 기쁨 중의 기쁨은 예수님이시다. 하느님의 아드님, 사람의 아드님, 사랑의 아드님은 곧 예수님이시다.

† † †

사랑의 주 예수님! —— 1994년 12월 25일
(아기 예수님!)

나는 사랑한다. 나는 사랑한다. 그리고 나는 너를 사랑한다. 나는 인간을 있는 그대로 사랑한다. 나는 어떤 사람이라도 인간을 사랑한다. 그리고 나는 어떤 사람이 될 수 있도록 인간을 사랑한다.

인간은 자신에게 주는 나의 사랑을 받아들이기만 하면, 하늘 나라에서 영원히 나와 함께 사랑 안에서 살게 될 것이다.

† † †

사랑의 주 예수님! —— 1994년 12월 25일

어머니의 눈, 사랑의 눈, 자비의 눈.
—— 이것은 나의 어머니이신 마리아님의 눈이다.

† † †

사랑의 주 예수님! —— 1994년 12월 25일

사랑의 따스함으로 충만한 어머님의 품 안에 안겨 있었다. 사랑의 고동소리를 느끼면서 어머님의 심장 가까이에 안겨 있었다. 오오! 너무나 순수하고, 오오! 너무나도 사랑으로 가득 찬 어머님의 영혼 가까이에 안겨 있었다.

온 인류는 자신을 위해 기다리고 있는 사랑을 받아들이기만 한다면, 성모님의 품 안에 안겨 있을 수가 있다. 온 인류는 어머님의 따뜻한 보살핌과 이해를 받을 수가 있다. 그리고 온 인류는 성모님의 사랑과 다정함을 받아들이기만 한다면, 마리아님의 자녀가 될 수가 있다. 온 인류는 하느님의 어머님이시며 사람(예수님)의 어머니이신 마리아님을 사랑할 수가 있으며, 또한 마리아님의 사랑을 받을 수가 있다.

† † †

사랑의 주 예수님! —— 1994년 12월 25일

세상 사람들에게 주신 하느님의 선물을 오늘 축하하여라. 세상 사람들에게 베푸신 하느님의 자비를 오늘 축하하여라.
그리고 세상 사람들에게 주신 하느님의 용서를 오늘 축하하여라. 그 선물과 자비와 용서는, 곧 예수님이시다.

† † †

사랑의 주 예수님! —— 1994년 12월 25일

세세대대를 통하여 나는 인류를 사랑해 왔으며, 영원히 나는 인류를 사랑할 것이다.
그리고 언제까지나 나는 인류의 사랑을 기다릴 것이다.

† † †

환　　시 —— 1994년 12월 25일

　　미사 때, 알몸의 아기 예수님의 몸으로부터 흰색과 황금색 광선이 쏟아져 나오는 것을 보았다.

† † †

자비의 천주 성부님! —— 1994년 12월 26일

　　하느님께 의지하는 것은, 광신자가 되는 것을 의미하지 않는다. 하느님께 의지하는 것은, 다른 사람들에게 자신의 뜻을 강요하는 것을 의미하지 않는다. 그리고 하느님께 의지하는 것은, 남을 해치는 것을 의미하지 않는다.
　　하느님께 의지하는 것은, 예수의 이름으로 이야기하고, 베풀고, 사랑함으로써 다른 사람들과 함께 나누는 조용하고 확신에 찬 사랑을 의미한다.
　　하느님께 의지하는 것은, 하느님의 사랑 안에서 하나가 되는 것과 형제자매와 하나가 되는 것을 의미한다.
　　하느님께 의지하는 것은, 하느님을 소리 높이 찬양하고 감사드리는 것을 의미한다. 그리고 하느님께 의지하는 것은, 평화를 의미한다. 하느님께 의지하는 것은, 악을 부인하고 악에 대항해서 일어나는 것을 의미한다. 하느님께 의지하는 것은, 예수를 주님으로 항상 선포하는 것을 의미한다.

† † †

자비의 천주 성부님! ── 1994년 12월 26일

　한처음부터 하느님께서는 존재했으며, 하느님께서는 항상 존재하고, 영원히 존재하실 것이다.

† † †

살아 계신 성령님! ── 1994년 12월 27일

　성령님 안에 사랑이 있고, 성령님 안에 희망이 있으며, 성령님 안에 믿음이 있다. 성령님께 구하기만 한다면, 너희에게 모두 주실 것이다. 그러므로 성령님께 구하기만 하여라.

† † †

자비의 천주 성부님! ── 1994년 12월 28일

　　진리 중의 진리는 나의 아들 예수이다.
　　희망 중의 희망은 나의 아들 예수이다.
　　믿음 중의 믿음은 나의 아들 예수이다.
　　빛 중의 빛은 나의 아들 예수이다.
　　은총 중의 은총은 나의 아들 예수이다.
　　하느님 중의 하느님은 나의 아들 예수이다.

하느님은 나의 아들 예수이다.

† † †

자비의 천주 성부님! —— 1994년 12월 28일

　　행복의 입김 뿐, 기쁨의 일별(一瞥) 뿐, 하느님과의 스침 뿐. 이것이 예수가 이 세상에서 보낸 시간이다.

† † †

자비의 천주 성부님! —— 1994년 12월 28일

　　세세대대로 인류는 예수를 사랑해야 하고, 새벽부터 해질 때까지 인류는 예수를 원해야 하고, 매순간 인류는 예수를 필요로 해야 한다.
　　그러나 많은 사람들은 이것을 깨닫거나 이해하지를 못한다. 많은 사람들은 자기 자신과 다른 사람들을 속이고 있으며, 인류는 예수가 진리(眞理)라는 사실을 잊어버리고 있다.

† † †

환　　시 —— 1994년 12월 28일

　　오늘 미사가 끝난 후, 저는 대성당의 성녀 데레사상 앞에서 있었다. 그때 성녀 데레사상이 울기 시작했다. 눈에서는 눈물이 흘러 내리고, 얼굴이 슬퍼 보였다.
　── 나중에, 예수님께서 저에게, 그 녀는 낙태 수술로 살해당한 모든 태아를 위해 울었다고 말씀해 주셨다.

✝ ✝ ✝

사랑의 주 예수님! ── 1994년 12월 28일

　자신의 주위를 둘러보아라. 그리고 헛되이 낭비(浪費)된 사랑을 보아라. 자신의 주위를 둘러보아라. 그리고 파괴(破壞)된 기쁨을 보아라.
　자신의 주위를 둘러보아라. 그리고 쓸모 없다고 여겨진 생명(生命)을 보아라. 그 생명은 기쁨과 사랑을 누려야 하는 데도 그런 기회(機會)가 주어지지 않고 있다.

✝ ✝ ✝

모든 가정의 주보 성 요셉님! ── 1994년 12월 28일

　모든 사람의 참된 아버지가 되고, 모든 사람의 참된 아들이 되어라.
　── 그리고 모든 사람의 참된 형제가 되어라.

✝ ✝ ✝

자비의 천주 성부님! —— 1994년 12월 30일

　　사랑 안에서 걷는 것은, 하느님을 사랑하는 길이다. 희망 안에서 걷는 것은, 하느님께 희망을 갖는 길이다. 믿음 안에서 걷는 것은, 하느님을 굳게 믿는 길이다.
　　이것은 대단히 어려운 일이지만, 그 보상은 참으로 엄청나게 크다.

† † †

사랑의 주 예수님! —— 1994년 12월 30일

　　예수님은 사랑으로 지켜보고 계신다. 예수님은 사랑으로 기다리고 계신다. 왜냐 하면, 예수님은 곧 사랑이시기 때문이다.

† † †

사랑의 주 예수님! —— 1994년 12월 30일

　　멀고먼 불모의 땅에 베들레헴이라고 부르는 작은 도시가 있었다. 그 작은 도시는 전세계 어느 도시보다도 중요한 도시가 되었다. 이 도시에서 하늘 나라의 하느님 아버지께로 길을 인도하는 빛이 태어났기 때문이다. 이 곳에서 하느님의 외아들 예수님이 태어났기 때문이다.
　　인류를 구원하기 위하여 하느님 아버지께서 당신의 아들

을 이 세상에 보내시면서 말씀하셨다. "나는 너를 사랑한다. 그리고 항상 너와 함께 있기를 원한다!" 하느님께서는 당신의 특별한 선물을 가지고 하느님과 인간 사이의 유대(紐帶)가 얼마나 강했으며, 지금도 얼마나 강한가를 인류에게 보여 주셨다.

―― 겸손과 보살핌을 가지고, 하느님의 아드님 예수님께서는 삶을 어떻게 살고, 삶을 어떻게 즐기고, 삶은 어떤 의미를 가져야 하는가를 보여 주셨다.

이 모범을 따르면, 사람의 영혼은 반드시 하늘 나라에 계신 하느님께로 돌아갈 수 있다. 이 모범을 따르면, 평화가 최고의 세력을 떨칠 수 있다. 이 모범을 따르면, 모든 사람이 사랑의 참된 영혼이 될 수 있다. 이 모범을 따르면, 사람의 영혼이 반드시 하느님의 영광 속으로 올라갈 수 있다.

† † †

사랑의 주 예수님! ―― 1994년 12월 30일

사랑의 증거자, 기쁨의 증거자, 은총의 증거자는 나의 성인(聖人)들이다.

† † †

환　시 ―― 1994년 12월 30일

슬픈 얼굴을 하고 눈물을 흘리시는 성모님을 보았다. 성모상이 차차 변하더니 하얗게 빛났다. 그리고 장미꽃 향기가 퍼졌다.
　　　── 주위에 그 사랑의 향기가 그윽했다.

†††

환　　시 ── 1994년 12월 31일

　　오늘 아침 성찬식 후에, 예수님께서 나타나시어 저에게 말씀하셨다. "내 손을 잡고 함께 걸어가자." 예수님께서는 장미꽃이 된 수많은 붉은 성심을 통해서 저를 이끌어 가셨다.
　　그리고 하나의 커다란 붉은 장미꽃, 성심 앞에 도달했다.

†††

사랑의 주 예수님! ── 1994년 12월 31일

　　너를 하느님께로 더욱 가까이 데려다 주는 한 해의 끝은, 너를 하느님께로 인도해 가는 발걸음의 시작이다.
　　앞으로 다가올 새해에는 나의 사랑 안에, 곧 예수님 안에 너를 완전히 맡기게 될 것이다.

†††

환　　시 ── 1994년 12월 31일

성모님한테서 장미꽃 향기가 났다.

† † †

살아 계신 성령님! —— 1995년 1월 1일

　　새로운 시작의 행복을 맛보아라. 새로운 출발의 기쁨을 느끼어라. 그리고 새해에는 사랑을 하여라. 그리스도님을 사랑하기 시작하고 예수님 안에서 새로운 출발을 하여라. 그리고 새해에는 하느님의 아드님, 예수 그리스도님을 통해서 하느님을 발견하여라.
　　거룩하신 분 중의 거룩하신 분, 성체 중의 성체, 왕 중의 왕은 성체 안의 예수님이시다. 하느님의 아드님, 사람의 아드님, 아드님 중의 아드님은 주 예수님이시다.
　　희생 중의 희생, 선물 중의 선물, 사랑 중의 사랑은 십자가상의 예수님이시다.
　　기쁨 중의 기쁨, 환희 중의 환희, 빛 중의 빛은 부활하신 예수님이시다.
　　인간의 사랑, 인간의 희생은 인간에게 보내주신 성체 안의 예수님이시다.

† † †

살아 계신 성령님! —— 1995년 1월 1일

인간에게 배반당하고 하느님과 결합하셨다. 인간에게 실망하고 하느님의 사랑을 받으셨다. 인간과 헤어지고 하느님과 하나가 되셨다.

사랑을 위해 부수어지고, 사랑으로 부활하셨다. 십자가 상에서 죽어서 하늘 나라의 왕이 되셨다. 육신으로부터 떨어져 나가 성령님과 하나가 되셨다.

생명이 끊어지고, 하느님으로써 영원한 생명이 되셨다.

† † †

사랑의 주 예수님! —— 1995년 1월 1일

하느님의 어머니께서 당나귀 등에 타고 구세주를 인류에게 데려 오셨다. 인류의 구세주께서는 당나귀의 등에 타고, 당신을 하느님께 산 제물로 바치기 위해 오셨다.

† † †

살아 계신 성령님! —— 1995년 1월 1일

성부님과 성자님과 성령님은, 한 분이신 하느님이시며 삼위일체이시다.

† † †

살아 계신 성령님! ── 1995년 1월 1일

　　나를 믿고, 나에게 희망을 걸고, 나에게 너를 맡겨라. 내 손에 믿음을 가지고 네 영혼을 맡겨라. 내 손에 희망을 가지고 네 자신을 맡겨라. 그리고 내 손에 네 정신을 맡기고 참된 자아(自我)가 되어라.
　　어머니의 날, 어머니의 축일은 어머니의 시간이다. 성모님은 모든 이의 어머니, 하느님의 어머니, 어머니들의 어머니이다. 모든 이를 위한 어머니의 날, 모든 이를 위한 어머니의 시간 그리고 모두가 함께 나누기 위한 어머니의 축일이다.

† † †

사랑의 주 예수님! ── 1995년 1월 1일

　　어머니의 사랑을 느끼는 것은 축복이다. 어머니의 다정함을 느끼는 것은 기쁨이다. 그리고 어머니의 온화함을 느끼는 것은, 너무나도 소중한 것이다.

† † †

사랑의 주 예수님! ── 1995년 1월 1일

　　동정녀 중의 동정녀, 여왕 중의 여왕, 성녀 중의 성녀, 하느님의 어머니!

†††

사랑의 주 예수님! —— 1995년 1월 1일

　　장미꽃 중의 장미꽃, 향기 중의 향기, 감미로움 중의 감미로움, 하느님의 어머니!

†††

자비의 천주 성부님! —— 1995년 1월 1일

　　일어나서 사랑 안에서 걸어라. 일어나서 평화 안에서 걸어라. 그리고 일어나서 기쁨 안에서 걸어라. 사랑과 평화와 기쁨은 곧 예수이다.
　　세상 사람들로 하여금 나의 말씀에 눈뜨게 하여라. 세상 사람들로 하여금 나의 아들 예수에게 눈뜨게 하여라. 그리고 세상 사람들로 하여금 나의 자비에 눈뜨게 하여라. 말씀과 성자와 자비는 모두가 같고, 모두가 하나이다.
　　예수 안에서 의기양양하게 걸어라. 성령 안에서 의기양양하게 걸어라. 그리고 네 아버지인 나를 위하여 의기양양하게 걸어라. 한 분이신 참 하느님 안에서 의기양양하게 걸어라.
　　사랑을 큰 소리로 말하여라. 평화(平和)를 큰 소리로 말하여라. 순결을 큰 소리로 말하여라.

그리고 하느님을 자신있게 큰 소리로 말하여라!

†††

자비의 천주 성부님! —— 1995년 1월 1일

　　끝까지 경주를 하여라. 길이 끝날 때까지 걸어라. 그리고 하느님의 참된 아들인 예수와 함께 길을 걸어라.

†††

살아 계신 성령님! —— 1995년 1월 3일

　　영혼(靈魂)은 사랑의 상징이 될 수도 있고, 미움의 징표가 될 수도 있다. 그 선택은 그 영혼에게 달려 있다.
　　만일 영혼이 잘못된 길을 선택한다면, 영원히 슬픔 속에서 살게 될 것이다. 곧 영원히 고통 속에서 살게 될 것이다.
　　그러나 영혼이 올바른 길을 선택한다면, 영원히 사랑 속에서 살게 될 것이다. 곧 영원히 기쁨 속에서 살게 될 것이다.
　　올바른 길은, 오로지 하나 밖에 없다. 그것은 곧 참 하느님이시고, 참 사랑이신 예수 그리스도님의 길이시다.

†††

사랑의 주 예수님! —— 1995년 1월 3일

다른 사람들의 필요를 이해하려고 노력하는 것은 대단히 어려운 일이다. 때때로 다른 사람들은 자신의 필요를 이해하지 못하고 있는 경우가 있다. 그 때는 그것이 무엇인지를 사랑으로 알려 줄 필요가 있다. 어떤 사람들은, 하느님께서 당신의 사랑 안에서 생활할 것을 인류에게 요구하셨는 데도, 무엇을 요구하셨는지를 이해하지 못하고 있다. 하느님께서는 네 자신을 맨나중에 놓고, 하느님을 맨앞에 놓기를 요구하시고, 또한 네가 대접받기를 원하는 것처럼 남을 대접할 것을 요구하셨다. 이렇게 하려면, 너의 주님이신 하느님의 요구에 네 자신을 활짝 열고 살아야 한다.

하느님의 요구는 일목요연하시다. 하느님의 요구는 성서 안에 담겨 있다. 하느님의 말씀을 따르고, 하느님의 사랑을 따르고, 예수님을 따르라. 예수님께서는 성령님과 사랑을 자녀들에게 주시겠다고 말씀하셨다. 그러나 많은 사람들은 이것을 진심으로 믿지 않고, 그들은 성령님과 사랑 대신에 자기 자신의 요구를 내세웠다.

예수님의 자비는 시간을 초월한 것이므로, 예수님의 자비를 영원히 선포해야만 한다. 자비로우신 예수님은 역시 하느님이시기 때문에, 하느님의 자비는 모든 것 위에 군림한다. 그리고 예수님의 진리는 영원히 존재하며, 예수님의 말씀은 영원하시다. 그리고 예수님의 자비를 따르는 것은, "말씀은 영원하시다!" 하는 진리를 따르는 것이다. 예수님의 자비는 곤경에 처해 있는 모든 사람을 위한 것이다.

† † †

자비의 천주 성부님! —— 1995년 1월 4일

　　성전 안에는 사랑의 제물이 있고, 십자가상에는 하느님의 제물이 있고, 네 마음 안에는 그리스도의 제물이 있다.
　　참 사랑은, 인간을 위하여 고통받았다. 참 사랑은, 인간을 위하여 희생하였다. 참 사랑은, 인간을 위하여 부활하였다.
　　사랑의 시간, 기쁨의 시간, 수난(受難)의 시간, 고통(苦痛)의 시간, 미움의 시간은 십자가상의 시간이었다.
　　사랑에 대해서 이야기하고, 기쁨에 대해서 이야기하는 것은, 예수에 대해서 이야기하는 것이다.

† † †

살아 계신 성령님! —— 1995년 1월 5일

　　나의 사랑을 느끼고, 나의 기쁨을 느끼고, 나의 다정함을 느끼어라. 왜냐 하면, 하느님의 사랑과 하느님의 기쁨과 하느님의 다정함이기 때문이다.
　　나의 도움을 구하고, 나의 힘을 구하고, 나의 평화를 구하여라. 왜냐 하면, 하느님의 도움과 하느님의 힘과 하느님의 평화이기 때문이다.
　　나의 빛을 구하고, 나의 위안을 구하고, 나의 희망을 구하여라. 왜냐 하면, 빛과 위안과 희망은 하느님 안에서 발견되기 때문이다.
　　그것을 어떻게 구하면 되는가? 예수님 안에서 구하고 찾으면 된다. 예수님을 통하는 것은 하느님께 이르는 길이다. 왜냐 하면, 예수님은 하느님과 하나이시기 때문이다.
　　예수님은 성부님과 성령님과 함께 하느님이시다. 그러므로 예수님께 구하면, 곧 성부님과 성령님에게 구하는 것이 된다.

† † †

살아 계신 성령님! —— 1995년 1월 5일

　　하느님의 어린 양은 사람의 사랑이시다.
　　사람의 산 제물은 하느님의 사랑이시다.

† † †

자비의 천주 성부님! —— 1995년 1월 7일

　　믿고 또 믿고 믿어라. 사랑을 믿고 하느님을 믿는 것은, 사랑이며 하느님인 나의 아들 예수를 믿는 것을 의미한다.
　　네 자신을 하느님께 가져가고, 네 자신을 사랑에 가져가는 것은, 하느님이고 사랑인 나의 아들 예수에게 네 자신을 가져가는 것을 의미한다.
　　네 자신을 하느님께 맡기고, 네 자신을 사랑에 맡기는 것은, 하느님이고 사랑인 나의 아들 예수에게 네 자신을 맡기는 것을 의미한다.

하느님과 하나가 되고, 사랑과 하나가 되는 것은, 하느님 이고 사랑인 나의 아들 예수와 하나가 되는 것을 의미한다.
네 자신을 하느님의 것으로 만들고, 네 자신을 사랑으로 만드는 것은, 네 자신을 나의 아들 예수의 것으로 만드는 것을 의미한다. 왜냐 하면, 예수는 하느님이고 사랑이기 때문이다.

† † †

살아 계신 성령님! —— 1995년 1월 7일

사랑으로 하느님을 위해 앞으로 밀고 나아가라.
베푸는 것으로 하느님을 위해 앞으로 밀고 나아가라.
받아들이는 것으로 하느님을 위해 앞으로 밀고 나아가라.
모든 사람을 사랑하고 모든 사람에게 베풀면, 곧 하느님으로부터 모든 것을 받게 된다.

† † †

자비의 천주 성부님! —— 1995년 1월 8일

나의 아들 예수를 통하여, 나와 하나가 되도록 네 마음과 네 영혼과 네 정신을 바꾸어라. —— 곧바로 새롭게 바꾸어라!

† † †

환   시 —— 1995년 1월 8일

예수님의 성심과 마리아님의 티없이 깨끗하신 성심이 결합해서 하나가 되는 것을 보았다. 그 주위는 흰 장미꽃과 가시로 둘러싸여 있었다.

† † †

사랑의 주 예수님! —— 1995년 1월 8일

사랑의 십자가, 정의와 구원의 은총의 십자가.
하느님께서는 당신의 외아들 예수를 통해서 인류에 대한 사랑을 보여주셨다. 인간의 죄를 용서하고, "나는 너를 사랑한다!"고 말씀하셨을 때, 예수님은 정의를 보여 주셨다.
그리고 인류를 위하여 피를 흘리시고, 모든 사람에게 심장을 내놓았을 때, 예수님은 구원(救援)의 은총을 보여 주셨다.

† † †

사랑의 주 예수님! —— 1995년 1월 8일

내가 홀로 십자가 상에 매달려 있을 때, 나의 어머니는 그 밑에 서서 나의 수난(受難)과 고통(苦痛)을 함께 하고 계셨다.
채찍이 나의 영혼(靈魂)에 깊이 파고 들어오고, 가시가 나의 살갗 속으로, 나의 존재 속으로 찢고 들어올 때에도, 그 혹독한 시련(試鍊)을 함께 견디어냈다. 십자가가 어깨 속으로, 내 가슴 속으로 파고들 때에도, 못이 나의 손과 발에 그리고 나의 영혼에 깊이 박힐 때에도, 내가 십자가상에서 학대를 당할 때에도 그리고 쓸개를 탄 포도주를 마시고 있을 때에도, ── 나의 어머니는 함께 견디어 내셨다!

　　창이 나의 존엄성을 짓밟기 위한 마지막 수단으로 나의 가슴을 꿰뚫고 들어왔음에도 불구하고, 나는 너를 사랑하고 용서했다. 나는 지금도 너희를 사랑하고 용서하고 있다. 왜냐 하면, 십자가상의 희생(犧牲)은 옛날이나 지금이나 영원하기 때문이며, 십자가상의 사랑은 옛날이나 지금이나 영원하기 때문이다.

　　나는 베풀었으며 계속 베풀 것이다. 너는 지금도 나의 선물을 받아들일 용기를 갖고 있는가? 또 내가 베푸는 것을 알고 이해할 수 있는가? 너희는 내가 베푸는 것을 받아들이고, 그 대신에 영원히 나와 함께 할 각오를 갖고 있는가?!

†　†　†

사랑의 주 예수님! ── 1995년 1월 9일

　　나는 세상에 사랑으로 와서 우정의 손을 뻗고, 나의 성심과 나 자신을 인류에게 주었다. 더 이상 내가 무엇을 할 수 있겠는가? 나로 하여금 네 안에 들어가서 네 마음과 영혼과 하나가 되도록 하여라.

　　너희 모두는 하늘나라에서 하느님 아버지와 함께 행복하게 영원히 살 수가 있다. 너희는 사랑의 결혼으로 결합해서 한 마음, 한 사랑의 가족이 될 수가 있다.

† † †

사랑의 주 예수님! ── 1995년 1월 9일

　　나의 심장에서 흘러 내린 핏방울이 사랑의 성작을 채울 것이다. 나의 심장에서 흘러 내린 핏방울이 인간의 영혼으로부터 죄를 씻어낸다. 나의 심장에서 흘러 내린 핏방울이 나를 인간의 영혼 속으로 데려다 준다. 나의 심장에서 흘러 내린 핏방울이 내가 인류를 위해 지니고 있는 자비를 보여 준다.

† † †

자비의 천주 성부님! ── 1995년 1월 10일

　　사랑의 징표, 기쁨의 향기는 나의 아들 예수이다. 하늘나라의 꽃, 인류를 위한 수난은 나의 아들 예수이다.
　　하늘나라의 성체, 사랑의 빵은 나의 아들 예수이다.
　　사랑의 길, 생명의 길은 나의 아들 예수이다.
　　사람 안의 하느님, 하느님 안의 사람은 곧 나의 아들 예수이다.

† † †

자비의 천주 성부님! —— 1995년 1월 10일

　십자가의 그림자 아래에 온 세상 사람들이 서 있다. 사랑의 그림자 아래에 온 세상 사람들이 서 있다.
　자비의 그림자 모두 아래에 온 세상 사람들이 서 있다.
　나의 아들 예수가 십자가상에서 사랑과 자비를 그들 모두에게 보여 주었다.

† † †

사랑의 주 예수님! —— 1995년 1월 10일

　예수님을 찬양하고 기도하여라. 그리고 사랑하고 기뻐하여라. 하느님을 찬양하여라. 그리고 그 분의 은총을 위하여 기도하여라. 하느님을 사랑하여라. 그리고 기도 중에 기뻐하여라.
　예수님은 네 기쁨의 기도를 듣기를, 늘 좋아하시는 하느님이시다.

† † †

자비의 천주 성부님! —— 1995년 1월 11일

　한 순간에 네 인생이 바뀔 수가 있다. 한 순간에 네 영혼이 바뀔 수가 있고, 한 순간에 네 존재 전체가 새로워질 수 있다. 이 순간은, 나의 아들 예수가 너를 만지는 순간이다.

이 순간은, 하느님의 사랑과 자비의 순간이다.
이 순간은, 그것을 원하는 모든 사람을 위한 순간이다.
이 순간은, 그것이 필요한 모든 사람을 위한 순간이다.
이 순간(瞬間)은, 모든 사람을 위한 것이다.

†††

자비의 천주 성부님! ── 1995년 1월 11일

나의 사랑,
하느님의 사랑을 무조건 받아들일 때에만, 나의 말씀을 완전히 받아들일 때에만, 그리고 나의 성령을 내면(內面)에 받아들일 때에만, 인간은 창조(創造)된 그대로 삶을 살 수가 있다.

†††

자비의 천주 성부님! ── 1995년 1월 12일

진리 중의 진리는 나의 아들 예수이다. 마음 중의 마음은 나의 아들 예수이다. 은총 중의 은총은 나의 아들 예수이다.
네 마음 속에 진리를 간직하고, 은총 안에서 살아라. 진리를 따르고, 빛을 따르고, 예수를 따르라. 내 마음을 따르고, 내 사랑을 따르고, 예수를 따르라. 은총이 가득 차도록 하느님을 따르고, 성령을 따르고, 예수를 충실히 따르라.

† † †

사랑의 주 예수님! —— 1995년 1월 12일

　　네 마음 속에 있는 사랑을 찾으라. 그것을 찾았을 때, 너는 나를 찾을 수가 있다. 왜냐 하면 나는 사랑이요, 모든 이를 위한 사랑이기 때문이다.

　　나는 모든 이를 위한 사랑이기 때문에, 이 보물을 네 내면(內面)에서 찾으면, 너는 이것을 만나는 모든 사람과 함께 나누어 가져야만 한다. 이 사랑은 나의 하느님 아버지께서 너에게 주시는 선물이기 때문에, 다른 사람들과 함께 나누어 가짐으로써 네가 하느님께 드리는 선물이 되어야 한다.

† † †

환　　시 —— 1995년 1월 12일

　　아침 미사에서, 성찬식을 갖기 위해 감실을 열 때 예수님께서 말씀하셨다. "이것은 나의 자녀들에게 열어 보이는 나의 성심이다." 그때 저는 마음 속의 환시로, 감실 안에서 예수님의 성심 주위가 온통 흰 광선으로 빛나는 것을 보았다.

　　미드랜드에서 오후 3시 성체 조배(聖體朝拜)때, 사랑의 주 예수님께서는 성체를 앞쪽과 뒤쪽으로 움직이신 다음에 십자가 모양으로 옆에서 옆으로 움직이셨다.

　　그것을 제 눈 탓이라고 생각했을 때, 주님께서는 예수님께서 행하시는 일이라는 것을 보여 주기 위해 성체를 들었다 놓았다 하셨다. 이런 일이 일어난 것은 두 번째인데, 지난 주 토요일에도 똑같은 일이 일어났었다.

†††

사랑의 주 예수님! —— 1995년 1월 13일

　　사랑 안에 눕는 것, 은총(恩寵) 안에 눕는 것은 예수님의 품 안에 눕는 것이다.
　　빛을 포옹(抱擁)하는 것, 기쁨을 포옹하는 것은 예수님을 포옹하는 것이다.
　　사랑 안에서 사는 것, 은총 안에서 사는 것은 예수님 안에서 사는 것이다.
　　빛이 되는 것, 기쁨이 되는 것은 예수님과 하나가 되는 것이다.
　　사랑을 위해 빛나는 것, 은총으로 빛나는 것은 예수님 안에서 빛나는 것이다.
　　사랑 안에서 섬기는 것, 기쁨 안에서 섬기는 것은 예수님 안에서 섬기는 것이다.
　　사랑으로 돕는 것, 기쁨으로 돕는 것은 예수님을 통(通)해서 돕는 것이다.
　　사랑으로 인도(引導)하는 것, 기쁨으로 인도하는 것은 예수님께로 인도하는 것이며, 이 모든 것은 너의 임무(任務)인 것이다.

† † †

사랑의 주 예수님! ── 1995년 1월 13일

　　나와 함께 걷기만 한다면, 너는 하늘 나라에 갈 수 있다. 하늘 나라로 가는 길에는 극복(克服)해야할 수 많은 장애물이 있으나, 나의 손을 잡고 나를 믿으면, 모든 것이 잘 해결될 것이다.
　　이제 나의 손을 잡고, 나를 굳게 믿으라.
　　이제 나의 손을 잡고, 나의 길을 믿으라.
　　이제 나의 손을 잡고, 나의 사랑이 되어라.

† † †

자비의 천주 성부님! ── 1995년 1월 14일

　　변화(變化)들을 보고, 전쟁들을 보고, 악마가 오는 것을 보아라. 제 탓으로 사랑의 세계, 기쁨의 세계가 미움의 세계로 변했다…….

† † †

환　　시 ── 1995년 1월 14일

　　미사 때, 「주님의 기도」를 바치는 동안, 예수님과 성모님께서 저의 손을 잡고 저와 함께 기도를 드렸다.

† † †

자비의 천주 성부님! ── 1995년 1월 14일

　　인간의 어리석음은 오로지 고통만 가져다 주고, 인간의 어리석음은 오로지 괴로움만 가져다 주고, 인간의 어리석음은 오로지 슬픔만 가져다 준다.
　　고통과 괴로움과 슬픔은, 오로지 지옥(地獄)으로만 이끌어 가는 죄(罪)로부터 온다는 것을, 항상 명심하여라.

† † †

자비의 천주 성부님! ── 1995년 1월 14일

　　자비(慈悲)는, 그것을 구(求)하는 모든 이를 위한 것이다. 자비는, 그것을 얻으려고 하는 모든 이를 위한 것이다.
　　── 자비는, 그것을 받아들이는 모든 이를 위한 것이다.

† † †

자비의 천주 성부님! ── 1995년 1월 14일

　　자비로운 주님, 자비로운 예수, 자비로운 성령.

세 분의 자비, 하나의 자비!
자비로운 성체(聖體), 자비로운 주님, 자비로운 예수.
하나의 자비, 한 분이신 하느님!
자비로운 하느님 아버지, 자비로운 빛, 자비로운 창조주.
하나의 자비, 한 분이신 하느님!
자비로운 성령, 자비로운 은총, 자비로운 사랑.
하나의 자비, 한 분이신 하느님!
자비로운 성부님, 자비로운 성자님, 자비로운 성령.
하나의 자비, 한 분이신 하느님!
사랑의 삼위일체(三位一體), 하나의 사랑.
하느님의 삼위일체, 한 분이신 하느님!
자비의 삼위일체, 하나의 자비.
하나의 사랑, 한 분이신 하느님!
하나의 자비, 하느님의 자비.
세 가지 사랑, 세 가지 빛, 세 가지 자비.
한 분이신 하느님!

† † †

사랑의 주 예수님! ── 1995년 1월 15일

　　나는 인류를 사랑하고, 나의 형제와 자매를 사랑하고 있다. 나의 어린 자녀들을 사랑하고 있고, 모든 사람을 사랑하고 있다. 그들도 나를 사랑하고 있을까?
　　나는 그들이 사랑하고 있다는 것을 알고 있다. 그들 자신이 나를 사랑하고 있다는 것을 모르고 있을 뿐이다.

† † †

사랑의 주 예수님! —— 1995년 1월 15일

　　인간들이 나의 사랑과 나의 자비를 받아들이게 되면 사랑의 빛, 기쁨의 보석, 진리의 보물이 된다.

† † †

사랑의 주 예수님! —— 1995년 1월 16일

　　마리아님은 예수님의 어머니, 하느님의 어머니, 곧 사랑의 어머니이시다.

† † †

사랑의 주 예수님! —— 1995년 1월 16일

　　어머니의 사랑은 특별한 사랑이다. 그것은 완전한 베품과 완전한 사랑과 완전한 보살핌과 완전한 헌신을 합친 것이다.
　　이것은 자녀들에 대한 나의 어머니의 사랑이고, 인류에 대한 나의 어머니의 사랑이며, 그리고 모든 사람에 대한 나의 어머니의 사랑이다.

† † †

사랑의 주 예수님! —— 1995년 1월 17일

 누구나 나의 사랑에 의지하고, 나의 힘에 의지하고, 나에게 의지하기만 하여라. 나는 도움을 구하는 모든 사람들을 도와주려고 기다리고 있다.
 나에게 의지하기만 하여라. 그러면 나는 도와줄 것이다!

† † †

사랑의 주 예수님! —— 1995년 1월 17일

 아주 오래 전에 사랑에 대하여 말씀하시고, 믿음에 대하여 말씀하시고, 하느님에 대하여 말씀하신 사람이 찾아왔다. 하느님 아버지께서는 이 사람을 보내시고, 이 사랑을 보내시고, 하느님 아버지께서는 당신 자신을 이 사람 안에 보내셨다. 이 사람은 바로 하느님의 아드님, 예수님이었다.
 그 아드님은 하느님의 사랑을, 진심으로 구하는 모든 사람에게 비추어 주셨다. 그 예수님은 볼 수 있는 눈을 가진 모든 사람에게, 하느님의 인류에 대한 사랑을 보여 주셨다. 그리고 그 아드님은 들을 귀를 가진 사람들에게 하느님의 사랑에 대하여 말씀하셨다.
 그 아드님이 하느님의 사랑은 어떤 일을 할 수 있는가를 보여 주시고, 하느님의 사랑이 장차 인류를 구원할 것이라는 것을 보여 주신 그 날은 참으로 영광스러운 날이었다!

그 아드님이 부활해서 세상 사람들에게 영원한 생명이 존재하고 있다는 것을 보여 주신 그 날은 참으로 영광스러운 날이었다!

그 아드님 예수님께서 하늘나라로 가는 사랑의 사다리를 올라가서, 하느님의 사랑 안에서 살고 서로 사랑한다면, 인간이 어떻게 될 수 있는가를 보여 주신 그 날은 참으로 영광스러운 날이었다!

성령님이 내려와서 메시아의 제자들을 하느님의 은총으로 가득 채워 주셨는데, 그것은 참으로 훌륭한 사랑의 선물이었다. 곧 하느님의 새 교회가 하느님의 선물로 찬란하게 빛나던 그 날은 승리의 날이었다!

예수님의 어머니가 하늘 나라에 들어가신 날, 마리아님은 모든 사람이 하느님의 사랑의 보상을 받을 수 있다는 것을 보여 주셨다.

지극히 거룩한 성모 마리아님이 하늘 나라의 여왕이 되었을 때 하느님의 모든 창조물의 여왕이 되었으며, 하느님의 사랑으로 천상의 모후 자리에 앉게 되었다.

인류의 미래는 만일 인간이, 그 사람이시요 하느님이신 예수 그리스도님의 길을 따른다면, 일목요연(一目瞭然)하게 알아볼 수가 있게 된다. 이와같이 예수님께서는 인간에게 말씀하셨고, 보여 주셨으며, 인도해 주셨다.

오직 온 인류가 해야 할 일은, 그 진리를 받아들이고 그 길을 따라가는 것 뿐이다. 그렇게 하면 하느님의 영광 안에서 영원한 생명을 영원히 누리게 될 것이다.

† † †

사랑의 주 예수님! ── 1995년 1월 17일

　　두려움에 떨기보다는, 차라리 기도를 하는 편이 낫다. 미움을 느끼기보다는, 차라리 사랑을 하는 편이 낫다. 싸움을 기대하기보다는, 차라리 조용히 있는 편이 훨씬 낫다.
　　두려움과 미움을 극복하는 싸움은, 기도와 사랑으로 하는 편이 더욱더 좋은 것이다.

† † †

자비의 천주 성부님! ── 1995년 1월 18일

　　나의 아들 예수에 대한 믿음, 나의 성령에 대한 믿음 그리고 나에 대한 믿음──.
　　이것은 네가 항상 기도를 해야 하는 주제(主題)들이다. 왜냐 하면, 오로지 믿음만이 곤란(困難)한 순간(瞬間)이 찾아올 때 그것을 극복(克服)하도록 도와주기 때문이다.

† † †

자비의 천주 성부님! ── 1995년 1월 19일

　　희망(希望) 중의 희망, 힘 중의 힘, 사랑 중의 사랑은 나의 아들 예수이다.

　　빛 중의 빛, 진리(眞理) 중의 진리, 자비(慈悲) 중의 자비는 나의 아들 예수이다.

　　희생(犧牲) 중의 희생, 구세주(救世主) 중의 구세주, 아들 중의 외아들은 곧 나의 아들 예수이다.

† † †

사랑의 주 예수님! —— 1995년 1월 19일

　　성체(聖體) 안의 나를 받아들이면 감미로움을 맛보고, 사랑을 맛보고, 행복을 맛보게 될 것이다.

　　인간의 사랑, 인간을 위한 사랑은 성체 안의 사랑이다. 인간은 성체 안에서 기쁨을 찾을 수가 있고, 사랑을 찾을 수가 있다. —— 그리고 정녕 나를 찾을 수가 있다.

† † †

자비의 천주 성부님! —— 1995년 1월 20일

　　평화의 비둘기, 자유의 성령, 사랑의 성부. 참 평화와 참 자유와 참 사랑은, 그것은 모두 하느님 안에서만 발견되는 것이다.

　　사랑으로 달려가는 것은, 인간이 반드시 해야 할 일이다. 왜냐 하면, 사랑은 인간의 연료이고 인간의 에너지이기 때문이다. 어디서, 참 사랑을 찾겠는가? 오로지, 성체 안에서만 찾을 수가 있다.

† † †

자비의 천주 성부님! —— 1995년 1월 20일

　　자비(慈悲)의 하느님, 사랑의 하느님, 용서(容恕)의 하느님, 모든 사람의 하느님!
　　은총(恩寵)의 하느님, 선물의 하느님, 베품의 하느님, 모든 사람의 하느님!
　　자애(慈愛)의 하느님, 기쁨의 하느님, 영원한 행복(幸福)의 하느님, 모든 사람의 하느님!

† † †

자비의 천주 성부님! —— 1995년 1월 20일

　　하느님을 믿는 것은 하느님께 대한 사랑이고,
　　하느님을 사랑하는 것은 하느님께 대한 믿음이다.

† † †

자비의 천주 성부님! —— 1995년 1월 20일

사랑의 향기는 예수의 숨결이고, 자비의 이슬은 예수의 피이고, 낙원의 꽃은 예수의 몸이다.

이 모든 것을 성체(聖體) 안에서 발견할 수 있다. 왜냐 하면 성체는, 곧 예수이기 때문이다.

†††

자비의 천주 성부님! —— 1995년 1월 20일

십자가 밑에는 피가 홍건히 고이고 거기에 있던 흙과 뒤섞였다. 예수의 피는 흙과 하나가 되었고, 사람과 하나가 되었다. 이 피와 흙의 뒤섞임은, 나의 아들 예수가 인류를 사랑한다는 징표였다. 이 피와 흙의 뒤섞임은, 이 세상의 모든 것이 하느님께 속해 있다는 것을 말해 주었다. 이 피와 흙의 뒤섞임은, 하늘 나라와 세상을 결합시켰다. 이 피와 흙의 뒤섞임은, 하늘 나라로의 계단이 되었다. 이 피와 흙의 뒤섞임은, "너는 나의 것이다."라고 말하고, 이 피와 흙의 뒤섞임은, "나의 사랑을 받아들여라." 하고 말했다.

이 피와 흙의 뒤섞임은, "죽음은 단지 하느님과 함께 하는 영원한 생명에 이르는 문에 지나지 않는다."고 말하고, 이 피와 흙의 뒤섞임은, "나는 나 자신을 주었으니, 이제 너는 나에게 너 자신을 바쳐라." 하고, 이 피와 흙의 뒤섞임은, "나는 너를 영원히 사랑한다."고 말했다.

†††

자비의 천주 성부님! —— 1995년 1월 20일

　　예수의 구원(救援)의 사랑을 믿으면, 곤란을 이겨내게 해줄 것이다. 예수의 구원의 은총(恩寵)을 믿으면, 곤란(困難)을 극복(克服)하게 해줄 것이다.
　　그리고 예수의 자비(慈悲)를 믿으면, 너를 하늘 나라로 올라가게 해줄 것이다. 예수의 사랑은, 자비와 함께 주시는 구원의 은총이기 때문이다.

† † †

자비의 천주 성부님! —— 1995년 1월 20일

　　사랑의 열매, 기쁨의 열매, 행복의 열매는 예수의 열매이다. 사랑의 음식, 기쁨의 음식, 행복의 음식은 예수의 음식이다.
　　사랑의 꽃, 기쁨의 꽃, 행복의 꽃은 예수의 꽃이다.

† † †

사랑의 주 예수님! —— 1995년 1월 21일

　　곤란(困難)할 때에는, 곧 나에게 의지(依支)하여라. 그러면 도와줄 것이다. 혼란스러울 때에는, 곧 나에게 의지하여라. 그러면 너에게 평화(平和)를 주겠다. 불확실할 때에는, 나에게 의지하여라. 그러면 너에게 힘을 보태줄 것이다.

기도(祈禱)로써, 나에게 구하기만 하여라. 그러면 이루어 주겠다!

† † †

사랑의 주 예수님! —— 1995년 1월 21일

사랑은 쌍방 통행의 길이다. 나는 너에게 나의 사랑을 주고, 너는 나에게 네 사랑을 준다. 그리고 우리의 사랑이 서로 만나게 되면, 결합(結合)해서 내 안에서 하나가 된다.

† † †

사랑의 주 예수님! —— 1995년 1월 21일

사랑에 불안(不安)해 하는 것은, 그 참된 가치(價値)를 이해하지 못하는 사람들이다. 마음이 불안한 것은, 사랑이 진실로 무엇인지를 이해하지 못하는 사람들이다.
영혼(靈魂)이 불안한 것은, 사랑으로 자신을 기다리고 있는 것이 무엇인지를 보지 못하는 사람들이다.
그것은 바로 나이다. 왜냐 하면, 나는 사랑이기 때문이다.

† † †

사랑의 주 예수님! —— 1995년 1월 21일

나의 단순한 메시지, 직접적인 메시지, 분명한 메시지를 인류가 나에게 올 때까지 몇번이고, 몇번이고 반복해서 보냈다.

만일 하느님께 대한 사랑이 내면(內面)에 없었다면 영리한 논의도 아무 의미가 없고, 지적인 말들도 쓸모 없고, 뛰어난 번역도 아무 소용이 없다. 나의 사랑 안에서 단순해지고, 나의 사랑 안에서 순수해지고, 나의 사랑 안에서 진실해질 것이다.

그렇지 않은 것을 그런 체하려고 노력하지 마라. 지능을 가지고 논의에서 이기려고 애쓰지 마라. 그냥 나에 대한 사랑과 나에 대한 믿음을 보여 주어라. 그러면 나를 위해 승리(勝利)를 거둘 것이다. 나에 대한 신뢰, 나에 대한 사랑, 나에 대한 믿음 그리고 나에 대한 봉사 외에는 아무 것도 중요하지 않다.

† † †

사랑의 주 예수님! ── 1995년 1월 22일

고통의 시기를 겪으면서 사는 것은 힘든 일이다. 비록 사랑하는 사람으로부터 사소한 거절을 당했어도 깊은 상처를 입을 수가 있다. 그 때마다 내가 사랑하는 사람들로부터 계속 거절을 당할 때, 나의 기분이 어떠했을까를 상상해 보아라.

용서(容恕)는 사랑의 한 부분이므로 항상 용서하고, 항상 사랑하여라.

† † †

사랑의 주 예수님! —— 1995년 1월 22일

　　외로울 때, 나는 거기에 있다. 슬플 때, 나는 거기에 있다. 주위가 아주 고요할 때, 나는 거기에 있다.
　　왜냐하면, 나는 외로움의 연인이고, 슬픔의 구세주이며, 고요한 시간의 친구이기 때문이다.

† † †

사랑의 주 예수님! —— 1995년 1월 23일

　　재미있을 때, 즐거울 때, 사랑할 때 나를 생각하여라. 왜냐 하면, 나는 너를 사랑하는 재미를 즐기고 있기 때문이다.

† † †

사랑의 주 예수님! —— 1995년 1월 23일

　　생명(生命)은 순간적인 것이고, 사랑은 영원한 선물이다. 그러므로 사랑 안에서 영원한 생명을 찾아라.
　　생명은 순간적(瞬間的)인 것이고, 빛은 영원한 선물이다. 그러므로 빛 안에서 영원한 생명을 찾아라.
　　생명은 순간적인 것이고, 용서는 영원한 선물(膳物)이다. 그러므로 용서 안에서 영원한 생명을 찾아라.
　　나는 사랑이고, 빛이고, 그리고 용서(容恕)이다. 그러므로

네 친구인 내 안에서 영원한 생명을 찾아라.

† † †

살아 계신 성령님! —— 1995년 1월 25일

　　지혜를 가진 사람들은 표면 너머를 보고 진리를 본다. 지혜(智慧)를 가진 사람들은 말씀 안에 있는 진리(眞理)를 본다. 곧 말씀은 곧 예수님이기 때문이다. 거짓 지혜(智慧)를 가진 사람들은 표면(表面)만을 보고, 자기 자신을 위한 영광(榮光)만 본다. 곧 그들의 지혜는 어리석기 짝이 없기 때문이다.
　　거짓 지혜를 가진 사람들은 자기 자신을 속이기만 하고, 파멸(破滅)의 길을 걸어가고 있음을 깊이 명심하여라.

† † †

살아 계신 성령님! —— 1995년 1월 25일

　　모든 말에 충실(忠實)하고, 모든 생각에 충실하고, 모든 행동에 충실(忠實)하여라. 사랑의 말과 사랑의 생각과 사랑의 행동(行動)이, 너를 예수님께 가까이 데려다 주기 때문이다.

† † †

자비의 천주 성부님! —— 1995년 1월 26일

곤란(困難)을 겪을 때 사랑한다는 것은 쉬운 일이 아니다. 그러나, 이 때야말로 자신의 사랑이 진실되다는 것을 보여줄 때이다.

고난을 겪을 때 미소를 짓는다는 것은 어려운 일이다. 그러나, 이 때야말로 자신의 진정한 자아(自我)를 보여줄 때이다.

고군분투(孤軍奮鬪)하고 있을 때 베푼다는 것은 어려운 일이다. 그러나, 이 때야말로 하느님께 대한 자기 자신의 사랑을 보여줄 때이다.

† † †

사랑의 주 예수님! —— 1995년 1월 26일

하늘나라로 가는 길의 발걸음은 결코 쉽지가 않다. 왜냐하면 모든 발걸음이 자기 자신과의 싸움이며, 모든 발걸음이 악(惡)과의 싸움이기 때문이다.

자기 자신을 극복(克服)하면 악을 극복하고, 자신의 약점(弱點)을 극복하면 악을 극복하고, 그리고 자신의 죄를 극복하면 악을 극복하게 된다. 그러면 하늘 나라의 계단을 올라가는 것이 더욱 확실해지고, 간단해지고 쉬워지지만, 그래도 걷기는 힘든다. 그 때일수록 분발(奮發)하고 더욱더 노력하여라.

† † †

자비의 천주 성부님! —— 1995년 1월 27일

모든 것은 나의 사랑으로부터, 나의 사랑을 통하여, 나의 사랑을 위하여 그리고 나의 사랑이 되기 위하여 창조되었다. 가장 작은 것에서부터 가장 큰 것에 이르기까지 모든 것은 나의 사랑의 표현이다. 모든 것은 나의 순수한 사랑과 빛으로부터 왔으며, 나의 사랑을 찬양(讚揚)하기 위하여 창조(創造)되었다.

창조된 모든 것은 사랑으로 지어내셨기 때문에, 당연히 오로지 사랑 안에서만 성장(成長)할 수가 있다. 그 사랑은 창조물을 살리는 양식이고, 에너지이고 힘이다. 그 사랑은 생명을 위해 유일하게 필요한 것이다. 왜냐 하면, 모든 것이 존재(存在)하는 곳은 사랑 안이기 때문이다. 나의 아들 예수는 바로 그 사랑이고, 나의 아들 예수는 바로 그 빛이며 그리고 나의 아들 예수는 영원한 생명을 살기 위한 유일한 길인 것이다.

인류는 나의 사랑으로부터 왔으며, 나의 사랑 속에서 존재하고 있다. 그러므로 인간이 하늘나라의 나에게 돌아올 수 있는 유일한 길은 오직 사랑뿐이다. 사랑하지 않는 사람은 어느 누구도 하늘나라에서 살 수가 없다. 사랑을 부인(否認)하는 사람은 어느 누구도 하늘나라에 도달(到達)할 수가 없다. 그리고 자신의 영혼에서 사랑을 몰아내는 사람은 어느 누구도 나와 영원히 하나가 될 수 없다.

인간은 그 존재 자체(存在自體)를 위해 꼭 필요한 사랑 안에서 살지 않으면, 존재할 수가 없다. 인간은 사랑 안에서 살지 않으면, 성장할 수가 없다. 인간은 사랑을 위해 살지 않으면, 하늘나라에 올라갈 수가 없으며, 영원한 생명이라는 유산(遺産)을 요구할 수가 없다.

사랑은 인간의 양식(糧食)이기 때문에, 인간은 반드시 사랑을 먹지 않으면 안 된다. 사랑은 인간의 에너지이기 때문에, 인간은 반드시 자신의 존재를 사랑으로 채워야 한다.

사랑은 인간의 힘이기 때문에, 인간은 반드시 사랑을 받아들여야 한다. 사랑은 예수이기 때문에, 인간은 반드시 예수를 먹지 않으면 안 된다.

사랑은 예수이기 때문에, 인간은 반드시 자신의 존재를 예수로 채워야 한다. 그리고 사랑은 인간이 존재하는 힘이기 때문에, 인간은 반드시 예수 안에서 존재(存在)해야 한다.

† † †

자비의 천주 성부님! ─ 1995년 1월 27일

성체 안의 영원한 사랑, 영원한 기쁨, 영원한 생명(生命).
성체 안의 영원한 희망(希望), 영원한 은총, 영원한 영광.
성체 안의 영원한 힘, 영원한 권능(權能), 영원한 진리.
─ 성체(聖體)는 영원하도다.

† † †

살아 계신 성령님! ─ 1995년 1월 27일

사랑 안에서의 젊음, 기쁨 안에서의 젊음, 진리 안에서의 젊음. 젊은이처럼 계속 순수(純粹)하여라. 젊은이처럼 계속 상냥하여라. ─ 젊은이처럼 계속 순결(純潔)하여라.

── 그러면 너는 하느님께 가까이 다가서 있도다.

† † †

환 시 ── 1995년 1월 28일

　　오늘 아침 미사 때, 예수님께서 저의 심장에 손을 대시고 성령님의 불로 타오르게 하고 있는 것을 보았다.
　　성찬식 때, 예수님께서 이렇게 말씀하셨다. "평화(平和) 중의 평화, 기쁨 중의 기쁨, 사랑 중의 사랑인 성체(聖體)!"

† † †

살아 계신 성령님! ── 1995년 1월 28일
　　　　　　　　(기도 모임을 위하여)

　　나의 자녀들아, 너희 앞길에는 나의 일로부터 멀리 떼어 놓으려는 함정(陷穽)과 덫으로 가득 차 있다. 항상 예수님의 사랑을 보고, 항상 그것을 따르도록 하여라. 왜냐 하면, 예수님의 사랑이 너희로 하여금 그것을 극복하게 해줄 것이기 때문이다.
　　이 순간은 매우 특별한 순간이다. 왜냐 하면, 지금 너희는 하늘 나라로 많은 사람들을 인도할 길을 준비하고 있기 때문이다. 그리고 지금 중요한 임무에 착수하려 하고 있기 때문이다. 그것은 많은 영혼을 구하는 임무인데, 예수 그리스도님의 추종자(追從者)로서 너희가 당연히 해야 할 일이다. 너희가 여기에 이렇게 모여 있는 오늘은, 하늘나라 전체가 기뻐하는 날이며, 하느님께서 너희에게 미소짓는 날이다.

하느님의 말씀을 널리 전파(傳播)하고, 하느님의 사랑을 널리 전파하여라. 그리고 하느님의 용서(容恕)가 앞길에서 기다리고 있다는 것을 널리 알려라.

너희 가운데 선물(膳物)을 받은 사람은, 그 선물을 하느님을 영광되게 하는 데 써야 한다. 너희 가운데 선물을 받은 사람은, 모든 사람에게 예수님의 치유법(治癒法)을 널리 전파해야 한다. 나의 선물은 나의 자녀들을 나에게 돌아오도록 하는 데 써야 한다는 것을 알아야 한다. 그들의 앞길에 놓여 있는 많은 장애물에도 불구하고, 나의 일을 행할 사람들을 내가 선택했다는 것을 알아야 한다.

너희는 이제 하느님의 일을 해야만 한다. 너희는 이제 하느님의 사랑을 널리 전파해야만 한다. 너희는 이제 하느님의 빛이 너희 위에 비치도록 해야만 한다. 하느님을 영광되게 하기 위하여 앞으로 전진(前進)하고 하느님의 사랑 안에서 앞으로 전진하고, 그리고 하느님의 진리(眞理)를 위해 앞으로 전진하여라.

나의 길에서 벗어나지 말고, 나의 선택(選擇)에 반대하는 사람들에 의해서 마음이 약해지지 마라. 왜냐 하면, 그들은 이해(理解)하거나 믿지를 않기 때문이다. 너희의 말과 행동과 사랑을 되돌아보는 것을 잊지 마라. 그러면 너희는 하느님의 일을 행하고 있다는 것을 곧 알게 될 것이다.

이 임무(任務)를 기꺼이 받아들이고, 나의 사랑을 너희의 마음 속에 받아들여라. 그러면 앞길이 똑똑히 보일 것이다. 내가 준 선물을 헛되이 쓰지 말고 요긴하게 써야만 한다. 하느님의 영광(榮光)만을 목표로 삼는, 하느님의 종들의 무리에 합류하여라. 세상 사람들은 선물을 받은 사람들이 자신에게 합류(合流)하여 나의 사랑을 모든 이에게 보여 주기를 기대(期待)하고 있다. 사람들은 옆길로 빗나가고 있으니, 그들을 다시 나의 말씀으로 돌아오도록 인도(引導)하여라. 그리고 자녀들이 길을 잃었으니, 나의 이름으로 그들을 곧 돌아오게 하여라.

† † †

자비의 천주 성부님! —— 1995년 1월 29일

    인간(人間)은 예수 안에서 자신(自身)을 발견(發見)해야 하고, 인간은 모든 것을 예수 안에서 발견해야 한다.
    그리고 인간은 예수를 믿어야 한다. 모든 것을 찾고 있는 동안에 자기 자신을 발견하게 되면, 인간은 예수를 믿게 된다.

† † †

사랑의 주 예수님! —— 1995년 1월 29일

    네 마음 속 깊은 곳을 구석구석까지 찾아보면 나를 발견할 수 있을 것이다. 나는 다만 네 생각과 의심 속에 숨겨져 있을 뿐이다. 네 마음을 열고 믿으면, 내가 너를 사랑하기 위해 기다리고 있다는 것을 곧 알게 될 것이다.
    네 마음을 열고, 네 영혼을 열고 그리고 네 정신을 열어

라. 그러면 나는 너를 사랑하기 위해 거기에 있을 것이다. 기도로써 네 자신을 열고, 나를 네 삶 속으로 초대하여라.

† † †

사랑의 주 예수님! —— 1995년 1월 29일

　　십자가에 매달려 있을 때, 나는 인간의 죄의 고통을 내내 느꼈다. 십자가에 매달려 있을 때, 나는 사랑으로 내 마음을 열고 인간에게 이렇게 말했다. "나는 너희에게 나의 모든 것을 주고, 나는 너희에게 나의 사랑을 주고, 나는 너희에게 나의 모두를 주었다." 십자가에 매달려 있을 그 때, 나는 인류가 나에게 되돌려 주는 사랑의 말을 듣기를 기다리고 있었다. 십자가에 매달려 있을 그 때, 몸에 박힌 못들이 나의 영혼을 찢어 놓고, 나의 사랑을 찢어 놓고, 나를 갈기갈기 찢어 놓았다. 모든 못들은 인간으로 하여금 자신의 죄가 얼마나 큰 대가를 치루어야 하는가를, 그리고 내가 인간을 얼마나 사랑하고 있는가를 일깨워 주었다.
　　왕관의 가시가 나의 살갗을 찢고, 그리고 모든 가시는, 인간이 사랑 안에서 나와 함께 있기를 내가 얼마나 갈망하고 있는가를 인간에게 깨닫게 해 주었다.

† † †

자비의 천주 성부님! —— 1995년 1월 29일

나의 아들 예수의 성심의 고동으로 달려 가는 것은, 유일한 달리기 경주(競走)이다…….

나의 아들 예수의 사랑에 달려 가는 것은, 유일한 달리기 방법(方法)이다…….

† † †

자비의 천주 성부님! ── 1995년 1월 29일

예수는 십자가(十字架)에서 양팔을 벌려, 인류(人類)를 사랑으로 끌어안았다.

† † †

자비의 천주 성부님! ── 1995년 1월 29일

하느님을 믿고, 하느님을 사랑하고, 하느님을 통하여 희망을 품는 것은, 하늘나라에 이르는 단 하나의 길이다.

† † †

자비의 천주 성부님! ── 1995년 1월 31일

하느님의 일을 행하는 사람은 기도(祈禱)에는 강해져야 하지만, 자기 자신(自身)에 대해서는 약해져야 한다. 그리고 예수 안에서는 강해져야 하지만, 세상 사람들에 대해서는 약해져야 한다. 믿음에는 강해져야 하지만, 자아(自我)에 대해서는 약해져야 한다. 또 진리(眞理) 안에서는 강해져야 하고, 자존심(自尊心)에 약해져야 한다.

하느님의 일을 행하는 사람은 사랑 안에서 순수해야 한다. 하느님의 일을 행하는 사람은 예수를 따르고, 예수를 따름으로써 다른 사람들을 예수께 이끌어가야 한다.

하느님을 위해서 모든 사람을 사랑하는 것은 선물(膳物)이며, 많은 사람을 하느님께 이끌어가는 것은 은총(恩寵)이다.

그리고 이 선물과 은총을 받아들이는 것을 배우는 것은 사랑을 배우는 것이다.

† † †

자비의 천주 성부님! —— 1995년 1월 31일

슬플 때면 언제라도, 우울(憂鬱)할 때면 언제라도, 공허(空虛)하게 느껴질 때면 언제라도 예수를 생각하여라.

괴로움으로 가득찬 날이면 언제라도, 고통(苦痛)으로 가득찬 날이면 언제라도, 절망(絶望)으로 가득찬 날이면 언제라도 예수를 생각하여라.

외로움을 느낄 때면 언제라도, 길을 잃은 것처럼 느낄 때면 언제라도, 불운(不運)하다고 느낄 때면 언제라도 예수를 전심(全心)으로 생각하여라.

† † †

살아 계신 성령님! —— 1995년 1월 31일

　　사랑은 감미(甘味)로운 사랑, 예수님은 감미로운 예수님, 하느님은 감미로운 하느님이시다.
　　진리(眞理)는 유일한 진리, 은총(恩寵)은 유일한 은총, 예수님은 유일한 예수님이시다.
　　믿음은 참된 믿음, 소망(所望)은 참된 소망, 예수님은 참 하느님이시다.

† † †

사랑의 주 예수님! —— 1995년 1월 31일

　　생명의 빵 안의 귀중한 피, 감미로운 몸.
　　생명의 빵 안의 하느님의 사랑, 하느님의 빛.
　　생명의 빵 안의 하느님의 자비, 하느님의 장엄함.
　　생명의 빵은 나의 몸이다.

환　　시 —— 1995년 1월 31일

　　미사가 끝난 뒤에, 장미 화단 한가운데 있는 예수님의 성심이, "사랑, 영원한 사랑." 하고 말씀하셨다. 그리고 예수님께서 말씀하셨다. "나는 너에게 나의 성심(聖心)을 주겠다!"

† † †

사랑의 주 예수님! ── 1995년 1월 31일

나는 어머니의 품 안에서 잠들고, 어머니의 다정함과 어머니의 사랑 안에서 안식(安息)을 취하고 있다. 어머니의 모든 숨결은 나를 부드럽게 흔들어서 기쁨으로 충만(充滿)한 잠에 빠지게 하고, 어머니의 심장의 모든 고동(鼓動)이 나의 온 몸에 울려 퍼지고, 나를 어머니의 사랑으로 가득 채워 준다.

모든 순간순간이 깊고 충만한 기쁨이고, 매순간이 더 할 수 없이 소중하다. 어머니의 사랑이 나를 흔들어 영혼의 깊숙한 곳에서 잠들게 한다. 어머니의 사랑이, 오로지 참된 사랑만이 할 수 있는 것처럼, 내 영혼을 다정하게 애무(愛撫)해 준다.

† † †

자비의 천주 성부님! ── 1995년 2월 2일

나의 자녀들아, 나는 너희를 지극히 사랑하고 있다. 나는 너희의 마음을 완전히 나에게 열어 주기를 간절히 바라고 있다. 아무런 장벽도 없이 마음을 활짝 열고, 나의 사랑을 받아들이고, 나의 선물을 받아들이고, 나를 받아들여라. 그러기 위해서는 너희 자신을 완전히 나에게 바치고, 사랑 안에서 나와 하나가 되어야 한다.

　　　이것은 매우 실행(實行)하기 어려운 일이지만 노력(努力)을 한다면, 너희는 큰 보상(補償)을 받을 것이다. 나는 많은 사람들이 나의 말씀을 따르고, 나의 길을 가려고 열심히 노력하지만 종종 도중에서 발이 걸려 넘어진다는 것을 잘 알고 있다. 그러나 걱정하지 말고 계속 노력하고, 참고 견디면 반드시 나의 사랑에 도달(到達)할 수 있을 것이다.

　　　나의 아들 예수가 너희가 곤경(困境)에 빠진 순간(瞬間)에 너희를 돕기 위해 항상 기다리고 있다. 예수를 찾기만 하면 달려 갈 것이다. 기도를 바쳐서 너희 자신을 굳세게 만든다면, 나의 길은 따르기가 훨씬 쉬워질 것이다. 자, 너의 손을 뻗쳐서 나의 사랑을 받아들이고, 영광(榮光) 안에서 나에게 어서 오너라.

† † †

환　　　시 —— 1995년 2월 2일

　　　묵주 기도 〈고통의 신비〉를 드리는 동안, 저는 가시관을 쓰신 예수님을 보았다. 그리고 제 눈에서 눈물이 쏟아질 정도로 슬퍼졌다. 나중에 〈영광의 신비〉를 드리는 동안, 저는 예수님의 상처(傷處)에서 피를 흘리시면서 하늘나라로 승천(昇天)하시는 것을 보았다. 그 핏방울이 "사랑"이라는 글자를 썼다.

† † †

사랑의 주 예수님! —— 1995년 2월 2일

　　사랑의 아버지, 기쁨의 아버지, 모든 이의 아버지는 하늘나라에 계신 아버지이시다. 만물의 창조주(創造主), 기쁨의 창조주, 사랑의 창조주는 하늘나라에 계신 아버지이시다. 사랑의 주님, 기쁨의 주님, 모든 이의 주님은 하늘나라에 계신 하느님 아버지이시다.

　　아버지의 사랑은 너무나 깊어서, 너희는 그 깊이를 헤아릴 수가 없다. 아버지의 사랑은 너무나 강해서, 너희는 그 강함을 이겨낼 수가 없다. 하느님 아버지의 평화(平和)는 너무나 고요해서, 너희는 그것을 방해(妨害)할 수가 없다.

† † †

사랑의 주 예수님! —— 1995년 2월 2일

　　하느님 아버지께서는 자녀들을 바라보면서 그들 안에서 미래(未來)에 대한 수많은 희망을 본다. 하느님 아버지께서는 자녀들을 바라보면서, 그들의 모든 가능성을 이룩할 수 있도록 도와주기를 기다리고 계신다. 하느님 아버지께서는 자녀들을 바라보면서, 그들에게 능력껏 모든 것을 다 주고싶어 하신다. 하느님 아버지께서는 자녀들을 바라보면서, 그들을 사랑으로 축복해 주시고, 그들의 모든 성공(成功)을 축하해 주고싶어 하신다. 그리고 자녀들의 모든 실패(失敗)에 대해서 사랑으로 위로(慰勞)해 주기를 원하고 계신다.

하느님 아버지께서는 자녀들을 바라보면서, 그들 안에서 자기 자신을 본다. 하느님 아버지께서는 자녀들을 바라보면서, 그들이 무엇이 될 수 있는가를 본다. 하느님 아버지께서는 자녀들을 바라보면서, 다만 그들을 사랑하고 그들은 도와주기를 원하고 계신다. 이것이 바로 하늘나라에 계신 하느님 아버지께서는 세상의 모든 자녀들을 바라보면서, 해 주고싶어 하시는 일인 것이다.

† † †

사랑의 주 예수님! —— 1995년 2월 2일

  나와 함께 시간(時間)을 보내는 것이 나에게 더욱 가까이 다가오는 길이다. 나의 하느님 아버지의 집에 들어와서 나와 함께 있으면, 너는 나의 성령(聖靈)으로 가득 채워질 것이다. 나에게 네 내면(內面)의 자아(自我)를 활짝 열면, 네 마음 속에 나의 사랑을 받아들이게 된다.
  진정한 친구(親舊)는 함께 있기를 간절히 바란다. 참다운 형제(兄弟)는 서로 나누어 갖기를 간절히 바란다. 그리고 참된 영혼(靈魂)은 사랑으로 가득 채워지기를 간절히 바란다. 나는 사랑이고, 나는 너를 가득 채우기를 간절히 바라고 있다.

† † †

⊙ 가정을 위한 기도 ⑵

○ 사랑이요 생명이신 하느님 아버지,
세상의 모든 가정은 당신의 성삼에서 비롯되었나이다.
● 여인에게서 태어나신 성자 예수 그리스도를 통하여
거룩한 사랑의 샘이신 성령의 도움으로
모든 가정이 생명과 사랑의 보금자리가 되게 하소서.
○ 부부들의 생각과 행위를 당신의 은총으로 이끄시어 모든 가정의 선익에 이바지하게 하소서.
● 자녀들은 가정에서 자신들의 존엄성을 깨닫고
진리와 사랑으로 성숙하게 하소서.
○ 저희 가정이 겪는 모든 어려움을
혼인성사의 은총으로 극복하게 하소서.
● 나자렛 성가정의 전구를 통하여 가정이 성화되고 주님의 뜻을 따라 살게 하소서.
● 가정생활의 자랑이며 모범이신
성모 마리아와 성 요셉,
저희 집안을 위하여 빌어주시어
모든 가족이 건강하고 행복하게 하시며
언제나 주님을 섬기고 이웃을 사랑하며 살다가
주님의 은총으로 영원한 천상 가정에 들게 하소서.
◎ 아멘.

제 III 부
하느님께로 가는 길

제1장　사 람 들 / 277
　　　　── 천주 성자님의 메시지 ──

제2장　7 성 사(七聖事) / 309
　　　　── 천주 성자님의 메시지 ──

제3장　교　회(敎會) / 319
　　　　── 천주 성자님의 메시지 ──

제4장　조　언(助言) / 324
　　　　── 삼위일체이신 하느님과, 성모님의 메시지 ──

⊙ 사도신경

* 전능하신 천주 성부

◎ 천지의 창조주를 저는 믿나이다.
그 외아들 우리 주 예수 그리스도님
(밑줄 부분에서 고개를 깊이 숙인다)
<u>성령으로 인하여 동정 마리아께 잉태되어 나시고</u>
본시오 빌라도 통치 아래서 고난을 받으시고
십자가에 못박혀 돌아가시고 묻히셨으며
저승에 가시어 사흘날에 죽은 이들 가운데서 부활하시고
하늘에 올라 전능하신 천주 성부 오른편에 앉으시며
그리로부터 산 이와 죽은 이를 심판하러 오시리라
믿나이다.
성령을 믿으며
거룩하고 보편된 교회와 모든 성인의 통공을 믿으며
죄의 용서와 육신의 부활을 믿으며
영원한 삶을 믿나이다.
아멘.

제 1 장

사 람 들

── 천주 성자님의 메시지 ──

사랑의 주 예수님! ── 1995년 7월 22일

　　한때 하느님과 인간 사이에는 사랑으로 결합된 견고한 유대가 있었다. 그 유대는 인간에 의해서 여러 차례 깨어졌으나, 하느님께서는 몇번이고 거듭해서 인간(人間)에게 그 회복(回復)을 제의(提議)하시었다.
　　인류가 최초로 이 유대를 깨뜨린 것은 원죄를 지었을 때였다. 인류는 이 유대를 매번 깨뜨릴 때마다 언제나 같은 죄를 범했다. 인간의 죄란 바로 교만심의 죄이다. 에덴 동산으로부터 인간이 쫓겨난 것도 이 교만심 때문이었으며, 인류가 수많은 다른 죄를 범(犯하는 것도 모두 이 교만심(驕慢心) 때문이었다.
　　교만심은 인류의 모든 문제점의 핵심이다. 교만심은 이렇게 말한다. "하느님은 존재하지 않는다." 교만심은 이렇게 말한다. "나는 만물의 주인이다." 교만심은 이렇게 말한다. "나는 원하는 것을 무엇이든지 할 수 있다. 모든 것은 나에게 달려 있다." 교만심은 이렇게 말한다. "다른 사람들은 나보다 열등하다." 교만심은 이렇게 말한다. "나는 남보다 더 많이 가져야 한다." 교만심은 이렇게 말한다. "생명은 중요하지 않다." 교만심은 이렇게 말한다. "우리는 우리의 의지(意志)를 남들에게 강요할 수 있다." 그리고 교만심은 이렇게 말한다. "인류는 자기 자신이 주인이기 때문에, 다른 누구에게도 대답할 필요가 없다."

인류는 교만심이 얼마나 많은 대가를 치루어야 하는 지를 알 필요가 있다. 교만심이 자신에게서 얼마나 많은 것을 빼앗아 가는가를 알 필요가 있다. 얼마나 많은 사람이 이 세상에서 행복해하고 만족스러워하는가를 보아라. 그렇게 많은 사람은 아니다. 대부분의 사람들은 정서적으로나 신체적으로나 영적으로 고통을 받고 있다. 이 고통 때문에 이 세상에는 슬픔이 생겨난다. 그러나 이 고통은 간단히 피할 수 있다. 아무도 이 세상에서 길을 잃어버릴 필요가 없다. 어떤 고통이나 괴로움도 겪을 필요가 없다. 인류가 편하게 살아갈 수 있도록 모든 것이 제공되었다. 모든 것이 인류를 위해 마련되어 있다. 인간은 그것을 원하고 받아들이기만 하면 된다. 인간이 그것을 구하기만 하면, 모든 것이 기다리고 있다. 그러나 구하고 받아들일 때, 인간의 생명의 본질이 그런 것처럼 겸손하게 받아들여야 한다.

겸손 안에서는 모든 것이 가능하다. 왜냐 하면, 겸손할 때, 자신이 남을 얼마나 사랑하고, 관심을 갖고 있는가를 나타낼 수가 있기 때문이다. 겸손 안에서, 모든 사람이 행복하고 만족스런 삶을 살아가기를 원한다는 것을 보여줄 수가 있다. 겸손 안에서, 인간은 형제와 자매와 나누어 가지는 것으로부터 오는 참된 마음의 평화와 즐거움을 찾을 수 있다. 겸손 안에서는, 아무도 굶주리지 않아도 되고, 아무도 열등감을 느끼지 않아도 되고, 아무도 자신이 무가치한 존재라는 생각을 하지 않아도 되고, 아무도 사랑받지 못한다는 생각을 하지 않아도 된다.

교만심(驕慢心)의 반대인 겸손(謙遜)은 교만심과는 반대되는 결과(結果)를 가져다 준다. 겸손은 인류를 위한 기쁨이다. 그러나 교만심은 인류에게는 무거운 짐이다.

† † †

사랑의 주 예수님! —— 1995년 7월 23일

인간(人間) 안에는 자신의 행동(行動)이 잘못되었다고 말해 주는 내면적인 감각이 있지만, 인간은 이 감각을 교만심으로 묵살해 버린다. 인간이 겸손해지면, 이 감각이 더욱 분명해지고 모든 인간을 올바른 길로 인도(引導)한다.

이 감각은 하느님께서 인간에게 창조(創造)된 의미 대로 살 수 있도록 하기 위해 내려 주신 선물이다. 이 감각은 종종 양심(良心)이라고 불리워진다. 동물은 양심을 갖고 있지 않지만, 인간에게는 창조된 본연(本然)의 모습 대로 참된 영혼(靈魂)이 될 수 있도록 하기 위해 하느님께서 사랑으로 양심을 주셨다.

하느님께서 인간에게 양심을 주셨기 때문에, 하늘 나라로 가는 길을 보다 쉽게 걸어갈 수 있게 되었다. 하느님께서 인간에게 양심을 주셨으므로, 모든 사람은 사랑 안에서 살아야 한다. 그리고 하느님께서는 인간에게 양심을 사랑의 선물로 주셨다. 그러나 많은 사람들은 그 선물(膳物)에 등을 돌리고, 많은 사람들은 그 선물을 받아들이기를 거부하고, 또 많은 사람들은 그 선물을 아예 무시해 버렸다.

인간은 사랑 안에서 살도록 하느님의 사랑으로 창조되었

다. 그러나 대부분의 사람은 하느님의 사랑을 거부(拒否)하고, 그 대신 자기 자신을 사랑하게 되었다. 자기 자신에 대한 사랑은 인간으로 하여금 고통과 괴로움 속에서 끝없이 투쟁하게 만든다. 이 사실은 명백하지만, 인간의 교만심이 그 명백한 사실에 대하여 인간으로 하여금 눈을 멀게 만들고, 진리에 대하여 귀머거리가 되게 하고, 하느님께 자신의 마음을 걸어 잠그게 만든다.

자비로우신 은총의 하느님 아버지께서는 당신의 아들 예수를 세상에 내려 보내 주셨다. 하느님 아버지께서는 그 가려진 감각을 일깨워주시기 위해, 하느님의 참된 사랑을 일깨워주시기 위해, 그리고 사랑을 일깨워 주시고 서로에 대한 존경심을 일깨워주시기 위해 당신의 아들 예수를 내려 보내 주셨다.

예수님이 하신 말씀은 모두 사랑 안에서, 사랑에 대하여, 사랑을 위한 것이었다. 예수님는 세상에 오셔서 인류에게, 온순하여라. 보살펴 주어라. 친절하여라. 겸손하여라. 사랑하여라. 진실하여라. 그리고 하느님과 함께 사랑 안에서 살라고 말씀하셨다.

예수님은 세상에 내려 오셔서, 비록 당신이 하느님의 참 아드님이시며, 앞으로도 항상 하느님의 참 아드님일 것임에도 불구하고, 일관해서 겸손을 보여 주셨다. 그 겸손 안에서, 예수님께서는 생명이 어떤 의미를 갖고 있는가를 보여 주셨다. 예수님은 당신이 곧 사랑이시기 때문에, 오로지 사랑에 대해서만 말씀하셨다. 그리고 예수님은 당신이 곧 사랑이시기 때문에, 사랑만 보여 주셨다.

만일 인류(人類)가, 예수님께서 마련해 주신 생명(生命)의

지도를 따라갈 수 있다면, 모든 영혼(靈魂)이 하늘나라로 이르는 길을 보다 쉽게 찾을 수 있을 것이다. 그렇게 되면, 악(惡)은 이 세상(世上)에서 자취를 감출 것이며, 세상은 다시 한 번 에덴 동산으로 변(變)할 것이다.

† † †

사랑의 주 예수님! ── 1995년 8월 4일

　　예수님의 성심 안에는 모든 사람을 위한 특별한 장소가 있다. 그 특별한 장소는 모든 사람을 위해 마련되어 있다. 예수님은 모든 사람이 찾아와서 이 특별한 장소를 요구하고, 영원한 기쁨과 사랑 안에서 예수님과 하나가 되기를 원(願)하고 있다. 이것을 마음에 두시고, 주님께서는 모든 사람에게 당신을 사랑할 기회(機會)를 주신다.

　　예수님은 일부 사람들에게는 당신의 사랑을 받아들이는 것이 얼마나 어려운가를 알고 계신다. 그 사랑을 가로막고 있는 교만심(驕慢心) 때문에 어렵고, 자신은 그럴만한 값어치가 없다고 생각하고 있기 때문에 어렵고, 주님의 사랑을 받아들이면 따라올 지도 모르는 곤혹(困惑)스러움 때문에 어렵고, 예수님은 주님이라는 것을 믿지 않기 때문에 어렵고, 사람을 혼란(混亂)스럽게 만들고 압도(壓倒)해 버리는 악(惡) 때문에 어려운 것이다.

　　예수님은 이렇게 말씀하신다. "내 조언에 귀를 기울이고 받아들여라. 왜냐 하면, 나는 사랑으로 조언(助言)을 하고, 도와주기 위해 조언을 하기 때문이다." 이것은 너희를 사랑하고, 너희의 사랑을 간절히 원하는 너희의 하느님, 구세주, 예수 그리스도님의 조언이시다.

　네 자신의 내면을 들여다 보고 진실로 자신이 어떠한가를 보아라. 몽롱한 눈으로 보지 말고, 네 자신과 삶을 있는 그대로 보아라. 자세히 보아야 한다. 너는 다른 사람들을 위해서가 아니라 네 자신을 위해 살고 있지 않은가? 네 자신을 남들보다 위에 놓지는 않는가? 다른 사람들을 잘못 대접하지는 않았는가, 다른 사람들에게 불친절하지는 않았는가를 살펴 보아라. 다른 사람들의 곤궁을 진심으로 고려하지 않고, 네 자신의 욕망(欲望)을 위해 거짓말을 하고, 훔치고, 속이고, 간계(奸計)를 쓰고 이용(利用)하지는 않았는가? 다른 사람들에게 신체적으로나 정서적으로 상처를 입히지는 않았는가? 다른 사람들에게 좋지 않은 소리를 하지는 않았는가? 다른 사람들을 난처하게 만들거나 창피를 준 적은 없었는가? 이런 가운데서 너는 어떤 일을 했는가? 대부분의 사람들은 인생의 어느 시점에서 이런 일을 한 적이 있을 것이다. 왜냐 하면, 이것은 살아 있는 인간의 한 부분이기 때문이다. 그리고 인간이 최초에 죄를 지은 이래, 인간 안에 존재해 온 약점(弱點)의 한 부분이기 때문이다.

　네 교만심이 자신이 행해 온 것을 인정(認定)하는 것을 가로막고 있는가? 아니면 그러한 행동(行動)에 대한 합리적인 구실을 생각해내고 있는가? 이것이 바로 교만심의 작용 방법(作用方法)이다. 교만심은 남에게 해(害)를 끼치는 일이나 나쁜 일을 그럴싸한 이유(理由)를 들어서 감싸 버린다.

　많은 사람들이 지금 해야 할 일은 겸손(謙遜)한 마음을 가지고 자신의 내면(內面)을 들여다보는 일이다. 그리고 인생에서 저지른 잘못이나 실수를 정확하게 보는 일이다. 그러한 행동이 어떻게 남들과 자기 자신을 해쳐왔는가를 정확히 알고, 회개(悔改)하고, 변화(變化)해야 한다. 자기 자신의 실수(失手)와 죄(罪)를 다시는 되풀이하지 않도록 노력(努力)할 것을 약속(約束)하고, 함께 나누고 남을 보살피는 삶을 살도록 노력해야 한다. 이것이 바로 인류(人類)가 받아들이고 환영한 고통과 괴로움을 극복(克服)할 수 있는 유일(唯一)한 길이다.

†††

사랑의 주 예수님! ──── 1995년 8월 12일

아무리 노력을 해도 인간은 성격의 근본적인 결함(缺陷), 곧 원죄(原罪)를 극복할 수가 없다. 이러한 결함 때문에 죄는 인간의 한 부분이라는 주장을 받아들여야 한다. 원죄는 이런 식으로 항상 존재(存在)해 왔고, 앞으로 조금도 변하지 않을 것이다. 인류에게 이렇게 굳게 믿도록 만든 악마는 얼마나 교활(狡猾)한가!

이 주장을 받아들임으로써 인류는 더 많은 악을 허용(許容)하고, 더 많은 죄를 허용하고, 더 많은 악행(惡行)을 허용하고 있다. 세상 사람들은 죄를 극복(克服)할 수 있다는 것을 이해(理解)하지 못하고 있다. 인류는 악을 물리칠 수가 있고, 창조된 본연의 모습 대로 살 수가 있다. 이 세상에 충만해 있는 악을 극복하기 위하여 온 인류가 해야 할 일은, 예수님의 구원(救援)의 은총(恩寵)을 받아들이는 것이다. 이것이야말로 인류(人類)가 거부(拒否)할 것이 아니라 환영(歡迎)해야 하는 참된 태도(態度)인 것이다.

　　　은총을 내려 주실 때에는 기꺼이 받아들여야 한다. 왜냐 하면, 은총은 인류를 해치기 위해서가 아니라 인류에게 이익(利益)을 주기 위해서 내려 주시는 것이기 때문이다. 은총을 내려 주실 때에는 있는 그대로 보아야 한다. 왜냐 하면, 하느님께서 이렇게 말씀하셨기 때문이다. "나는 너희를 사랑한다. 나는 너희와 함께 나의 사랑을 나누어 갖기를 원한다." 그러므로 은총을 내려 주실 때에는, 소용 없다고 등을 돌릴 것이 아니라 생명(生命)의 참된 보물로서 간절히 구해야 한다.

　　　세월이 지남에 따라, 하느님께서 십자가에서 베풀어 주신 참된 구원의 은총이 많은 사람들에 의해서 무시되고, 거부당하고, 조소당하고 매도(罵倒)되고 있다. 인류를 죄로부터 해방(解放)시키기 위해 예수님께서 받으신 수난(受難)이 종종 무가치한 것으로 간주되거나, 혹은 인간에게 보다 착하게 살도록 하기 위해 꾸며낸 가공(架空)의 이야기로 간주(看做)되고 있다. 다시 말하면, 예수님의 수난의 참된 의미, 곧 악에 대한 선(善)의 승리(勝利)로 보지 않고 있다는 것이다.

　　　인간이 악을 부정하는 한, 악은 인간을 해칠 수 없다고 하느님께서는 인류에게 말씀하신다. 왜냐 하면, 하느님께서 보호해 주시기 때문이다.

　　　하느님께서는 이 세상에서의 삶은 그다지 중요하지 않고, 정말로 소중히 여겨야 할 것은 하늘 나라에서의 영원한 삶이라고 말씀하신다. 하느님께서는 패배(敗北)처럼 보이는 것이 그것을 받아들이기만 한다면, 사실은 모든 사람을 해방시켜 주는 참된 승리라고 말씀하신다. 하느님께서는, "나는 자녀들이 행복해질 수만 있다면 어떠한 고통도, 수난도, 죽음조차도 참고 견딜 만큼 인간을 사랑하고 있다."고 말씀하신다. 그리고 또 하느님께서는, "나에게 와서 행복해져라!"고 말씀하신다.

† † †

사랑의 주 예수님! —— 1995년 8월 20일

    인류는 어떻게 하느님을 사랑하는 지를 잊어버렸다. 어떤 사람들은 하느님을 사랑하고 있지만, 대부분의 사람들은 하느님을 사랑하지 않는다. 그들은 다른 하느님, 곧 자아(自我)의 신, 죄의 신, 어둠의 신을 사랑하고 있다. 대부분의 사람들은 하느님의 사랑 안에서 사는 방법(方法)을 이해하지 못하는 것같다. 그들은 오로지 하느님으로부터 떨어져서 사는 방법만 이해(理解)하고 있는 것같다.

    이성(理性)은 하느님을 사랑하지 않도록 만들어졌다. 이성은 인간의 창조주에 대한 사랑을 무시하도록 만들어졌다. 어떤 이성은 너무나도 잘못되어 있어서, 어린이가 보아도 잘못되어 있다는 것을 알 수 있을 정도이다. 사람들이 실수나 나쁜 짓이나 과오(過誤)를 범하는 것을 보면, 어떤 일이 일어나는가 하면 그 사람들은 극단주의자(極端主義者)나, 광인(狂人)이나, 광신자(狂信者)나 혹은 그냥 이상한 사람으로 간주한다.

    나쁜 짓은 대부분의 사람들에 의해서 옳은 일로 간주된다. 그러나 옳은 일에 반대(反對)하는 사람은 경멸(輕蔑)당하거나 매도(罵倒)당하거나 조소(嘲笑)의 대상(對象)이 된다. 여기서 또다시 인간의 교만심의 죄가 작용하는 것을 볼 수 있다. 교만심은 이렇게 말하고 있다. "나는 옳다. 내가 하는 일은 모두 옳다. 나는 무엇이 최선인지를 알고 있다. 하느님은 내가 다른 방식으로 하는 것을 원치 않는다. 왜냐 하면, 나는 하느님이 말하는 것을 모두 이해하고 있기 때문이다." 이 교만심은 한처음부터 인간과 함께 있었던 것이 아닌가? 원죄(原罪)의 교만심(驕慢心)부터…….

교만심을 가진 인간은 자기 자신을 바라보고 이렇게 말한다. "우리는 만물(萬物)의 주인이다. 우리는 모든 것의 해답을 알고 있다. 우리는 신과 같은 존재가 될 수 있다." 이런 식으로 생각하다니 얼마나 어리석은 인간들인가? 이런 길을 걸어가다니 얼마나 어리석은 자들인가? 그 길은 바로 하느님으로부터 멀어져 가는 길이며, 자기 파멸(自己破滅)의 길이다.

왜 인류는 만물의 주인이 되기를 원하고 있는가? 자신의 사랑을 잃어버린다면, 그것이 무슨 소용이 있겠는가? 왜 인류는 모든 것에 대한 해답을 원하고 있는가? 그것을 사랑 안에서 사용할 수 없다면, 그것이 무슨 소용이 있겠는가? 왜 인류는 하느님의 사랑 안에서 영원히 살고, 영원히 행복해질 수 있는데, 왜 하느님과 동등(同等)하게 되기를 원하고 있는가? 인류는 보다 많은 것을 추구하기 때문에 너무나도 많은 것을 잃어 왔던 것이다. 인류는 가질 수 있을 것 같고 발견할 수 있을 것 같은 것을 위해서, 모든 것 가운데서 가장 훌륭한 보물을 포기해 버렸다. 그러나 인류는 오로지 이미 모든 것을 다 가지고 있고, 모든 것이 하느님의 사랑 안에서 인류를 위해 기다리고 있다는 것을 이해할 필요가 있다.

　무엇이 사람들로 하여금 이른바 많은 신들에게 향하게 만드는 것일까? 한 분이신 참 하느님께서 사랑과 기쁨과 행복을 모두 베풀어 주시는데, 무엇이 인류로 하여금 더 많은 것을 찾게 만드는가? 분명히 그것으로, 충분하지 않은가? 다른 신들은, 사실은 모두 속임수이지만, 인간을 참 하느님으로부터 떼어 놓을 수 있는, 어떤 것을 제의하고 있는가? 그것은 권력(權力)과 재물(財物)과 영광(榮光)인 것이다.

　종종 그것은 남이야 어떻게 되든 말든, 자신의 만족감을 위해 자기가 원하는 일을 하도록 만든다. 때때로 그것은 다른 사람들처럼 매도를 당하지 않도록 하기 위한 압력으로 작용하기도 한다. 이러한 모든 것은 탐욕(貪慾)의 자아(自我)나 욕망(欲望)의 자아나 권력욕의 자아든 간에 전부 자아에 관련되어 있다. 그리고 이런 것들을 받아들이는 것은 인간의 약점 때문이다.

　인류는 아직도 찾고 있지만, 사랑의 이름으로가 아니라 자아의 이름으로 찾고 있다. 그리고 하느님의 힘 안에서 찾고 있는 것이 아니라 인간의 약점 속에서 찾고 있는 것이다. 인류는 도중에서 길을 잃고, 자신의 곤경 때문에 판단력을 잃었다.

　인간이 자기 자신에게 무슨 짓을 하고 있는지를 이해하고, 자신을 사랑하기만 하는 하느님께 무슨 짓을 하고 있는지를 이해하는 그 순간(瞬間)은, 인간 존재(人間存在)의 가장 슬프고 또한 가장 즐거운 순간이 될 것이다.

　죄를 받아들임으로써 자기 자신에게 고통과 괴로움을 안겨주게 되었다는 깨달음에서 오는 슬픔이고, 인간의 결점 때문에 하느님께서 십자가상에서 겪으신 고통을 모두 피할 수도 있었을 것이라는 깨달음에서 오는 슬픔일 것이다. 그리고 무모한 자녀들이 그 자체만으로도 충분히 인간의 마음을 상하게 하고 있기 때문에, 창조주이신 하느님께서 얼마나 속을 태우고 계시는가를 보는 슬픔일 것이다.

그러나 그 순간은 가장 감미로운 기쁨의 순간이 되기도 할 것이다. 왜냐 하면, 그 때는 거의 모든 사람이 용서를 구하게 될 것이고, 거의 모든 사람이 하느님께 돌아가기를 원할 것이고, 거의 모든 사람이 악을 거부하게 될 것이기 때문이다. 죄에 너무 깊이 빠져 있어서, 하느님의 진리를 받아들일 수가 없거나 또 받아들이지 않을 사람들을 제외하고는 말이다.

자녀들이 예수님을 통하여 성령님의 은총으로 하느님 아버지께 의지하여 하느님의 가족으로 돌아가기를 간청할 때, 그것은 얼마나 놀라운 순간이겠는가! 길을 잃은 자녀들이 집을 찾아 돌아오고, 방탕한 아들이 집으로 돌아오는 것은 하늘나라와 지상에서 얼마나 축복할 일이겠는가! 하느님께 돌아온 모든 사람에게 얼마나 큰 행복이고 얼마나 큰 기쁨이고 얼마나 큰 사랑이겠는가!

이것이 바로 하느님께서 간절히 바라시는 일이다. 이것이 바로 하느님께서 자녀들에게 원하시는 일이다. 이것이 바로 모든 피조물이 기다리고 있는 사랑의 순간들이다.

† † †

사랑의 주 예수님! —— 1995년 8월 21일

사랑 안에서, 인간은 필요한 것이 모두 가득 채워진다는 것을 발견할 것이다. 사랑 안에서, 인간은 겸손(謙遜)이란 하느님께서 주시고 하느님께서 소중히 여기시는 특별한 선물이라는 것을 알게 될 것이다. 사랑 안에서, 인간은 생명의 참된 가치와 생명의 진정한 의미와, 모든 사람을 기다리고 있는 참다운 현실을 이해하게 될 것이다. 사랑은 인간을 하느님께 활짝 열게 만들고, 인간을 하늘 나라로 이끌어간다.

사람들은 사랑을 오해하고, 때로는 제대로 인식하지 못하고, 때로는 사랑의 참된 가치를 깨닫지 못한다.

사랑은 너무나도 특별한 것이어서, 어느 곳에나 있고 모든 것이기도 하다. 사랑은 너희가 호흡하는 공기이고, 너희가 마시는 물이고, 너희가 먹는 음식이고, 너희가 더불어 살고 있는 동물이기도 하다. 사랑은 식물이고, 나무이고, 너희가 서 있는 지구이기도 하고, 너희가 존재하는 우주이기도 하다.

사랑은 어느 곳에나 있다. 다만 인간이 종종 알아보지 못할 뿐이다.

이러한 모든 것은 하느님의 사랑에 의해서 창조되었다. 그리고 모든 것은 하느님의 사랑과의 일치 속에서 존재하도록 만들어졌다. 숨을 쉴 때마다 너희는 하느님의 사랑의 창조물 안에서 숨을 쉰다. 음식을 먹을 때마다 너희는 하느님의 사랑의 창조물을 먹는다. 어떤 물체를 볼 때마다 너희는 하느님의 사랑의 물체를 보는 것이다.

모든 것은 사랑이 되도록 사랑 안에서 창조(創造)되고, 사랑에 의해서 생활(生活)하도록 만들어졌다. 모든 것은 순수하고 훌륭하게 창조되었기 때문에, 모든 것은 그 나름 대로 아름다운 것이다. 모든 것은 하느님께서 베풀어 주신 사랑의 선물이다.

　　인간은 무엇인가를 만들어 내려고 노력하지만 종종 사랑 없이 만들어내기 때문에, 그 결과는 모두가 보는 바와 같다. 공기는 오염되고, 물은 더러워지고, 동물은 죽어 가고 또한 인간은 자기 자신을 파괴하고 있다. 만일 인간이 눈을 크게 뜨고서, 하느님의 사랑으로 창조되지 않은 것은 모조리 파괴되고 손상되어서 결국에 가서는 존재조차 할 수 없게 된다는 것을 알게 된다면 얼마나 좋을까! 이것이 오늘 날 이 세상에서 일어나고 있는 일이다. 인간은 지구를 파괴하고, 동물을 죽이고, 인간의 영혼(靈魂)에 상처(傷處)를 입히고 있는 것이다.

†††

　　선(善)은 오로지 선 속에서만 존재할 수 있으며, 그 밖의 것은 반드시 죽는다는 것은 너무나도 명백한 사실이다. 물 속에서 살도록, 오직 물 속에서만 생존하도록 창조된 물고기를 생각해 보아라. 물에서 물고기를 꺼내면 결국 죽고 만다. 얼마 동안은 몸을 버둥거리며 숨을 헐떡거리겠지만, 물 없이는 그다지 오래 살지 못한다. 그것은 인간의 경우도 마찬가지이다. 인간은 사랑 속에서 살도록, 오직 사랑 속에서만 생존하도록 창조되었다. 일단 사랑 밖에서 살기 시작하면, 인간은 파멸을 하게 된다.

　　이 세상의 상태를 바라보고, 물고기가 허위적거리며 숨을 헐떡이는 것을 보아라. 이것이 바로 현재의 인류의 모습이다. 왜냐 하면, 세상의 모든 사람이 죄와 악 속에서 살고 있기 때문이다. 그러나 결국 그 몸부림은 멈추고 말 것이다. 어떤 사람들에게는 하느님의 사랑 밖에서 머물기 때문에 몸부림이 멈출 것이고, 또 다른 사람들에게는 하느님의 사랑에로 되돌아가기 때문에 몸부림이 멈출 것이다. 사랑 밖에서 몸부림을 치다가 죽느냐, 아니면 사랑 안에서, 곧 존재(存在)를 위해 필요한 하느님의 사랑 안에서 영원히 사느냐의 선택권(選擇權)은 자신의 자유 의지(自由意志)에 달려 있다.

　　사랑은 너희도 알다시피 다정한 감정 이상의 것이고, 달콤한 말 이상의 것이며, 애인의 감미로운 포옹 이상의 것이다. 사랑은 모든 사람에게 필요하지만, 대부분의 사람들은 사랑을 오해(誤解)하고 있다.

　　사랑은 선택을 하게 되어 있다. 왜냐 하면, 만약 자유 선택권이 없다면, 사랑이란 존재할 수 없기 때문이다. 사랑은 그 사랑으로 되돌아가느냐, 아니면 거부하느냐의 자유를 제공하고 있다. 사랑은 고통과 기쁨 가운데 하나를, 곧 사랑을 거부하는 고통과 사랑을 받아들이는 기쁨 가운데 하나를 선택하는 것이다. 사랑은 모든 이를 위해 있지만, 그것을 받아들이느냐 안 받아들이냐 하는 것은 모두 사람의 선택에 달려 있다.

　　인류 역사의 결과(結果)를 보아라. 그것은 하느님과 떨어져 사는 것으로부터 모든 파멸과 악이 나온다는 것을 보여주고 확인시켜 준다.

　　인류의 역사를 돌이켜 보면, 너희는 악이 득세할 적마다 전쟁과 살인과 강간 그리고 수많은 나쁜 일들이 일어났다는 것을 분명히 알 수 있을 것이다. 도대체 언제 하느님의 참된 인간이 전쟁을 시작했는가? 도대체 언제 하느님의 참된 자녀가 나쁜 짓을 했는가? 때때로 전쟁과 악이 하느님의 의지나 뜻인 양 외관(外觀)을 꾸밀 때가 있으나, 그것은 하느님이 아니라 인간이 자행(恣行)하고 있는 것이다. 역사를 통해서 많은 선량한 사람들이 하느님을 위해 싸우고, 하느님의 이름으로 살인을 해 왔다.

　　　　이것은 사실은 하느님의 뜻을 오해한 결과이다. 왜냐 하면, 하느님께서는 십계명에서 "사람을 죽이지 마라."고 말씀하시지 않았는가? 이것은 또한 하느님께서 요구하시는 것을 인간이 이해하지 못하고 있다는 증표(證票)이다. 이것은 또한 싸움을 할 때, 인간이 하느님께 대한 참된 믿음을 가지고 있지 않다는 것을 보여준다.

　　　　하느님께 대한 믿음이 필요한 시기는 인간이 하느님께 등을 돌리는 시기인 것같다. 하느님을 믿으면 이 세상에 평화가 오고 전쟁이 종식되고, 악이 물러갈 것이다. 그리고 하느님을 믿으면, 모든 해답을 얻게 될 것이다.

　　　　오늘 날 공산주의의 멍에 아래에 있는 나라들을 보아라. 그 나라들은 무력의 힘에 의해서 해방을 얻지 못했다. 그러나 러시아는 자유를 위해 하느님께 바친 수많은 기도에 의해서 해방되었다. 비록 오랜 세월이 걸렸으나 결국에는 해방되었다. 만일 세상 사람들이 기도 속에서 결합된다면, 얼마나 많은 일이 일어날 지를 상상해 보아라. 자유를 찾은 러시아는 지금 길을 잃은 채 갈팡질팡하고 있다. 그들을 참된 행복의 길로 인도할 필요가 있는 것이다.

　　　　이것은 하느님을 사랑하는 사람들이 그들을 하느님의 가족으로 돌아오도록 기도를 계속 드린다면, 성취(成就)할 수 있는 일이다. 지금 악은 러시아를 자기 손아귀에 넣으려고 노력하고 있다. 그리고 러시아가 양떼 속으로 돌아가는 것을 막으려고 노력하고 있다. 악은 가능한 한 모든 수단(手段)을 동원하여 또 그 거대한 땅과 위대한 국민을 하느님의 사랑으로부터 떼어 놓으려 하고 있다. 이 악을 물리치기 위해서는 전세계적인 기도가 필요하다. 공산주의의 패망에 의해서 그 싸움의 절반은 승리를 거두었다. 그러나 지금도 전세계의 곳곳에서 그 싸움은 계속되고 있다. 러시아뿐 아니라 그 곳들을 위하여 항구하게 기도(祈禱)를 계속해야만 한다.

† † †

   기도는 인간이 즉시 마음 대로 사용할 수 있는, 악에 대한 가장 강력한 무기이다. 대량 살상 무기는 열심히 손에 넣으려고 안간힘을 쓰면서, 왜 기도에 의한 사랑의 진짜 무기는 종종 무시하는가? 악을 물리쳐야 한다면, 악이 아니라 반드시 선(善)을 가지고 쳐부수어야 한다. 왜냐 하면, 악에 의해서 쳐부순다면 그것이 무슨 승리겠는가? 만일 선이 악에게 도움을 청한다면, 당시에 그것이 어떻게 보여지든 간에, 그것은 악의 승리인 것이다. 그것은 또 다른 악의 승리이며, 또 다른 하느님으로부터의 인간의 탈락이다. 세상의 선량한 의도를 가진 사람들이 악을 쳐부수기 위해 악을 자신의 무기로 사용하게 하다니, 악은 얼마나 교활(狡猾)한가! 이 얼마나 공허(空虛)한 승리(勝利)인가!

   평화와 평안은 오로지 선으로부터 나온다. 악을 받아들이면, 혼돈과 혼란이 지배하게 된다. 오늘 날의 세계는 혼돈 속에 있고, 혼란에 빠져 있고, 너무나도 많은 전쟁에 시달리고 있고,

너무나도 많은 범죄와 너무나도 많은 악이 난무하고 있다. 분명히 이것은 인류에게, 무엇인가가 잘못되어 있다는 것을 말해 주고, 분명히 인간의 방법이 실패했다는 것을 말해 주고 있다. 그리고 인간의 실패가 성공보다 훨씬 많으면, 인간이 이룩한 성공이 종종 악의 도구로 전락하고 있다는 것을 말해 주고 있다. 인류가 기술 분야에서 이룩한 진보를 얼마나 많이 오직 파괴 무기를 만드는 데 이용해 왔는가.

인류가 추구해야 하는 진보(進步)는 인간의 가족을 결합시켜 주는 진보이고, 가난과 기아와 폭력과 범죄를 없애 주는 진보인 것이다. 인류가 이룩해야 하는 진보는 사랑과 생명과 자유 속의 진보이다. 그리고 하느님께 인류를 더욱 가까이 데려다 주고, 영원한 기쁨과 하늘 나라에 더욱 가까이 데려다 주는 진보인 것이다.

진보는 사랑하는 것을 의미해야만 한다.
진보는 배려하는 것을 의미해야만 한다.
진보는 온화해지는 것을 의미해야만 한다.
그 밖의 다른 진보는 실제로 한 걸음씩 뒤로 후퇴하는 것을 말한다.
그 밖의 다른 진보는 속임수에 지나지 않는다.
그 밖의 다른 진보는 하느님으로부터 떨어져 멀어지게 하는 길이다.

† † †

사랑의 주 예수님! —— 1995년 8월 26일

인류가 살고 있는 생활방식과 어떻게 존재하고 있는가를 보아라. 창조의 기적이라고 일컬어지는 인류가, 선에서 등을 돌리고 악을 반기는 것을 보시고, 하느님의 마음은 갈기갈기 찢기신다. 자비로우신 하느님 아버지께서는 자녀들에게 마음을 활짝 열고 고향으로, 곧 하늘 나라로 돌아오기를 기다리고 계신다. 하느님 아버지께서 베풀어 주신 자비를 받아들이는 것은, 오로지 인간에게 달려 있다.

수많은 고통과 수많은 죄 속에서 허덕이는 인간의 모습을 볼 때, 그리고 너무나 많은 사람들이 살아 남기 위해 싸우고, 먹을 음식을 찾기 위해, 일자리를 찾기 위해, 사랑을 찾기 위해 싸우는 것을 볼 때, 어느 누가 이 세상을 살기 좋은 곳이라고 생각하겠는가? 자신이 어떻게 살든, 자신의 생활이 얼마나 안락한 것이든 상관 없이, 다른 사람들이 고통을 당하고 있는 한, 이 세상은 결코 살기 좋은 곳이 아니다.

† † †

자신의 부와 안전을 느긋이 즐기며 앉아 있는데, 다른 사람들은 아무 것도 갖고 있지 못하다면, 너는 죄에 가담하고 있는 것이다. 너의 무위(無爲 = 무행동)는 물에 빠진 사람에게 등을 돌리고 그 사람이 빠져 죽도록 내버려 두는 것과 같다. 너는 그 사람을 죽이지는 않았을 지 모르지만, 무위(無爲)로써 그 사람의 죽음에 공헌을 한 것이다.

이제 인류는 지금까지 빠져 있던 오랜 동안의 잠을 털고 일어나야 할 때이다. 이제 인류는 눈과 마음을 열어야 할 때이다. 이제 인류는 악에게 "아니오!"라고 말하고, 하느님께 "네!" 하고 분명하게 말을 해야 할 때이다. 이제 인류는 자신의 참된 자아, 선량한 자아, 동정하는 자아, 자비의 자아 그리고 남을 돕는 자아를 보여주어야 할 때이다. 이제 인류는 누워 있는 죄의 잠자리를 털고 일어나서, 하느님의 사랑의 영광 안에서 참된 자아를 보여줄 수 있다.

인간의 삶이란 것은 현재 상태로 지속되지는 않으며, 모든 것을 잃고 모든 것이 파괴되는, 돌이킬 수 없는 시점이 반드시 찾아온다는 것을 알아야 한다. 그러므로 너무 늦기 전에, 인간은 보다 나은 삶을 위해 변화(變化)할 기회(機會)를 가져야 한다. 그러나 많은 사람들은 변화를 두려워하는 것같고, 다른 사람들은 변화를 불가능한 것으로 여기는 것같다.

인간은 변화(變化)될 수 있다. 반드시 인간은 변화(變化)되어야 한다. 그렇게 하겠다는 의지(意志)만 있으면 되는 것이다. 인간은 오로지 그렇게 하겠다고 원(願)하기만 하면 선(善)과 사랑 안에서 살아갈 수가 있다. 그리고 인간은 하느님 안에서 행복(幸福)하고 즐겁게 살 수 있다. 오직 노력(努力)만 하면 되는 것이다. 하느님께서는 자녀들이 변하는 것을 도와 주시려고 기다리고 계신다. 인간은 다만 선택(選擇)하기만 하면 되는 것이다. 하느님께서는 처음에는 쉬운 일이 아니라는 것을 잘 알고 계신다. 그래서 이 세상이 변할 수 있도록 돕기 위해 많은 선물(膳物)과 은총(恩寵)을 베풀어 주신다. 그러므로써 인간(人間)은 그것을 구(求)하기만 하면 되는 것이다.

인간이 구하기만 하면, 하느님께서는 풍족하게 주실 것이다. 하느님께서는 인간을 사랑하시기 때문에, 인간이 악(惡)을 극복(克服)하는 데 필요한 모든 힘을 내려 주실 것이다.

지금 하느님 아버지께서는 너무나 많은 것을 자녀들에게 큰 사랑 안에서 베풀어주신다. 지금 하느님 아버지께서는 선택한 자를 통해서 인류에게, 하느님께서는 현존하시고, 하느님께서는 사랑이시라는 것을 보여주기 위해 수많은 기적(奇蹟)을 행하고 계신다. 그리고 지금 하느님 아버지께서는 자녀들을 지켜 보시면서 풍성하게 선물을 내려 주신다.

왜 하필이면 지금인가? 그것은 명백하고, 너무나도 분명하다. 지금은 거대한 죄악(罪惡)의 시대이고, 거대한 배교(背敎)의 시대이며, 거대한 이단(異端)의 시대이기 때문이다. 지금은 하느님을 거의 생각하지 않는 시대이다. 지금은 인간의 교만심(驕慢心)이 인간을 사탄의 품 안으로 이끌어 가고 있는 시대(時代)인 것이다.

인간은 이런 시대가 얼마나 오랫 동안 계속될 것이라고 생각하는가? 만일 인간이 사탄과 손을 맞잡고 걸어간다면, 사탄이 그 대가(代價)를 요구하지 않을 것이라고 생각하는가? 그 대가는 아무도 치루고 싶어하지 않는 대가이다. 그것은 모두가 피하려고 안간힘을 쓰는 대가이다. 그러나 인간이 하느님의 사랑 안에서 살지 않는 한, 그것을 피하는 것은 불가능하다. 인간 앞에는 두 개의 문이 있다. 하나의 문으로 걸어 들어가면, 영원한 고통을 발견하게 될 것이고, 다른 문으로 걸어 들어가면, 영원한 기쁨을 발견하게 될 것이다. 누가 첫 번째 문을 원하겠는가?

하느님으로부터 너무나도 멀리 떨어져 있어서 하느님께서 존재하신다는 사실조차 모르고 있는 사람의 이야기가 있다. 이 사람은 오로지 자신이 할 수 있는 일만 믿었으며, 이 세상의 과학자들이 할 수 있는 일만 믿고 있었다. 그리고 언젠가는 인류가 죽음의 비밀을 알아내서 불멸의 존재가 될 것이라고 믿었다. 이 사람은 계속 나이를 먹어 갔으나 인류는 아직도 죽음을 극복하지 못하고 있었다. 절망한 나머지 이 사람은 약초를 캐러 다니고, 치료법을 구하러 다니고, 신비한 힘을 찾아 다녔으나, 계속 늙어만 갔다. 그리고 건강이 자꾸만 나빠지기 시작했다. 그러나 자기가 죽는다는 사실을 받아들일 수가 없었다. 죽음에 대하여 생각을 하면 할수록 더욱더 살고 싶어졌다…….

이 사람은 어느 날, 영원한 생명을 얻는 확실한 길에 대한 이야기를 들었다. 그래서 이 사람은 그 길을 찾아 나섰다. 얼마 후 이 사람은 "젊음의 샘"이라고 부르는 장소에 도달했다. 그 샘에서 목욕을 할 수 있겠느냐고 묻자, 그 샘의 주인은 대가를 지불해야 한다고 말했다. 이 사람은 생각했다. 그것이 얼마가 되든 꼭 지불할 것이다. 왜냐 하면, 영원한 생명을 얻게 될 테니까 말이다. 그래서 얼마냐고 물어 보았다.

"그 대가는 당신의 영혼이오." 하고 샘물의 주인이 말했다. "그것이 무엇인데?" 하고 이 사람은 생각했다. "그것은 상상의 물건에 지나지 않는다." 이 사람은 그것을 선선히 넘겨 주었다. 샘물에서 목욕을 하고난 이 사람은 다시 젊어졌기 때문에 더 할 수 없이 행복했다. 그러자 주인이 말했다. "당신의 영혼은 내 것이라는 것을 잊지 마시오." 이 사람은 조금도 개의치 않았다. 영혼(靈魂)이 무엇이란 말인가? 이 사람은 행복해서 노래를 부르면서 그 곳을 떠나갔다. 집으로 돌아오는 도중에 이 사람은 길을 건너가다가 마침 달려 오던 자동차에 치여서 그만 죽고 말았다.

죽으면서 이 사람은 자기 앞에 서 있는 예수님을 보고, 예수님이 실제로 존재한다는 것을 이해했다. 이 사람은 예수님께 말했다. "저는 이전에는 당신을 믿지 않았습니다. 그러나 이제 당신이 실제로 존재한다는 것을 알게 되었으니까, 부디 저를 하늘나라로 데려가 주십시오. 그 곳에서 행복하게 살 수 있게 말입니다." 예수님은 이 사람에게 말씀하셨다. "너는 나에게 속한 사람이 아니다. 왜냐 하면, 너는 영원히 살기 위하여 자진해서 악마에게 너를 넘겨 주었다. 생명을 주시는 것은 하느님 뿐이고, 사탄은 생명을 파괴할 뿐이라는 이야기를 수없이 들어왔을 것이다. 너는 계약할 때, 생명의 파괴자와 계약을 한 것이다. 사탄은 약속을 지키지 않겠지만, 너는 그 약속을 지켜야 할 것이다." 사탄은 이 사람의 영혼(靈魂)을 가져다가 영원히 지옥 속에 가둬 놓았다.

　　오늘 날, 인간은 자유 선택권(自由選擇權)을 가지고 있다. 인간은 지금 어떤 선택을 하고 있는가? 속임수에 영향을 받은 선택을 하고 있는가, 아니면 사랑에 영향을 받은 선택을 하고 있는가? 올바른 선택은 예수님께 인도(引導)해 갈 것이고, 그 반대의 선택은 지옥(地獄)으로 끌려 갈 것이다.

† † †

사랑의 주 예수님! ── 1995년 8월 27일

　　오늘 날의 세대는 생존의 현실을 감수(甘受)하지 않으면 안 된다. 인간은 눈을 덮고 있는 눈꼽을 닦아내고, 현실(現實)이 어떤 것인지를 직시(直視)할 필요가 있다. 너무나도 오랜 동안 인류는 눈으로 보고 느끼는 것을 현실이라고 생각하고, 삶의 길을 눈뜬 장님처럼 무턱대고 걸어 왔다. 인간의 이해력을 뛰어 넘는 것은 무조건 무시하거나 믿지 않았다. 손으로 만져서 알 수 있는 것이나 가능하다고 보이는 것만 진실이라고 생각했다. 왜냐 하면, 그것은 인류가 계발(啓發)해 온 논리와 들어맞는 것이기 때문이며, 그것만을 사실로 믿었다. 그 밖의 모든 것은 가차 없이 버렸다. 이해(理解)할 수 없는 것이나 이해하지 못하는 것을 버리는 것은 얼마나 위험스러운 일인지 모른다. 인간의 교만심(驕慢心)이 이런 짓을 하게 만든다.

인간이 받아들이고 있는 현실은 참된 현실이 아닐 지도 모르고, 진리가 아닐 지도 모른다. 어떻게 인간은 현실을 알 수가 있는가? 왜냐 하면, 인간은 오직 자신의 원근법(遠近法)으로만 보고, 자신의 교만심으로 보고, 자신의 요구에 의해서 보고, 자신의 필요에 의해서 보기 때문이다. 이 얼마나 조잡스러운 시각(視角)인가! 인간이 참된 생명이라고 보고 믿고 있는 생명은, 영원한 생명에서 본다면, 한 순간에 지나지 않지만, 너무나도 큰 중요성이 부여되어 있다. 이 한 순간은 인간의 영혼이 앞으로 다가올 영원한 생명을 준비하기 위해 주어진 것이다. 이 한 순간은 하느님의 가족이 하늘 나라에서 사랑이 되기 위하여 사랑 안에서 발전할 수 있도록 주어진 것이다.

그러나 생명에 대한 진실한 설명을 인간은 종종 거부하고, 조소하고, 매도하고 경멸한다. 어째서 인간은 진리를 그처럼 받아들이기 힘들어하고, 거짓말이나 속임수는 그렇게 손쉽게 받아들이는 것일까? 그것은 인간이 교만심을 마음과 영혼 앞에 내

세워서, 사랑의 진리를 받아들이고 환영하는 것을 가로막기 때문이다.

† † †

사랑의 주 예수님! ─── 1995년 8월 31일

　　　지금은 이성이라는 베일 아래서 모든 것을 설명할 수가 있다. 하느님의 신비와 창조의 비밀도 모두 이성과 과학의 이름으로 설명할 수 있는 것이다. 이것을 대부분의 사람들이 진리로 믿고 받아들이고 있다. 인간은 이제 더 이상 믿음 쪽은 거들떠보지 않고, 그 대신에 무신론이나 진리를 가리기 위한 구실이나 이성(理性)을 찾고 있다. 만일 어떤 것이 인간의 이해력에 부합되지 않으면, 그것은 보나마나 잘못된 것이다. 그것은 상상임에 틀림 없고, 사실이 아닌 것이 분명하다. 만일 어떤 것이 인간이 기대하거나 원하는 것과 일치하지 않으면, 그것은 잘못된 것임에 틀림 없다. 무엇이 존재하고 있든, 무엇이 사실이든, 무엇이 있든 간에, 인간이 그렇다고 동의(同意)하지 않는 것은 진리(眞理)일 수가 없다.

　　　모든 일에 대하여 자신만이 옳다고 믿고, 자신이 모든 일에 대한 이해력과 해답을 갖고 있다고 믿는 인간이야말로 이상한 존재라고 하지 않을 수 없고, 참으로 이상하게 사는 방법이라고 하지 않을 수 없다. 이것은 인간 속에 있는 교만심과 오만을 역력히 보여주는 사례(事例)이다. 그것은 바로 한처음에 인간이 하느님으로부터 도망쳤을 때 가졌던 것과 똑같은 교만심과 오만인 것이다.

　　인간은 실제로 얼마나 불안정한 지 모른다. 왜냐 하면, 이런 식의 사고 방식이나 믿음이 판을 치는 한, 인간은 불안정할 수 밖에 없기 때문이다. 그러한 불확실성(不確實性)은 자신을 보호하기 위하여 장벽을 만든다. 그리고 그 장벽은 자신의 평안과 믿음과 감정을 위협하는 어떤 것도 막아야 한다고 말한다. 그리고 도전하는 것은 모두 열등한 것이거나 잘못된 것이라고 증명해야 한다. 또한 내면의 자아를 남에게 여는 것이나, 도전을 받도록 노출시킬 위험을 가진 것은 모두 조소(嘲笑)의 대상이 되어야 한다고 말한다.

　　자신보다 우위에 있는 존재와 개인적인 접촉을 가질 입장에 있을 때, 설사 그가 자신을 사랑하기를 원한다 하더라도, 그것을 피해야 한다. 이러한 모든 것은 인간이 얼마나 불안정하고 나약한가를 보여주는 것이다. 모든 사람은 자신의 내면(內面)을 들여다보면, 크건 작건 간에 그러한 생각과 감정을 갖고 있다는 것을 알고 있다. 모든 사람은, 비록 아무리 강한 사람이라 하더라도, 외로움을 느끼거나 길을 잃은 것같은 느낌이 드는 순간이 있다. 모든 사람은 자신의 삶을 되돌아 보면서 절망을 느끼는 순간이 있다.

　　이런 것들은 숨겨진 불확실성인데, 대부분의 사람들은 그것을 무시하거나 부인하려고 안간힘을 쓴다. 이런 것들은 모든 사람이 인생의 어느 시기에 느끼는 감정들이지만, 그것을 인정하기를 거부한다. 이런 것들은 대부분의 사람들이 노여움과 교만심과 오만을 가지고 반응하는 감정들이다. 이런 것들은 인간이 왜 그런 감정이 있는가를 탐구하고 이해해야 할 감정들이다.

이런 것은 인간이 하느님께 등을 돌렸지만, 다시 본래 대로 되돌아갈 필요가 있다고 말하고 있는 감정들이다.

인간이 이러한 불확실성과 두려움을 물리치고 극복하도록 도와주시는 분은 바로 하느님이시다. 왜냐 하면, 하느님 안에서 모든 해답(解答)을 얻을 수 있고, 또한 그것을 극복(克服)할 수 있는 힘도 얻을 수 있기 때문이다. 교만심과 오만이 겸손(謙遜)과 사랑으로 대체되기 위해 사라지는 것도 하느님 안에서이기 때문이다. 겸손과 사랑은 인간이 참된 자아를 발견하는 데 필요한 모든 은총을 가져다 준다.

모든 영혼 안에는 모든 사람이 교만심을 극복하고, 불확실성을 타파하고, 생명의 진리를 발견하도록 도와줄, 하느님께서 베풀어주신 특별한 선물이 있다. 이 생명의 진리는 인간이 따라가야 하는 진리이다. 그리고 인간에게 어떻게 살아가는가를 보여주기 위한 진리이다. 이 생명의 진리는 하느님의 사랑이요, 또한 예수님이시다.

† † †

모든 사람은 오로지 마음을 열고 이 진리와 이 사랑으로 자신을 채우기만 하면 된다. 일단 하느님의 사랑으로 채워지고 나면, 자신을 에워싸고 있는 힘과 권능과 겸손이 악한 모든 것, 어둠의 모든 것, 죄의 모든 것을 물리쳐 주기 때문이다. 인간의 내면에는 하느님으로부터 받은 사랑의 지극히 특별한 선물이 있기 때문에, 그 선물을 돕고 인도하고 보호하기만 하면 되는 것이다.

하느님께서 인간을 창조하실 때, 사랑으로 가득찬 존재로 지어내셨다. 인간은 오로지 그 사랑을 자유롭게 해주고, 하느님의 사랑의 영광 안에서 기뻐하기만 하면 된다. 하느님께서는 모든 사람에게 이 놀라운 선물을 베풀어 주신다. 그러므로 모든 사람은 참된 자아를 발견하기 위하여 오로지 받아들이고, 환영하고, 끌어안기만 하면 된다.

한처음에 창조하신 이래 하느님께서는 인간을 사랑하신다고 얼마나 많이 말씀해 오셨는가? 하느님께서는 용서와 자비를 얼마나 많이 베풀어 오셨는가? 그리고 인간은 얼마나 많이 그것을 거부해 왔는가? 그것을 거부함으로써 인간은 절망 속으로, 죄 속으로, 어둠 속으로 더욱더 깊이 빠져 들어갔던 것이다.

인간은 자신의 잘못 속에서 해답을 찾고 있지만 결코 해답을 찾지 못하거나, 해답을 찾는다 하더라도 그것을 받아들이지는 않는다. 왜냐 하면, 그 해답은 인간으로 하여금 지금까지 얼마나 잘못 행동해 왔는가를 깨닫게 해주기 때문이다. 모든 해답을 하느님께서 주시므로 모든 의문이 풀리게 될 것이다. 인간은 그 해답을, 그 진리를 받아들일 필요가 있다. 인간은 진리(眞理)를 부정하지 말고, 진리가 번창(繁昌)하도록 도와야 한다. 인간은 자신의 삶에 진리를 도입하고, 진리에 의해서 살아야 한다. 진리에 의해서 살지 않는다면 어떻게 그것을 삶이라고 할 수 있겠는가? 거짓말에 지배되고, 기만과 악에 의해서 다스려지는 삶이란 전혀 삶이라고 할 수가 없는 것이다.

만일 네 인생에서, 항상 거짓말만 하는 사람을 만나고, 그 사람이 권하는 일을 할 때마다 반드시 실패로 끝난다면, 어떻게 하겠는가? 아마 너는 그 사람을 피할 것이고, 그 사람의 말에 귀를 기울이지 않고, 그 사람이 권하는 대로 행동을 하지 않을 것이다. 오늘날의 인류는 그 사람의 말에 귀를 기울이고, 그의 말대로 행동을 하고, 그 상황을 피하려고 하지 않는다. 아니, 오히려 그것을 반기고 악을 환영하고 있는 것이다.

그것은 너무나 명백한 데도, 인간은 몇번이고 거듭해서 귀를 기울이고, 몇번이고 거듭해서 행동하고, 그리하여 마침내 파멸로 끝나 버린다. 인간은 기근, 전쟁, 전염병, 질병, 재난 등을 환영하고 기꺼이 맞아들이고는 자신에게 왜 그런 일이 일어날까 하고 의아해 한다.

만일 어떤 사람이 계속 너를 때리고, 계속 마음을 아프게 하고, 계속 욕을 퍼붓고, 너의 가족을 계속 살해한다면 분명히 너는 그 사람에게서 도망칠 것이다. 오늘 날 악마는 이런 일들을 행하고 있으나, 절반의 진실과 거짓말 속에 모습을 숨기고 있다. 그 위장(僞裝)의 껍질을 벗겨내고, 인간에게 무슨 일이 일어나고 있는가를 깨닫고, 악마로부터 벗어나서 예수님의 사랑으로 가득찬 품 안으로 들어가야만 한다.

† † †

사랑의 주 예수님! —— 1995년 9월 10일

예수님의 성심은 모든 사람을 도와주려고 기다리고 있고, 예수님의 성심은 모든 사람을 사랑으로 맞아들이기 위해 활짝 열려 있다. 그리고 예수님의 성심은 자녀들의 사랑을 간절히 바라고 계신다. 네 자신을 예수님의 성심 안에 숨기고, 모든 사람을 기다리고 있는 참된 삶을 발견하여라.

네 자신을 예수님의 성심 안에 숨기고, 하늘 나라를 발견하여라. 예수님의 성심 안에 네 자신을 완전히 맡기고, 예수님이 원하시는 것이면 무엇이든 네 생명 안에서 일어나도록 하여라. 그러면, 너는 하느님의 사랑의 진리를 발견하게 될 것이다. 네 생명이 예수님과 하나가 될 것이고, 네 모든 숨결은 예수님을 위한 숨결이 될 것이고, 네 모든 순간은 예수님을 위한 순간이 될 것이고, 심장의 모든 고동은 예수님을 위한 사랑의 고동이 될 것이다.

네가 이것을 행(行)하면, 그 어떤 것도 너를 해칠 수가 없고, 어떤 것도 너를 파멸시킬 수가 없으며, 그 어떤 것도 너를 하느님으로부터 떼어 놓을 수가 없다. 그때 네 모든 시선은 사랑의 시선이 될 것이고, 네가 이야기하는 모든 말은 사랑의 말이 될 것이고, 네 모든 생각은 사랑의 생각이 될 것이다.

이것이 바로 네가 창조(創造)된 목적(目的)이고, 이것이 바로 네 본연(本然)의 생활 방식(生活方式)이며, 이것이 대부분의 사람들이 숨기고 있거나 부인하지만, 예수님의 성심 안에 자기 자신을 맡길 때, 사랑의 폭발로 방출(放出)되는 참된 자아(自我)인 것이다.

모든 사람이 도와주기를 원하고, 사랑하기를 원하고, 나누어 갖기를 원하는 삶을 상상해 보아라. 이것을 상상하고, 이러한 일이 일어날 수 있고, 이것이 진리가 될 수 있으며, 이 세상에서 이루어질 수 있다는 것을 깨닫기를 바란다.

그러기 위해서는 모든 사람이 이런 식으로 살기 시작해야 한다. 모든 사람이 도전에 응하고, 다른 사람이 먼저 행동해 주기를 기다리지 말아야 한다. 모든 사람이 그렇게 행하면 처음에는 마치 연못의 잔물결처럼 서서히 퍼져 나가겠지만, 마지막에 가서는 점점 커지고 커져서 이 세상을 뒤덮는 홍수 같은 사랑의 큰 물결이 될 것이고, 다시 한 번 인류(人類)에게 평화(平和)와 기쁨을 가져다 줄 것이다.

그러기 위해서는 모든 사람이 이렇게 말할 필요가 있다.

"오늘부터 나는 변하기 시작할 것이다. 나는 예수님의 성심 안에 나 자신을 맡기고 그리고 예수님께서 나의 모든 발걸음을 생명으로 인도하시도록 할 것이다.

오늘부터 나는 사랑하기 시작할 것이다.

오늘부터 나는 악과 전쟁을 시작할 것이다.

오늘부터 나는 주님의 사랑의 군대에 들어가 이 세상의 사랑의 징표가 될 것이다!"

† † †

앞으로 곤란한 시기가 찾아올 것이다. 노여움을 느끼거나, 상처를 입었다고 느끼거나, 의심을 하게 되는 시기가 올 것이다. 그러한 순간에는 네 앞에 있는 예수님의 성심을 바라보아라. 예수님의 성심 안에 들어가거라. 그리고 예수님께서 그러한 순간에 어떻게 행동(行動)하시고 반응(反應)하셨는지를 살펴보아라. 그리고 예수님의 사랑 안에서 그것을 어떻게 극복(克服)할 수 있는지를 발견(發見)하여라. 네가 이것을 행하면, 네가 진실로 하느님의 자녀라는 것을 보여 주고, 네가 진실로 하느님께서 선택하신 사람이라는 것을 보여 주고, 네가 진실로 예수님께 속해 있다는 것을 보여 주게 된다.

　　이것이 바로 잔물결이 커다란 파도가 되는 비결이고, 이것이 바로 하느님의 말씀이 모든 사람에게 도달하는 비결이고, 이것이 바로 화(火)를 내지 않고, 미워하지 않고, 폭력(暴力)을 쓰지 않고, 항상(恒常) 사랑을 가지고 악(惡)을 물리치는 비결(秘訣)인 것이다.

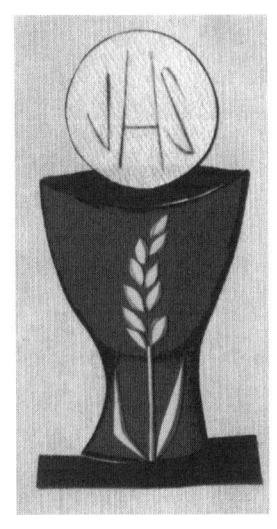

　　오, 구원의 성체여!
　　오, 사랑의 성체여!
　　오, 생명의 성체여!

제 2 장

7 성 사

── 천주 성자님의 메시지 ──

사랑의 주 예수님! ── 1995년 9월 24일

　　인간이 창조되고 최초의 죄를 범하고난 뒤 그토록 오랜 세월이 흘렀지만, 인간의 마음은 거의 달라진 것이 없다. 인간은 아직도 사랑 안에서 살도록 하느님께서 사랑으로 창조하신 단순하고 순결한 마음을 갖고 있다. 그 단순함 때문에 인간은 쉽게 혼란을 일으키고, 손쉽게 악의 피해자가 되어 왔다. 어둠과 악에 의해서 더렵혀진 순결한 영혼은 더 이상 순결하지 않고 그 영혼은 죄의 수용소인 악의 구덩이 속에서 썩어 가기 시작되어 악으로 오염된 영혼은 접촉해 오는 모든 사람에게 악을 전염시키고 있다. 그래서 한 때는 순결했던 영혼이 본연의 모습과는 반대되는 영혼으로 변하고 말았다. 잃어버린 순결한 영혼은 하느님께 더 할 수 없는 슬픔이며, 악마에게 빼앗긴 순결한 영혼은 모든 사람에게 더 할 수 없는 비극이다.

　　이러한 일이 일어나지 않도록 하기 위해서, 자비로우신 하느님 아버지께서는 악을 쳐부수기 위한 산 제물로서 십자가에 매달린 당신의 아들 예수를 통해서 당신 자신을 인류에게 주셨다. 나는 내 희생(犧牲)을 통해서, 죄에 물들고 악의 포로가 된 사람들에게, 나의 성혈(聖血)을 통하여 정화(淨化)할 수 있는 기회(機會)를 주었다. 이 정화는 내가 자녀들에게 베푼 7성사를 통해서 모든 사람의 영혼(靈魂)에 주어진다.

　　7성사는 사람들이 영혼을 정화(淨化)하고, 영혼을 하느님의 사랑과 자비로 가득 채우게 하기 위하여 하느님께서 모든 사람에게 베풀어 주시는 선물, 곧 7성사는 매우 특별한 선물이다. 왜냐 하면, 7성사를 통해서 하느님과 영적인 결합이 이루어지고, 영적인 힘을 얻을 수 있기 때문이다. 또한 7성사는 인간이 오래 동안 찾고 있던 모든 의문(疑問)에 대하여 해답(解答)을 해 준다.

　　7성사는 모든 사람에게 나를 통하여, 그리고 성령님을 통하여 창조주와 신체적이고 영적인 접촉을 갖게 해 준다. 만일 모든 사람이 신앙과 믿음의 눈을 가지고 7성사를 본다면, 모두가 필요로 하는 평화(平和)와 사랑과 용서(容恕)와 기쁨을 찾을 수 있을 것이다.

　　지금 너무나 많은 사람들이 길을 잃고 혼란에 빠져 있다. 그들은 확실치 않은 마음의 평화와 영혼의 위안과 사랑의 평안을 찾고 있지만, 전혀 찾을 수 있을 것같지가 않아 보인다. 그러한 것들은 7성사 안에서 찾을 수 있다. 7성사의 목적은 하느님의 평화와 위안과 평안을 인간에게 가져다 주는 것이다. 일단 인간이 진실로 자기 자신을 열어, 모든 성사의 은총(恩寵)이 자기 자신을 가득 채우도록 하게 되면, 다시는 그러한 것들을 찾지 않아도 될 것이다.

　　일단 하느님의 압도적인 사랑이 인간을 삼키고 나면, 인간은 다시는 떠나고싶어 하지 않을 것이다. 7성사는 인간이 믿고 있는 것 이상으로 은총을 내려 준다. 그리고 그것이 바로 성사(聖事)를 받는 모든 사람에게 그렇게 중요한 이유인 것이다. 7성사의 모든 선물에 의해서 영혼이 더 할 수 없이 강해지고, 그 사람은 더욱 깊이 하느님의 사랑 속으로 깊이 들어가게 된다. 이것이 바로 인간이 그 특별한 은총을 받지 못하도록 가로막으려고 악(惡)이 안간힘을 쓰는 이유(理由)이다. 악은 7성사를 중요하지 않고, 대수롭지 않고, 필요하지 않은 것처럼 만들고 있다. 악은 너무나도 위대한 것을 무가치한 것으로 만들고 있다. 그리고 악은 그처럼 중요한 것을 웃음거리로 만들고, 진리(眞理)를 거짓말로 만들고 있다.

† † †

이제 하느님께서 7성사를 베풀어 주신 이유를 이해했을 것이다. 이해(理解)를 했다면, 7성사로 돌아오라. 하느님께서는 모든 사람에게 당신의 이름으로, 예수님의 이름으로 세례를 받으라고 요구하셨다. 그러면 하느님의 자녀가 되어, 하느님의 사랑 안에서 영원히 살게 될 것이다. 이 성사, 곧 성세 성사(聖洗聖事)는 하느님께서 인간을 당신의 것으로, 당신의 자녀로 창조하셨다는 것을 선언하는 것이다.

성세 성사는 악과 하느님의 자녀 사이에 장벽을 설치한다. 그리고는 이렇게 말한다. "자비로 저에게 주신 이 아이를 하느님께 바칩니다." 곧 성세 성사는 부모와 하늘에 계신 하느님 아버지와의 유대(紐帶)를 재확인한다. 그리고 성세 성사는 가족 안에서 하느님의 사랑을 강화(强化)시켜 준다. 성세 성사는 하느님께 생명을 맡기는 첫 순간(瞬間)이다.

아이가 성장해 가는 동안, 주위에 있는 것들로부터 많은 영향(影響)을 받게 된다. 아이는 악(惡)으로부터 몇번이고 거듭해서 공격을 당한다. 왜냐 하면, 악은 한 사람의 영혼(靈魂)이 하느님께 얼마나 귀한 것인가를 알고 있기 때문이다. 악에 대한 선의 싸움은 끊임 없이 계속되고 있다. 아이가 어렸을 때에는 자기 자신을 방어(防禦)할 수가 없다. 그래서 자비로우신 하느님께서는 모든 아이에게 그를 지켜보고 보호(保護)하기 위해 수호천사(守護天使)를 내려 보내셨다. 그래서 그 아이 주위에서 싸움이 치열(熾烈)하게 벌어진다. 하느님의 사랑 안에 굳건히 서 있는 천사가 그 아이를 보호하기 위해 싸움을 벌이기 때문이다.

† † †

아이가 성장하기 시작하면, 그 때는 조금씩 그 싸움에 끼어들게 된다. 한 번에 조금씩 싸움에 끼어들게 되면, 천사는 조금씩 물러나기 시작한다. 이것이 인간이 하느님의 사랑 안에서 자기 자신의 힘, 곧 하늘 나라의 문으로 데려다 주는 힘을 기르는 방법(方法)이다. 물론 이 아이가 성장하는 과정에서 실수도 저지르고 죄(罪)도 범(犯)하게 될 것이다. 그리하여 영혼에 죄들이 쌓이게 되면, 그것을 깨끗이 씻어내려고 노력(努力)을 하고, 그 무거운 짐을 벗어 버리려고 노력을 한다. 자비로우신 하느님께서는 고해 성사(告解聖事)를 내려주셨다. 이 고해 성사의 목적(目的)은 그 영혼(靈魂)으로부터 무거운 짐을 벗겨주고, 그 영혼이 하느님의 사랑 안에서 더욱더 발전(發展)하도록 하는 것이다.

성령님께서는 죄에 빠진 사람의 영혼을 은총으로 채워주시고, 모든 고통과 모든 혼란을 없애주시고, 그 사람에게 하느님의 사랑의 자비를 보여주신다. 이런 일은, 그 사람이 진심(眞心)으로 성실하게 고해 성사를 보고 다시는 죄를 짓지 않도록 노력(努力)할 때, 비로소 일어난다. 만일 어떤 사람이 고해 성사는 보았지만 그대로 죄를 지어나갈 생각을 갖고 있다면, 그것은 참된 고해 성사가 되지 않으며, 죄의 얼룩이는 그대로 남아 있고, 죄(罪)가 점점 자라게 된다. 그러므로 고해 성사는 죄를 깨끗이 씻어내어 정화(淨化)하고, 성령님으로 가득 채우고, 하느님께 더욱 가까이 가기 위해서 있는 것이다. 고해 성사는 또한 앞으로 기다리고 있는 싸움, 곧 내세(來世)의 생명(生命)을 손에 넣을 때까지 그치지 않는 싸움을 위해 인간(人間)을 강하게 만들어준다. 고해 성사는 치유(治癒)를 위한 선물이고, 힘을 강화(强化)해 주고, 순결(純潔)하게 만들어 주고, 그리고 하느님께 더욱 가까이 데려다 주는 선물(膳物)이다.

† † †

인간은 물질적(物質的)인 양식(糧食)에 의해서가 아니라 영적(靈的)인 양식에 의해서 살아가고 있다. 그래서 자비로우신 하느님께서는 모든 사람에게 성체 성사(聖體聖事)를 통하여 생명의 양식을 내려 주신다. 성체 성사로 축성(祝聖)된 거룩한 빵과 포도주를 받아 먹으면, 그 사람은 모든 은총 중에서 가장 특별한 은총, 곧 하느님과 하나가 되고, 주님과 결합(結合)하는 은총(恩寵)을 받게 된다.

인간이 하느님께 자기 자신을 완전히 열고, 하느님의 순결한 사랑으로 자신의 전존재(全存在)를 가득 채우면, 하느님의 힘이 그 사람을 보다 높은 수준으로 끌어올리고, 하느님의 영광에로 끌어 올리고, 다음 번의 싸움을 위해 더 높은 곳으로 끌어 올려 주신다. 자기 자신의 존재를 하느님으로 가득 채우는 것은 너무나도 특별한 은혜이기 때문에, 악마는 그 영혼을 파괴하기 위해 더욱 세차게 노력을 할 것이다.

그 해결책(解決策)은 주님을 더욱더 많이 받아들이는 것이다. 그런 식으로 해서 하느님의 사랑 안에서 더욱 강해진다면, 악도 해(害)를 끼칠 수가 없을 것이다. 하느님을 모시는 것, 곧 영성체(領聖體)는 인간에게 내려 주신 특별한 선물이다. 그리고 인간의 영혼(靈魂)에 양식(糧食)을 주시기 위한 선물이다.

† † †

그러므로 7성사와 함께 인간은 성장(成長)하고 굳세어진다. 그 인간의 육신(肉身)과 영혼(靈魂)이 성장하게 되면, 하나의 선택이 주어진다. 그것은 바로 하느님께 대한 믿음을 강화시키기 위한 선택이며, 영혼을 그 분의 빛과 사랑으로 채우기 위해 성령님을 초대(招待)하는 선택(選擇)이다. 이 견진 성사(堅振聖事)를 통해서 영혼은 하느님 안에서 살게 되고, 성령님의 영광스러운 선물 안에서 빛을 발하게 된다. 그 시점에서, 하느님의 영광을 위해 삶을 살아온 하느님의 참된 추종자는 하느님께로 가는 길을 걸으려고 노력하는 것을 도와주는 수호 성인을 얻게 된다. 악과 싸우는 것을 도와주기 위해 선택된 성인은 그 사람을 인도하고, 사랑하고, 지켜보고, 마지막에는 하늘 나라로 맞이해준 다. 그러므로 견진 성사는 성인(聖人)에게는 특별한 선물이고, 인간(人間)에게는 특별한 은총인 것이다.

　　이제 그 사람은 앞에 놓여 있는 것에 대한 모든 준비를 끝마쳤다. 다시 말하면 7성사의 도움을 빌어서 악(惡)과 대항(對抗)해 싸울 준비를 끝낸 것이다. 그러나 불행하게도 많은 사람들이 그런 것처럼, 악마(惡魔)의 압력(壓力)이 계속 증가(增加)하고, 인간의 약점(弱點) 때문에 그들은 너무나도 손쉽게 굴복(屈服)해 버린다. 별안간 그들을 도와주기 위한 성사(聖事)들이 더 이상 효과(效果)가 있을 것같지 않다. 더 이상 가치가 있을 것같지 않다. 그리고 더 이상 필요할 것같지도 않다. 이것은, 악이 그 사람을 압도(壓倒)하고 있다는 것을 나타낸다. 그리고 그 사람은 하느님의 선물을 더 이상 받아들이지 않기 때문에, 악마와 싸울만한 힘을 갖고 있지 못한 것이다.

　　혼란(混亂)을 일으킨 그 사람은 다른 곳에서 평화(平和)와 위안(慰安)을 찾는다. 그 사람은 많은 것을 찾아 보지만, 얻는 것은 너무나도 적다. 악마(惡魔)는 계속 공격(攻擊)을 가(加)하여 그 사람을, 진실로 구(求)하고 받아들여야 하는 참된 은총으로부터 멀리 떼어 놓는다. 그 사람은 지상(地上)에서 길을 잃고 방황(彷徨)하다가 혼란 속에 빠져 버린다. 이 혼란 때문에 그 사람은 하느님으로부터 더욱더 멀어지게 된다. 하느님과 보다 가까이 있는 사람들과 접촉(接觸)을 하게 되면, 그 사람은 곤혹(困惑)스러움과 불안감(不安感)을 느끼게 되고, 그 반동(反動)으로 그들에게 화(火)를 내게 되고, 증오심(憎惡心)으로 가득 차게 된다.

　　그 사람은 어둠 속으로 더욱더 깊이 빠져들게 되고, 점점 더 하느님의 사랑으로부터 멀어지게 된다. 이럴 때야말로 성사(聖事)는 더욱 중요(重要)한 의미(意味)를 갖게 된다. 왜냐 하면, 성사를 통(通)해서 인간을 하느님의 사랑으로 되돌아오게 할 수 있기 때문이다. 하느님의 용서(容恕)와 자비(慈悲), 하느님과의 결합(結合)만이 거의 완전히 파괴(破壞)된 하느님과의 자녀관계(子女關係)를, 하느님 안의 삶으로 되돌아오게 할 수 있기 때문이다.

때때로 너무나도 혼란(混亂)스러워서 남의 말에 거의 귀를 기울이지 않는, 그 사람들을 어떻게 성사(聖事)를 통해 되돌아오게 할 수 있겠는가?

그들이 구원받을 수 있는 것은 성사와 기도(祈禱)를 통해서 이다. 그들을 사랑하는 사람이 그들에게 그 성사를 받을 것을 권한다면, 그들은 자신 뿐만 아니라 다른 사람을 위해서 받아들일 것이다. 그러면 하느님께서 성사를 나누어 갖도록 허락하실 것이다. 그 길을 잃은 사람들은 조금씩 하느님의 자비로우신 사랑의 효험(效驗)을 느끼기 시작할 것이고, 어느 때가 되면 악(惡)과 대항(對抗)해서 싸울 수 있을 정도로 강해지고, 그 성사들을 받으러 되돌아오게 될 것이다. 그것은 종종 이 세상에서는 많은 시간을 필요로 하겠지만, 영원(永遠) 속에서는 한 순간(瞬間)에 지나지 않는다는 것을 기억하여라.

그것은 거의 변화한 것처럼 보이지 않을 지도 모르지만, 대부분의 사람에게는 서서히 변화(變化)가 일어난다. 그것은 영적(靈的)인 변화이기 때문이다. 어떤 사람은 이 세상에서 임종(臨終)이 가까워졌을 때, 하느님의 사랑으로 돌아올 지도 모른다. 그러나 그들이 돌아오는 한, 그것은 대단히 중요한 일이다. 절대로 포기(抛棄)하지 말고, 네가 사랑하는 사람을 위해서 성사

(聖事)를 잘 받도록 힘써 노력하여라. 그러면 하늘나라에 가서 악과 싸운 보상을 받게 될 것이다.

하느님의 사랑에 돌아오지 않는 사람들에게는 변화와 하느님의 사랑에 되돌아올 모든 기회를 내려주실 것이다. 그 사람들은 자기 자신을 위해 싸워주고, 자기 자신을 위해 악에 대항해서 싸우고, 자신에게 사랑의 도움의 손길을 뻗어주는 천사와 성인과 자신을 사랑하는 사람을 갖게 될 것이다. 그들을 위해 너무나도 많은 일을 하지만, 그래도 일부 사람들은 계속 거부(拒否)를 할 것이다. 그때 거부하는 그들은 영원한 고통과 괴로움을 당하기 위한 자유 선택(自由選擇)을 한 셈이다. 그들은 자유 의지(自由意志)로 하느님의 사랑을 거부한 것이다. 따라서 그들은 자기 자신들이 구하는 것을 받아야 하는 것이다.

하느님께서는 7성사를 통해서 인류에게 사랑을 베푸시고, 당신의 사랑에 대해서는 자유 선택에 맡기셨다.

너희가 보는 바와 같이, 7성사는 도와주기 위해, 힘을 강화(强化)시켜주기 위해, 사랑으로 가득 채우기 위해 그리고 용서(容恕)하기 위해 있는 것이다. 7성사는 악과 적대하여 싸우는 데 도움을 주기 위해, 죄에 대한 싸움에서 힘을 강화시켜 주기 위해 있다. 그리고 7성사는 인류의 약점을 용서하고, 유혹(誘惑)을 물리치기 위한 사랑으로 인간을 가득 채우기 위해 있는 것이다.

하느님의 7성사는, 인간(人間)이 성장(成長)하고 악을 물리치기 위해 있는 것이다.

하느님의 7성사는, 인간이 배우고 발전(發展)해 나아가기 위해 있는 것이다.

하느님의 7성사는, 하느님의 성심(聖心)으로부터 인류(人

類)를 위해 나온 것이다.

⊙ 성 토마스의 성체 찬미가

○ 엎디어 절하나이다.
  눈으로 보아 알 수 없는 하느님,
  두 가지 형상 안에 분명히 계시오나
  우러러 뵈올수록 전혀 알 길 없삽기에
  제 마음은 오직 믿을 뿐이옵니다.
● 보고 맛보고 만져봐도 알 길 없고
  다만 들음으로써 믿음 든든해지오니
  믿나이다, 천주 성자 말씀하신 모든 것을.
  주님의 말씀보다 더 참된 진실 없나이다.
○ 십자가 위에서는 신성을 감추시고
  여기서는 인성마저 아니 보이시나
  저는 신성, 인성을 둘 다 믿어 고백하며
  뉘우치던 저 강도의 기도 올리나이다.
● 토마스처럼 그 상처를 보지는 못하여도
  저의 하느님이심을 믿어 의심 않사오니
  언제나 주님을 더욱더 믿고
  바라고 사랑하게 하소서.
○ 주님의 죽음을 기념하는 성사여,
  사람에게 생명 주는 살아있는 빵이여,
  제 영혼 당신으로 살아가고
  언제나 그 단맛을 느끼게 하소서.
● 사랑 깊은 펠리칸, 주 예수님,
  더러운 저, 당신 피로 씻어주소서.
  그 한 방울만으로도 온 세상을
  모든 죄악에서 구해 내시리이다.
○ 예수님, 지금은 가려져 계시오나
  이렇듯 애타게 간구하오니
  언젠가 드러내실 주님 얼굴 마주 뵙고
  주님 영광 바라보며 기뻐하게 하소서.
◎ 아멘.

제 3 장

교 회

── 천주 성자님의 메시지 ──

사랑의 주 예수님! ── 1995년 9월 30일

　　나의 교회(教會)는 내가 이 세상의 자녀들을 위해 생명(生命)을 바친 날부터 존재(存在)하게 되었다. 하느님의 새로운 교회는 나의 모든 자녀들을 나의 사랑에로 데려다 주기 위하여 세워졌다. 하느님의 새로운 교회는 겸손(謙遜)과 사랑으로 하늘나라에 이르는 길을 보여 주기 위하여 세웠다.
　　초대 교회(初代教會)는 몇사람의 제자들만 가지고 조그맣게 세웠다. 그러나 나의 사도(使徒)들과 제자들이 나의 사랑을 인류에게 전파(傳播)하자, 교회는 성장(成長)하고 또 성장했다. 수많은 사람들이 나의 사랑을 구(求)하고, 수많은 사람들이 구원(救援)받기를 원(願)하고, 수많은 사람들이 나의 말씀을 따르기 시작했다.
　　나의 친한 친구이며 사도인 베드로에게 하늘나라의 열쇠를 주었다. 나의 말씀과 나의 성령님은 이 사람을 통해서 말한다는 것을, 모든 사람에게 알리기 위해서 그렇게 한 것이다. 베드로는 나에 대한 사랑과, 겸손과 믿음으로 하느님을 위하여 어떻게 살아가느냐의 모범(模範)을 보여줌으로써, 초대 교회를 나의 성심 속으로 깊숙히 이끌어 왔다. 나의 말씀을 이방인들에게 전파하기 위하여 다른 사람을 선택했을 때에도 베드로는 불평(不平)을 하지 않았다.

그리고 베드로는 감정(感情)을 상하거나 거부(拒否)하지도 않았다. 베드로는 겸손하게 나의 사랑을 받아들였다. 그리고 베드로는 나의 결정을 사랑으로 받아들였다. 왜냐 하면, 온 인류에게 베풀어줄 구원(救援)의 은총(恩寵)을 위한 내 계획(計劃)의 일부분이라는 것을 알고 있었기 때문이다.

베드로는 바오로를 나의 교회로 반가이 맞아들이고, 구하고 있는 모든 이들에게 나의 말씀과 나의 선물을 계속 전파하도록 격려(激勵)해 주었다. 베드로는 내가 나의 성령님이 다른 사람들에게 들어가기를 원하면, 그럴 만한 이유가 있을 것이라고 이해했다. 왜냐 하면, 그것은 하느님의 뜻이기 때문이다.

초대 교회의 기반(基盤)을 굳건히 세운 베드로는 나의 사랑을 모든 사람에게 전파하려고 노력했는데, 그것은 자신의 소망(所望)이 아니라 나의 소망에 의한 것이었다. 그리고 베드로는 사랑으로 모든 사람에게 양팔을 활짝 벌렸는데, 그것은 모든 사람에게 나의 사랑과 자비(慈悲)를 보여 주기 위해서 그렇게 한 것이다.

베드로가 하늘 나라의 열쇠를 나의 교회의 다음 우두머리에게 넘겨줄 때, 내가 베드로에게 내려준 것과 똑같은 권능(權能)을 그 사람에게 넘겨주었다. 왜냐 하면, 하늘 나라의 열쇠를 넘길 때, 나의 축복(祝福)도 그에게 양도(讓渡)되었기 때문이다. 나의 교회를 이끌어가는 데 따르는 책임은 나의 말씀과 나의 사랑을 모든 사람에게 전파(傳播)하는 책임(責任)이고, 모든 사람을 나의 교회로 반가이 맞아들이는 책임이며, 모든 사람을 겸손과 사랑으로 맞아들이는 책임이었다.

하느님께 대한 사랑의 살아 있는 모범(模範)이 되었고, 하느님께로 인도(引導)하는 삶의 사랑의 모범이 되었다. 이 모범은 하느님께 대한 참된 믿음을 모든 사람에게 보여주기 위한 것이었다. 그리고 그 믿음은 성령님으로 가득 차고, 하느님께 대한 완전한 신뢰(信賴)에서 나오는 것이다. 때로 인간의 감정과 인간의 욕구(欲求)와 인간(人間)의 욕망(欲望)이 방해(妨害)가 되기는 하겠지만, 성령님의 믿음으로 얼마든지 극복(克服)할 수 있다.

시간이 흐르면서 교회(敎會)는 더욱더 성장(成長)해 갔다. 그러자 정치적인 압력과 심지어는 군사적인 압력까지 교회에 가해지게 되어서, 때때로 당연히 있어야 할 하느님께 대한 믿음조차도 잊어 버리게 되었다. 이것은 하느님께서 교회에 등을 돌린 것이 아니라, 교회 안에 있는 성직자들의 인간적 측면(側面)에서 한 것이었다. 때때로 두려움, 탐욕(貪慾), 정욕(情慾), 권력(權力) 그리고 부(富)가 교회(敎會)의 결정(決定)에 영향(影響)을 미쳤다. 그 결정은 오로지 성령님에 의해서만 영향을 받아야 하는 데도 말이다. 그러나 하느님께 대한 신뢰와 하느님께 대한 완전한 믿음을 가지고 이러한 잘못을 피할 수가 있었다. 그리고 성령님께서 사랑으로 교회 내부에서 행해진 그릇된 선택(選擇)을, 하느님의 승리(勝利)로 돌려 놓으셨으며, 교회를 강화(强化)시키는 데 이용하셨다.

교회 안에서 약점(弱點)이나 과오(過誤)가 드러날 때마다, 악마(惡魔)는 그것을 이용하려고 최선을 다하고, 분파(分派)와 불안(不安)을 조성(造成)함으로써 하느님의 교회를 파괴(破壞)하려고 안간힘을 쓴다. 교회 안에는 선(善)한 사람들이 많이 있지만, 악마에 의해서 혼란(混亂)을 일으키고, 하느님께서 선택(選擇)하신 교회의 지도자(指導者)가 요구(要求)하는 것을 거부(拒否)하고, 심지어는 하느님의 계명(誡命)까지 반대(反對)할 정도로 혼란을 일으키고 있다.

　　하느님께서는 이렇게 말씀하셨다. "사람을 죽이지 마라." 이 계명을 바꾸기 위한 정당(正當)한 구실(口實)은 있을 수가 없다. 그리고 거룩하신 하느님 아버지께서 낙태(落胎)는 나쁜 일이라고 말씀하심으로써, 하느님의 계명을 재천명(再闡明)하신 것이다. 그것을 반대하기 위한 정당화(正當化)는 있을 수가 없다.

　　그러나 악마는 교회 안에 그것을 반대하는 세력(勢力)을 만들어내고, 그리고 그들의 불평(不平)을 키우고 있다. 요즘 흔히 볼 수 있는 일이지만, 그들은 교회로부터 떠나가고, 심지어는 자기 자신들의 교회까지 세우고 있다. 이것이 바로, 사탄이 교회를 정복(征服)하기 위해 교회를 분열(分裂)시키고 있는 방법이다. 그 때문에, 새로운 교회들이 인간과 하느님의 의견(意見)이 일치(一致)하지 않는 부분(部分) 위에 세워지고 있는 것이다. 그러나 많은 사람들은 교만심(驕慢心) 때문에 그 사실을 인정(認定)하지 않고, 또 인정할 수도 없으며 앞으로도 인정하지 않을 것이다.

　　만일 교회(教會)가 인간의 겸손(謙遜)에 의해서가 아니라 교만(驕慢)에 의해서 세워진다면, 하느님께서 원(願)해서가 아니라 인간(人間)이 원해서 세워진다면, 하느님께서 말씀하신 것이 옳아서가 아니라 인간이 옳다고 생각함 때문에 세워진다면, 선(善)한 사람들을 하느님으로부터 떼어 놓으려는 속임수에 지나지 않을 것이다. 만일 하느님의 교회 안에서 잘못이 저질러졌다 하더라도, 그것을 본 사람들이 하느님의 뜻이 이루어지도록 기도(祈禱)를 드리고 하느님의 뜻을 겸손(謙遜)하게 받아들인다면, 그 잘못은 극복(克服)될 것이다. 만일 그들이 그런 일을 하지 않는다면, 그것은 그들의 교만심 때문이고, 그들의 마음을 지배(支配)하고 있는 인간적(人間的)인 측면(側面) 때문이지, 하느님의 사랑 때문이 아니다. 베드로가 얼마나 겸손과 사랑으로 행동(行動)하여 하느님을 본받으려고 노력(努力)했는가를 모두 상기(想起)하여라.

　　또한 이 세상에는 오로지 한 분의 하느님만이 존재(存在)하시고, 따라서 교회(敎會)도 하나 뿐이라는 것을 모두 상기하여라. 그 교회는 하느님의 아드님이신 예수님으로부터 베드로와 그 후계자(後繼者)를 통(通)해서 나온 교회이다.

　　그 교회는 보편적(普遍的)이고, 모든 사람을 위하여 존재한다. 하느님의 교회는 그 분의 하나 밖에 없는 몸이다. 분파(分派)는 하느님의 교회가 아니라 인간(人間)의 교회이다. 그러므로 하나의 교회, 참된 교회 안에 결합(結合)하여야만 한다. 예수님의 말씀을 따르고, 예수님의 진리(眞理)를 받아들이고, 한 분이신 참 하느님으로써 천주 성삼(天主聖三)을 경배(敬拜)하는 교회 안에 결합(結合)해야만 한다.

† † †

제 4 장

조 언

—— 삼위일체이신 하느님과 성모님의 메시지 ——

자비의 천주 성부님! —— 1995년 2월 3일

　　나의 아들 예수의 얼굴에서 피와 땀을 씻어 주었을 때, 베로니카는 인간이 진실로 하느님을 사랑하고 있다는 것을 보여 주었다. 사랑과 연민의 행동으로 베로니카는 사랑이 결코 죽지 않았다는 것을 보여 주었다. 이러한 하나의 행동으로 내 아들을 위로해 준 베로니카는 예수의 마음속 깊은 곳을 어루만져 주었고, 필요한 순간에 예수에게 힘을 불어 넣어 주었다. 베로니카의 이름은, 주님을 사랑하고 있다는 것을 두려움 없이 공공연하게 드러내 놓았을 때, 시간을 초월하여 하늘 나라에까지 우렁차게 메아리쳤다.

　　이 행동이 베로니카를 하늘 나라의 영광으로 끌어올렸으며, 나의 아들 예수를 두려움 없이 공공연히 사랑하는 모든 사람이 어떻게 되는가를 보여 주었다.

† † †

자비의 천주 성부님! —— 1995년 2월 3일

나의 아들 예수가 어깨에 십자가(十字架)를 짊어지고 걸어 갈 때, 나는 기쁨의 눈물과 슬픔의 눈물을 흘렸다.

기쁨의 눈물은, 인간(人間)의 죄(罪)가 용서(容恕)를 받게 되어서, 나의 아들의 길을 따르기만 하면, 하늘나라에 반가이 맞아들일 것이라는 기쁨의 눈물이었다.

슬픔의 눈물은, 나의 사랑하는 아들이 그처럼 고통(苦痛)을 당하는 것을 보는 슬픔의 눈물이었으며, 그리고 마치 죄인이라도 되는 것처럼 가혹(苛酷)하게 다루어지는 것을 보는 슬픔의 눈물이었다. 그러나 인간(人間)을 위해 고통을 감수(甘受)하는 것 외에, 죄를 용서받을 수 있는 방법(方法)이 무엇이 있겠는가!

† † †

자비의 천주 성부님! ── 1995년 2월 3일

한 걸음 앞으로 전진하는 것은 한 걸음 뒤로 물러나는 것이 될 수가 있다. 그리고 한 걸음 뒤로 물러나는 것은 한 걸음 앞으로 전진하는 것이 될 수가 있다.

만일 사려 분별(思慮分別) 없이 한 걸음 앞으로 전진한다면, 오히려 뒤로 물러나게 될 수도 있다. 그러나 만일 사랑으로 한 걸음 뒤로 물러난다면, 한 걸음 전진(前進)할 수도 있음을 명심(銘心)하여라.

† † †

자비의 천주 성부님! —— 1995년 2월 4일

　　예수에 대하여 생각을 한다면, 유혹(誘惑)은 아무런 의미도 없게 된다. 예수에 대하여 생각을 한다면, 어두운 생각들은 모두 사라져 버릴 것이다. 예수에 대하여 생각을 한다면, 반드시 기쁨이 돌아온다.
　　——그러므로 오로지 예수만을 생각하여라!

† † †

자비의 천주 성부님! —— 1995년 2월 4일

　　제물(祭物)은 성전(聖殿)에서 만들어지고, 그리고 제물은 십자가상에서 만들어졌다. 나의 아들 예수의 생명은 완전(完全)한 제물이고, 완전한 베풂이며, 완전한 희생(犧牲)이었다.
　　나의 아들 예수의 생명(生命)은 궁극적(窮極的)인 제물이요, 사랑의 제물이었다.

† † †

자비의 천주 성부님! —— 1995년 2월 4일

　　시몬은 나의 아들 예수와 함께 등에 십자가를 지고 갔다. 시몬은 모든 사람에게, 그 무거운 짐을 예수와 함께 나누어 지고 갈 필요가 있다는 것을 보여 주었다.

왜냐 하면, 인간(人間)으로부터 고통(苦痛)을 없애 주기 때문이다. 다시 말하면, 교만심(驕慢心)과 죄의 고통을 없애 주기 때문이다.

† † †

자비의 천주 성부님! ──── 1995년 2월 5일

사랑의 땀은 핏방울이다. 용서의 땀은 핏방울이다. 자비의 땀은 핏방울이다. 인류(人類)를 위하여 피를 흘린 나의 아들 예수를 통(通)하여 사랑과 용서(容恕)와 자비(慈悲)를 찾아라.

† † †

사랑의 주 예수님! ──── 1995년 2월 5일

십자가에 매달려 있는 동안 내내, 나는 인간이 범(犯)하고 앞으로 범할 모든 죄(罪)에 대해서 생각하면서 고통과 괴로움이 커져가는 것을 느꼈다. 나는 모든 죄를 보고 그 죄로 인한 고통을 느꼈다. 나는 모든 죄를 보고 그 죄가 만들어내는 괴로움을 느꼈다. 나는 지켜보고, 또 느꼈다…….
그리고 나는 모든 죄들이 인간(人間)의 영혼(靈魂)에 미치는 영향(影響)으로 가득 차게 되었다. 그리하여 나는 하느님 아버지께 나의 성혈(聖血)을 바침으로써 이것들을 모두 나락 속으로 던져버렸다.

나는 성심(聖心)을 열고 나의 사랑이 흘러 넘치게 하여, 죄(罪)에 의해서 만들어진 모든 어둠을 깨끗이 씻어냈다. 나는 나의 영혼(靈魂)을 열고, 하느님의 용서로 모든 창조물을 가득 채워 주었다. 나는 나의 육신(肉身)을 열고, 인간(人間)이 받아들이거나 만들어낸 모든 불행(不幸)으로부터 해방(解放)시켰다. 그리고 나는 나의 선물(膳物)과 은총(恩寵)과 사랑과 나 자신으로 인간을 가득 채워 주었다.

내가 무엇을 더 줄 수 있겠는가? 내가 무엇을 더 해 줄 수 있겠는가? 인간이 변화(變化)하는 데 무엇이 더 필요하단 말인가? 그것이 무엇이든 간에, 모두 내 안에 있다. 그것이 무엇이든 간에, 모두 내가 갖고 있다. 그것이 무엇이든 간에, 그것을 구하여라. 그러면 나는 그것을 줄 것이다.

왜냐 하면, 나는 인류(人類)를 사랑하고 있고, 앞으로도 계속 사랑할 것이기 때문이다.

† † †

살아 계신 성령님! —— 1995년 2월 6일

사랑의 불은 비록 때로는 느낄 수가 없다 하더라도, 그 분은 항상 존재(存在)하고, 네 안에서 불타고 있다. 사랑의 불은 그것을 필요(必要)로 할 때 너를 채워 주고, 자비의 하느님 아버지와 어지신 사랑의 주 예수님을 위하여 나의 일을 행하도록 나의 선물(膳物)로 너를 가득 채워준다.

사랑의 불은 항상(恒常) 너와 함께 있으니까, 그것을 알고 행복(幸福)을 느껴라.

†††

살아 계신 성령님! —— 1995년 2월 6일

꽃은 자신의 영광(榮光)을 나타내기 위하여 꽃을 피운다. 나무는 친구(親舊)들을 배불리 먹이기 위하여 열매를 맺는다. 그리고 인간(人間)은 남을 기쁨으로 채우기 위하여 사랑을 나눈다.
모든 창조물(創造物)은 남을 돕기 위하여 존재(存在)하고, 나누어 갖기 위하여 존재하고 그리고 하느님의 자비(慈悲)를 나타내준다.

†††

살아 계신 성령님! —— 1995년 2월 6일

사랑의 열매, 기쁨의 꽃, 모든 사람의 친구이신 예수님!
즐거움 중의 즐거움, 기쁨 중의 기쁨, 사랑 중의 사랑이신 예수님!
견고한 성루, 사랑의 식탁(食卓), 하느님의 진리(眞理)이신 예수님!

†††

자비의 천주 성부님! —— 1995년 2월 7일

　　모든 사람과 사랑에 빠지는 것, 모든 창조물과 사랑에 빠지는 것, 나와 사랑에 빠지는 것은 참된 행복, 곧 하느님의 행복(幸福)에 도달(到達)하는 길이다.

† † †

자비의 천주 성부님! —— 1995년 2월 7일

　　하느님의 빛은 하느님의 사랑이다. 인간(人間)을 위한 빛은 하느님으로부터 나오는 빛이다. 인간을 위한 사랑은 하느님으로부터 나오는 사랑이며, 나의 아들 예수이다.
　　인간 안에 있는 사랑의 열정(熱情), 하느님 안에 있는 사랑의 열정, 영원 안에 있는 사랑의 열정은 나의 아들 예수이다.
　　깊이를 헤아릴 수 없는 성심(聖心), 무한한 자비(慈悲), 영원한 사랑은 나의 아들 예수이다.
　　기쁨의 피, 사랑의 육신(肉身), 구세주(救世主)의 영혼(靈魂)은 나의 아들 예수 안에 있다.
　　용서(容恕)의 성수반(聖水盤), 성혈(聖血)의 웅덩이, 아름다운 빵은 나의 아들 예수 안에 있다.
　　동정(同情)의 눈, 사랑의 성심(聖心), 용서의 성령은 나의 아들 예수 안에 있다.

† † †

살아 계신 성령님! ── 1995년 2월 8일

하느님의 불길, 믿음의 불은 성령님이시다.
평화(平和)의 비둘기, 잔잔한 물, 자비(慈悲)의 바람은 성령님이시다.
성령님, 하느님의 성령님, 예수님의 성령님, 한 분이면서 같은 분이시다.

† † †

살아 계신 성령님! ── 1995년 2월 8일

너 자신을 예수님의 성심 안에 맡겨라. 그리고는 절대로 떠나지 말고, 절대로 갈라서지 마라. 예수님의 품 안에서 평화(平和)롭게 쉬어라. 어떤 해악(害惡)도 결코 상처(傷處)를 입히지 못할 테니까 두려워하지 마라.
예수님의 품 안에서 평안히 잠들어라. 절대로 초조해 하지 마라. 어떤 인간적(人間的)인 요구(要求)에도 굴복(屈服)하지 마라.

† † †

환　시 ── 1995년 2월 9일

성당 안에서 왼손에 성체(聖體)를 들고 계신 하느님 아버지께서 말씀하시는 것을 보았다.
"이는, 사랑하는 나의 아들이다!"

† † †

자비의 천주 성부님! —— 1995년 2월 10일

　　아버지 중의 아버지, 사랑 중의 사랑, 빛 중의 빛은 하늘 나라에 계신 너의 하느님 아버지이시다.

† † †

자비의 천주 성부님! —— 1995년 2월 10일

　　너는 사랑의 깃발 아래에 서야 하고, 사랑 안에 굳건히 서 있어야만 한다. 너는 사랑의 깃발 아래서 말해야 하고, 사랑을 말해야만 한다.
　　너는 사랑의 깃발 아래서 빛나야 하고, 사랑과 함께 곧 나의 아들 예수와 함께 빛나야만 한다.

† † †

자비의 천주 성부님! —— 1995년 2월 11일

　　내 아들의 고통 옆에 인간의 고통이 있다. 왜냐 하면, 인간의 고통이 내 아들의 고통의 원인이 되었기 때문이다. 예수는 사람들에게, 인간의 고통은 예수를 믿기만 하면, 하느님 아버지인 나를 믿기만 하면 그리고 성령을 믿기만 하면, 없어질 수 있다는 것을 보여 주고 싶어 하신다. 예수는 당신이 완전히 믿는 것을 보여 주고, 그 믿음으로 죄와 죽음을 이겨낸 것을 보여 주었다. 그러므로 인류(人類)는 오로지 나를 믿고, 나의 아들을 믿고 그리고 나의 성령을 믿기만 한다면, 예수처럼 죄(罪)와 죽음을 이겨낼 수 있을 것이다.

─ 오직 굳게 믿기만 하면 된다.

† † †

자비의 천주 성부님! ─ 1995년 2월 11일

예수에 대한 사랑을 보여 주기 위하여 많은 사람들이 그리스도의 신부가 되고, 많은 사람들이 예수의 형제가 되고 많은 사람들이 예수의 종이 되었다. 자기 자신을 하느님의 사랑에 바친 수도자들은 그리스도에게 서약을 할 때, 자기 자신을 완전히 포기(抛棄)해야 한다는 것을 이해할 필요가 있다. 세속적(世俗的)인 소유물(所有物)에 대해서 관심을 가져서는 안 되며, 오로지 영적(靈的)인 것에만 관심(關心)을 가져야 한다.

왜냐 하면, 예수의 사람이 되면, 그 분은 모든 것을 지급(支給)해 주기 때문이다.

얼마나 많은 신부나 수녀가 자기 자신이 입는 옷에 대하여 걱정을 하고, 자신이 운전하는 자동차나 자신이 갖고 있는 소유물에 관심을 갖고 있는 것일까? 얼마나 많은 수도자가 주님의 종이라는 것을 나타내는 수도복(修道服)을 입고 있지 않은가? 수도복을 입음으로써 그들은 세상 사람들에게 하느님의 사람이라는 것을 나타낸다. 그러나 세상 사람들의 옷을 입음으로써 그들은 자기 자신의 허영심(虛榮心)을 은영중에 나타내게 된다……

† † †

사랑의 주 예수님! —— 1995년 2월 11일

  하느님의 아드님, 사람의 아드님. 사랑의 아드님, 순결의 아드님. 빛의 아드님, 원죄(原罪) 없이 잉태(孕胎)한 아드님.
  사랑이 없고, 희망이 없고, 자비가 없는 시대에는 나에게 의지하여 사랑과 희망(希望)과 자비를 나의 성심에서 찾아라.
  하늘나라에 있는 모든 사람이 그랬던 것처럼 나를 믿어라. 모든 성인(聖人)들이 그랬던 것처럼, 나에게 너 자신을 맡겨라. 모든 순교자(殉敎者)들이 그랬던 것처럼, 내 손에 너 자신을 맡겨라. 그러면 영원(永遠)히 나와 하나가 될 것이다.
  오래 전에 한 사람이, 믿음의 사람이 오셨다. 오래 전에 하느님께서 오셨다. 오래 전에 하느님께서 사람으로 오셨으며, 곧 그 분이 다시 오실 것이다(예레미아 10:14; 11:12 참조).

† † †

환 시 —— 1995년 2월 11일

예수님께서 물 위를 걸어 오시는 것을 보았다. 예수님께서 말씀하셨다.
"내가 만지자 물이 굳어진 것처럼 사람들의 마음도 내가 만지면 굳세어질 것이다!"

† † †

자비의 천주 성부님! —— 1995년 2월 12일

예수의 십자가, 사람의 십자가. 고통의 십자가, 슬픔의 십자가. 용서(容恕)의 십자가, 구원(救援)의 십자가.
사랑의 십자가(十字架)!

† † †

자비의 천주 성부님! —— 1995년 2월 12일

예수 그리스도는 참 하느님이고, 참 사람이다.
거룩한 신비(神秘), 거룩한 계시(啓示), 거룩한 사랑!

† † †

자비의 천주 성부님! —— 1995년 2월 12일

자녀들을 사랑하기 때문에 예수는 자신의 모든 것을 주었다. 형제와 자매를 사랑하기 때문에 예수는 자신의 모든 것을 주었다.

　　하느님 아버지를 사랑하기 때문에 예수는 자신의 모든 것을 바쳤다. 예수는 자신의 사랑을, 하느님 아버지를 위해 모든 사람에게 주었다.

† † †

살아 계신 성령님! ── 1995년 2월 12일

　　하느님을 믿는 것은, 어둠에 대한 가장 강력한 무기이다.
　　네 믿음으로써 하느님의 사랑을 나타내고, 네 사랑으로써 악(惡)을 물리치거라!

† † †

살아 계신 성령님! ── 1995년 2월 12일

　　하느님의 은총(恩寵)과 용서(容恕).
　　하느님의 선물(膳物)과 사랑.
　　하느님의 관대(寬大)함과 자비(慈悲)!
　　하느님께서 자비로 모든 사람을 용서하시고 사랑하신다.

† † †

자비의 천주 성부님! —— 1995년 2월 13일

  언덕 위에 구원(救援)의 십자가(十字架)가 서 있었다. 언덕 위에 용서의 십자가가 서 있었다.
  —— 그리고 언덕 위에 사랑의 십자가가 서 있었다.
  이제 인류(人類)는 그 십자가 그림자 아래에 서서, 하느님의 참된 힘을 느껴야 한다. 이제 인류는 그 십자가 그림자 아래에 서서, 십자가의 참된 힘을 보여 주어야 한다.
  이제 인류는 그 그림자 아래에 서서, 하느님의 참된 사랑을 보여 주어야 한다. 왜냐 하면 이것이, 하늘나라로 가는 유일(唯一)한 길이기 때문이다.

† † †

자비의 천주 성부님! —— 1995년 2월 13일

  세상이 끝날 때까지 나는 인류(人類)를 사랑할 것이다. 영원한 생명(生命)이 시작될 때까지 나는 인류의 구원(救援)을 원(願)할 것이다.
  그리고 인류가 이것이 의미(意味)하는 바를 이해(理解)할 때까지 나는 계속 그 이유(理由)를 이야기할 것이다.

† † †

환　시 —— 1995년 2월 13일

영성체를 한 뒤 오전 9시 45분에, 저는 감실(龕室)에서 "진리", "정의", "믿음", "소망(所望)", "사랑", "애덕(愛德)", "동정심(同情心)"이라는 글자가 하느님의 빛으로 빛나는 것을 보았다.

주님께서는 이것이 모두 감실 안에 있다고 제게 말씀하셨다. 그때 빛이 제 가슴 위에 비쳐서 흰 십자가를 만들었다. 그리고 주님께서, "사랑의 십자가다!"라고 말씀하셨다.

† † †

살아 계신 성령님! —— 1995년 2월 13일

죽음의 고통(苦痛) 아래서 천주 성자이신 예수님은 인간(人間)을 용서(容恕)하셨다.

영혼(靈魂)의 괴로움 아래서 천주 성자이신 예수님은 인간을 구원(救援)하셨다.

그리고 정신의 고뇌(苦惱) 아래서 천주 성자이신 예수님은 인간에게 하늘나라로 가는 길을 주셨다.

그 길은, 곧 예수 그리스도님이시다.

† † †

살아 계신 성령님! —— 1995년 2월 13일

하느님과 단둘이, 사랑과 단둘이 그리고 친구(親舊)와 단

둘이 있어라.

†††

살아 계신 성령님! ── 1995년 2월 13일

　　하느님께서 선택하신 사람들 가운데는, 예수님 같이 살으셨던 것처럼 살려고 노력(努力)하는 사람들이 있다. 하느님께서 선택하신 사람들 가운데는, 종착지(終着地)까지 사랑의 경주(競走)를 하는 사람들이 있다.
　　그리고 하느님께서 선택(選擇)하신 사람들 가운데는, 하늘나라의 성인(聖人)들처럼 영원한 사랑이 되는데 성공(成功)한 사람들이 있다.
　　이제 하느님께서는 다시 한 번 선택하신다. 자녀들은 과연 충분히 든든할까? 만일 천주 성자이신 예수님의 사랑을 믿기만 한다면, 당연히 든든해질 것이다.

†††

자비의 천주 성부님! ── 1995년 2월 14일

　　십자가 아래에 예수의 어머니이며 사람의 어머니가 서 있다. 인류(人類)에 대한 슬픔으로 가득찬 채, 가난한 자에 대한 연민(憐憫)으로 가득찬 채, 그리고 죄인(罪人)들에 대한 슬픔으로 가득차 서 있다.

네가 기도(祈禱) 중에 보내는 사랑으로 마리아의 마음을 위로(慰勞)해 드려라. 그리고 "어머니!" 하고 부름으로써 그 마음을 위로해 드려라.

† † †

사랑의 주 예수님! —— 1995년 2월 14일

나의 어머니는 온 인류(人類)를 사랑하는 것처럼 너를 사랑하고 계신다. 나의 어머니는 온 인류를 지켜보고 있는 것처럼, 너를 지켜보고 계신다. 나의 어머니는 온 인류를 보살피는 것처럼 너를 보살피고 계신다.

나의 어머니는 모든 사람을 아들이라고 부르고싶어 하는 것처럼, 너를 아들이라고 부르고 계신다. 나의 어머니는 온 인류를 가족(家族)이라고 부르고 싶어하는 것처럼, 너를 가족이라고 부르고 계신다. 그리고 나의 어머니는 온 인류가 그렇게 되기를 원하는 것처럼, 너를 하느님의 참된 아들이라고 부르고 계신다.

나의 어머니는 너를 사랑하고, 지켜보고, 보살피고 계신다. 나의 어머니는 하늘 나라의 가족의 일원(一員)으로서, 그리고 하느님의 자비의 아들로서, 너를 아들이라고 부르고 계신다.

그러므로 나의 어머니는 너의 어머니이며, 나의 어머니는 바로 너를 사랑하신다!

† † †

자비의 천주 성부님! —— 1995년 2월 15일

　　하느님의 사랑을 발견(發見)하는 길은, 곧 기도(祈禱)의 길이다. 하느님의 용서(容恕)를 발견하는 길은, 곧 예수의 길이다.
　　하느님을 발견하는 길은 예수에게 기도를 하는 것이다. 왜냐 하면, 예수가 바로 하느님이기 때문이다.

†　†　†

사랑의 주 예수님! —— 1995년 2월 15일

　　어머니는 나의 손을 잡고 나와 함께 예루살렘의 시장 안을 걸어가고 계셨다. 걸어가는 동안 어머니는 나에게, 나의 길을 잃은 자녀들이 자기네들끼리 논쟁(論爭)하고 싸우고 있는 것을 보여 주셨다. 우리 두 사람은 함께, 모든 사람들이 중요시(重要視)하고 있는 것은 세속적(世俗的)인 재산(財産)이라는 것을 알고, 슬픈 눈으로 바라보고 있었다. 모든 사람의 하느님 아버지는 무시되고 있었다. 하느님의 성전(聖殿)은 이익과 흥정에 더 흥미를 느끼고, 자기 자신과 죄에만 관심을 갖는 장사꾼들로 넘쳐나고 있었다. 인간의 영혼은 마치 존재하지 않기라도 한 것처럼 무시당하고 있었다. 그리고 하느님 아버지는 사람과 금전의 다음 자리로 밀려났다.
　　어머니의 마음은 모든 길을 잃은 사람들과 하느님께 다시 인도해 가야 할 모든 사람들을 보고 더 할 수 없이 무거워지셨다. 어머니가 나의 눈을 들여다 보았는데, 내가 이 일을 하기 위해 왔다는 것을 아시고 그 마음을 담아 바라보셨다. 어머니는 앞에 서 있는 구세주(救世主)를 보시고 그것이 고통(苦痛)스러운 길, 거부(拒否)의 길, 슬픔의 길이 될 것이라는 것을 알고 계셨다. 그것은 또한 기쁨의 길이라는 것도 알고 계셨다. 어머니는 앞에 서 있는 어린 아드님을 바라보면서, 아드님이 무엇을 극복(克服)해야 하는가를 알았을 때 절망을 느끼고 아드님을 위해 걱정을 했으나 하느님을 믿고, 모든 일이 잘 될 것이라는 것을 알고 계셨다.

어머니가 나의 손을 좀더 힘을 주어 꽉 잡고, 자신의 사랑이 나의 영혼 속으로 흘러들어가게끔 했을 때, 나는 하느님의 위안(慰安)과 기쁨으로 어머니의 영혼을 감싸드림으로써 보답(報答)하였다. 어머니는 내가 인류(人類)의 손을 잡고, 하늘 나라의 사랑하는 하느님 아버지의 집으로 인도해 가기에 충분할 정도로 강(强)하다는 것을 알고 계셨다. 이 사실을 마음 속 깊이 새긴 어머니는 앞길에 가로놓인 모든 시련(試鍊)과 고난(苦難)을 견디어내실 수가 있었다. 왜냐 하면, 어머니는 하느님의 사랑을 잘 알고 있었기 때문이다.

†††

사랑의 주 예수님! —— 1995년 2월 15일

나는 인류가 듣기를 바라기 때문에 몇번이고, 몇번이고 거듭해서 나의 사랑에 대하여 말한다. 나는 인류가 귀를 기울일 때까지 계속 이야기할 것이다……. 이것은 인간의 자녀들도 마찬가지이다. 부모는 계속해서 자녀들에게 어떻게 살 것인가를 이야기하고 설명해 주지 않겠는가! 부모가 아니고서야 다른 어디서 그런 것을 배울 수 있겠는가! 하느님의 경우도 마찬가지다. 나는 모든 사람이 귀를 기울이고 또 하느님 아버지께서 창조하신 대로의 영혼(靈魂)이 되도록 성장(成長)할 때까지, 계속 인도(引導)하고, 사랑하고, 설명(說明)할 것이다.

† † †

사랑의 주 예수님! ── 1995년 2월 15일

빗방울이 땅 위에 떨어지는 것처럼, 나의 눈물도 그렇게 떨어지고 있다. 빗방울이 땅 위에 떨어지는 것처럼, 나의 핏방울도 그렇게 떨어지고 있다. 빗방울이 떨어져서 개울이 되는 것처럼, 나의 눈물과 핏방울도 정체(停滯)되어 앙금으로 끝나는 것이 아니라, 급류(急流)가 되어 인간(人間)의 죄(罪)를 깨끗이 씻어 준다.

인간은 이제 사랑의 개울 속에 배를 띄우기 시작하든가, 아니면 씻겨 내려가는 위험을 무릅써야 하는 양자중 택일해야만 한다. 이제 인간은 과거와 같은 죽은 신앙생활로 안일(安逸)하지 말고, 분연(奮然)히 떨쳐 일어나 이 개울에서 자신을 깨끗이 씻고 새롭게 참회(懺悔)하고, 나와 하나가 되어야만 한다. 그리고 인간은 사랑과 아름다움의 급류가 이 세상에서 죄를 말끔히 씻어낼 수 있도록 나에게 합류(合流)해야만 한다. 이 개울 속에서 살아감으로써 네 사랑을 보여 주고, 이 개울 속에서 걸어감으로써 너의 믿음을 나에게 보여 주어라. 그리고 다른 사람들을 이 개울로 인도(引導)함으로써 네 겸손(謙遜)을 보여 주어라.

† † †

자비의 천주 성부님! —— 1995년 2월 16일

하느님께 충실(忠實)하고, 사랑에 충실하고, 진리(眞理)에 충실한 것이 하늘나라로 가는 길이다.
자기 자신에게 충실하고, 남에게 충실하고, 모든 사람에게 충실한 것이 하느님께 이르는 길이다.
말씀에 충실하고, 길에 충실하고, 나의 아들 예수에게 충실한 것이 하느님께 이르는 길이다. 왜냐 하면, 예수는 나와 성령과 함께 영원히 하느님이기 때문이다.

† † †

환   시 —— 1995년 2월 16일

성모상 앞에서 기도를 드리고 있을 때, 성모님께서 저에게 다가와서 제 몸에 팔을 두르시면서 말씀하셨다. "너는 내 사랑 안에서 조용히 쉬거라." 저는 그렇게 하려고 했으나 그때 악마가 나타났다. 성모님께서 저를 꼭 끌어안으면서 말씀하셨다. "내 사랑으로 너를 보호해 주겠다." 그러자 악마가 곧 사라지고 저는 마음의 평화(平和)를 느꼈다.

† † †

사랑의 주 예수님! ── 1995년 2월 17일

　　사람들의 기도를 나는 항상 진정으로 환영한다. ──그러니까 사람들에게 좀더 자주 열심히 기도하도록 요구(要求)한다.

† † †

사랑의 주 예수님! ── 1995년 2월 17일

　　죄를 숨기고 있는 구름 아래에서, 나의 대부분 자녀들이 서 있다.
　　옳은 것을 믿는 것은 나쁘다고 말하고, 나쁜 것을 옳다고 속이고 있는 구름 아래에서, 나의 대부분 자녀들이 서 있다…….
　　사람들을 위한 나의 사랑을 가리고 있는 구름 아래에서, 나의 대부분 자녀들이 서 있다…….
　　── 그 때일수록 나의 대부분 자녀들아, 정신차려라.

† † †

사랑의 주 예수님! ── 1995년 2월 17일

　　땅에 떨어진 과일은 먹어 보면 매우 달다. 그리고 그것을 먹는 사람들에게 커다란 기쁨을 가져다 준다. 이것은 나의 사랑과도 같다. 나의 사랑은 먹어 주기를 기다리고 있으며, 그것을 먹는 사람들에게 늘 기쁨을 가져다 주려고 기다리고 있다.

† † †

자비의 천주 성부님! ── 1995년 2월 18일

　　나의 손 안에 떨어지는 것은 인류의 영혼들이다. 그러나 많은 사람들은 나의 손가락 사이를 빠져 나간다. 왜냐 하면, 그들이 원하기 때문이다.
　　오오, 나는 그들의 행동(行動)이 초래(招來)하는 것이 무엇인지를 알게 되기를 얼마나 바라고 있는 지 모른다.
　　오오, 나는 그들이 잃게 되는 것이 무엇인지를 알게 되기를 얼마나 바라고 있는 지 모른다. 그들에게 이야기해 주고 또 그들에게 보여 주어라. 그리고 나의 아들 예수의 이름으로 그들을 구원(救援)해 주어라.

† † †

자비의 천주 성부님! ── 1995년 2월 19일

　　그러한 고통과 슬픔에 잠겨 있는 세상 사람들을 보면, 나는 슬픔으로 가득 차게 된다. 나의 자녀들이 마음을 바꾸어 나와 함께 있을 수 있게 되기를 나는 얼마나 바라는지 모른다. 그러나 그들은 나에게 등을 돌렸다. 그들은 나를 경멸(輕蔑)하는 태도(態度)로 대했다.

내가 권하는 것은 모두 좋은 일인데 왜 그들은 그런 짓을 하는 것일까? 그 이유는, 겉으로는 좋은 것처럼 보이는 악(惡)에 눈이 멀었기 때문이다. 그리고 겉은 달콤하지만 사실은 쓰디쓴 악(惡)의 유혹(誘惑)을 당했기 때문이다.

오오, 나의 마음이 얼마나 아픈지 모른다! 오오, 나의 마음이 얼마나 슬픈지 모른다! 얼마나 안타까운 지 모른다!

얼마나 많은 부모들이 자녀들의 삶을 통해서 이런 것을 느끼는지 모른다.

그러나 지혜가 자녀들에게 찾아오게 되면, 보다 나은 방향으로 달라지는 것을 볼 수 있을 것이다. 인간(人間)이 달라지게 되면, 지혜(智慧)는 인간과 함께 할 것이다. 그러나 그렇게 변(變)하기 전에 얼마나 많은 사람들이 길을 잃고 헤매는지 모른다.

† † †

우리의 성모 마리아님! —— 1995년 2월 19일

마음의 타락(墮落), 정신의 타락 그리고 영혼(靈魂)의 타락 ——. 이것은 네가 보는 모든 TV프로에 나오고 있다. 그리고 요즘에는 흥미거리로, 어린이들의 게임으로, 사악(邪惡)한 일들을 보여 주는 것이 예사(例事)로 되어 버렸다.

이것이 바로 악이, 젊은이들과 나약한 사람들 그리고 순진(純眞)한 사람들을 어느 곳에서나 공격(攻擊)하고 있는 형태이다. 따라서 그들을 자신도 모르는 사이에 사탄의 종이나 공범자(共犯者)로 만들어 버린다. 그리고 자기 자신도 모르게 무의식중(無意識中)에 자기 자신을 사탄에게 넘겨주게 만든다.
　──항상 조심하고 조심하여라.

†††

우리의 성모 마리아님! ── 1995년 2월 19일

　사랑하는 것에 수반(隨伴)하는 인내심(忍耐心)은 하느님으로부터 나오는 힘이다. 하느님으로부터 나오는 힘은, 사랑 안에서 영원(永遠)히 인내(忍耐)하는 것이다.

†††

우리의 성모 마리아님! ── 1995년 2월 19일

　하느님의 종이 되는 것은, 모든 사람의 종이 되는 것이다. 그리고 모든 사람의 종이 되는 것은, 곧 하느님의 종이 되는 것이다.

†††

우리의 성모 마리아님! ── 1995년 2월 19일

사랑으로 봉사(奉仕)하는 것은, 하느님을 위한 봉사이다. 사랑으로 봉사하는 것은, 하느님의 영광(榮光)을 위한 봉사이다.
사랑으로 봉사하는 것은, 하느님의 자비(慈悲) 속의 봉사이다.

† † †

우리의 성모 마리아님! —— 1995년 2월 19일

어머니의 사랑은, 모든 사람을 위(爲)한 것이다. 어머니의 도움은, 모든 사람을 위한 것이다.
어머니는 그들이 원(願)하기만 한다면, 모든 사람을 위해 기꺼이 계신다.

† † †

우리의 성모 마리아님! —— 1995년 2월 19일

하느님의 아드님, 마리아의 아드님.
하느님의 아드님, 사람의 아드님, 다윗의 아드님.

† † †

자비의 천주 성부님! —— 1995년 2월 20일

홀로 내부에 있는 사람, 홀로 마음 속에 있는 사람 그리고 홀로 사랑 속에 있는 사람은, 예수를 부인(否認)하는 사람들이다.

내부에서 완전(完全)한 사람, 마음 속에서 완전한 사람 그리고 사랑 속에서 완전한 사람은, 예수를 받아들이는 사람들이다.

내부(內部)에서 하나가 되는 사람, 마음 속에서 하나가 되는 사람 그리고 사랑 속에서 하나가 되는 사람은, 하느님의 아들 예수를 주님으로 받아들이는 사람들이다.

† † †

사랑의 주 예수님! ── 1995년 2월 20일

잠 중의 잠은, 네가 내 안에서 쉴 때 자는 잠이다. 사랑 중의 사랑은, 네가 내 안에서 살 때 갖는 사랑이다.

빛 중의 빛은, 네가 나를 위해 빛날 때 갖는 삶이다.

† † †

사랑의 주 예수님! ── 1995년 2월 20일

마음을 담아서 드리는 묵주 기도는, 내가 너무나도 소중히 여기는 특별한 선물이다.

묵주 기도는 꽃으로 감싸고 가장 달콤한 향기(香氣)를 가진 사랑의 선물이어서, 나에게 너무나도 큰 즐거움을 준다.
 그리고 묵주 기도는 나의 어머니를 통하여, 나와 하느님 아버지께 드리는 사랑의 선물(膳物)이다.

† † †

자비의 천주 성부님! ── 1995년 2월 21일

 베들레헴의 갓난 아기, 자비의 사람, 하느님의 선물.
 영혼의 구원자, 악한(惡漢)의 구조자, 타락한 자의 용서자.
 통로 중의 통로, 길 중의 길, 사랑 중의 사랑.
 나의 사랑하는 아들 주 예수이다.

† † †

사랑의 주 예수님! ── 1995년 2월 22일

 하느님의 친구가 때때로 하느님의 일과 하느님의 사랑에 방해물(妨害物)이 되기도 한다. 어떻게 이런 일이 일어나는가? 어떻게 하느님을 사랑하는 사람들이 자기 자신들이 하는 일을 깨닫지 못하고, 결과적(結果的)으로 하느님께 반대(反對)하는 짓을 하게 되는 것인가?
 그것은 모든 사람이 태어날 때부터 갖고 있는 죄, 곧 "원죄(原罪)" 때문이다. 원죄는 세대(世代)에서 세대로 전(傳)해지고, 인간(人間)을 하느님의 길에서 그처럼 쉽게 벗어나게 만든다.

† † †

사랑의 주 예수님! —— 1995년 2월 22일

    나의 성심에 들어와서 나의 사랑으로 너를 가득 채워라.
    나의 영혼에 들어와서 나의 자비로 너를 가득 채워라.
    나의 정신에 들어와서 나의 선물로 너를 가득 채워라.
    이 모든 것은 너를 위(爲)한 것이다.
    그러므로 나에게 와서 구(求)하기만 한다면 되는 것이다.

† † †

사랑의 주 예수님! —— 1995년 2월 23일

    마음의 혼란(混亂), 영혼의 혼란, 정신의 혼란 등은 모두 악마의 소행(所行)이다.
    나의 자비(慈悲)로 네 마음을 깨끗이 하고, 네 영혼(靈魂)을 깨끗이 하고, 네 정신을 깨끗이 하여라.

† † †

사랑의 주 예수님! —— 1995년 2월 23일

    나의 사랑스런 자녀들아, 나는 너희를 나에게 데려오기를 얼마나 간절히 원하고 있는 지 모른다. 그리고 나의 품 안에

꼭 껴안기를 얼마나 간절히 원하고 있는 지 모른다. 나의 모든 은총(恩寵)으로 너희를 가득 채워라.

　나에게 와서 나로 가득 채우려면, 너희는 기도(祈禱)와 성체 성사(聖體聖事)로 자신을 활짝 열어야 한다. 기도와 성체 성사를 통하여, 나는 너희를 나의 사랑으로 완전히 감쌀 수 있기 때문이다.

　기도를 하면서, 그리고 나의 몸과 피를 받아 먹으면서, 너희에 대한 내 사랑을 생각함으로써 나와 하나가 되어라.

† † †

자비의 천주 성부님! ── 1995년 2월 24일

　시간이 흘러 가면서 인류는, 길을 잃어버려서 고향으로 가는 길을 찾지 못하게 되었다. 그래서 나는 그 길을 가르쳐 주려고 나의 아들 예수를 보냈다.

　그러나 몇사람이나 예수의 말에 귀를 기울였는가? 이제 나는 하늘 나라에 있는 나에게로 오는 길을 다시 보여 주고 싶다. 이제 나는 나의 사랑을 다시 보여 주고 싶다. 이번에는, 이번에는 내 말에 귀를 기울이겠는가?

† † †

사랑의 주 예수님! ── 1995년 2월 24일

생명(生命)의 빵, 사랑의 양식,
영원한 향연, 성체(聖體).
장엄한 순간, 알찬 결실(結實),
영원한 사랑, 성체 성사(聖體聖事).
전례 중의 전례(典禮), 기쁨 중의 기쁨,
소망 중의 소망(所望), 미사!
미사에서 완성(完成)되는 것, 성체 성사에서 완성되는 것,
기도(祈禱)에서 완성되는 것은 나의 사랑이다.
이 얼마나 놀라운 신비(神秘)이고, 이 얼마나 놀라운 사랑인가!

† † †

사랑의 주 예수님! ── 1995년 2월 25일

　　가족(家族) 간의 사랑은 때로는 어려움에 부딪힐 수가 있다. 그러나 이 사랑의 강한 힘은 그러한 모든 어려움을 극복(克服)할 수 있을 것이다.
　　모든 어려움에 부딪히더라도 그 사랑만 잃지 않는다면, 가족 간의 사랑은 가장 훌륭한 사랑이 될 수 있다.
　　그리고 가족 간의 사랑은, 하느님께 대한 사랑을 강화(强化)시켜 줄 수가 있다. 왜냐 하면 하느님은 사랑이시므로, 사랑이 있는 곳에는 언제나 하느님께서 계시기 때문이다.

† † †

살아 계신 성령님! —— 1995년 2월 26일

　　사랑의 성령님, 기쁨의 성령님, 하느님의 성령님.
　　소망(所望)의 성령님, 힘의 성령님, 하느님의 성령님.
　　빛의 성령님, 진리(眞理)의 성령님, 하느님의 성령님.
　　성령님은 예수님과 한 분이시고, 하느님 아버지와 한 분이시다.
　　성령님은 진리와 하나이시고, 영원(永遠)과 하나이시다.

† † †

살아 계신 성령님! —— 1995년 2월 26일

　　이 세상에 오실 분은 모든 사람을 구원하실 분이시다.
　　이 세상에 오실 분은 모든 사람을 사랑하시는 분이시다.
　　이 세상에 오실 분은 모든 사람의 하늘나라의 하느님과 결합(結合)시키시는 분이시다.
　　예수님이 바로 그 분이신데 곧 오실 것이다.

† † †

사랑의 주 예수님! —— 1995년 2월 26일

　　도움을 청(請)하기 위하여 친구(親舊)에게 의지하여라.
　　강한 힘을 구하기 위하여 친구에게 의지(依支)하여라.

그리고 위안(慰安)을 구하기 위하여 친구에게 의지하여라. 네 친구는 곧 예수님이시다.

† † †

사랑의 주 예수님! —— 1995년 2월 27일

십자가의 내 희생(犧牲)을 통해서 인류에게 보여 준 사랑은 인간이 결코 이해(理解)할 수 없는 사랑이다.
그 사랑은 너무나도 순수하고, 너무나도 깊고, 너무나도 강하도다. 왜냐 하면, 하느님의 사랑이시기 때문이다.
그것은 모든 것을 극복할 수 있는 사랑이고, 모든 사람을 영적으로 풍요롭게 해 줄 수 있는 사랑이고, 모든 사람을 희망(希望)으로 굳세게 해 줄 수 있는 사랑이다. 그리고 모든 사람에게 하늘 나라의 영원한 생명(生命)의 문을 열어 줄 수 있는 사랑이시다.

† † †

사랑의 주 예수님! —— 1995년 2월 27일

구름이 짙게 드리울 때에는 하느님의 아드님에게 의지하여라. 어둠이 주위를 감쌀 때에는 빛에 의지하여라.
모든 사람이 길을 잃은 것 같을 때에는 길에 의지하여라. 길은 빛이신 하느님의 아드님이시기 때문이다. 빛은 길이신 하느님의 아드님이시기 때문이다.

†††

사랑의 주 예수님! —— 1995년 2월 27일

    믿고 또 믿고, 또 믿으라.
    베풀고 또 베풀고, 또 베풀어라.
    사랑하고 또 사랑하고, 또 사랑하여라.
    믿으라! 베풀어라! 그리고 사랑하여라!

†††

자비의 천주 성부님! —— 1995년 2월 28일

    영혼(靈魂)의 죽음은 악(惡)의 보상이다.
    영원한 생명(生命)은 예수의 보상이다.
    영원한 어둠은 죄(罪)로부터 오고, 영원한 생명은 사랑, 곧 예수로부터 온다.

†††

사랑의 주 예수님! —— 1995년 2월 28일

    내가 너희를 위하여 흘린 피를 항상 기억(記憶)하여라. 나는 너희를 사랑하기 때문에 피를 흘렸다.

　　내가 너희에게 베푼 자비를 항상 기억하여라. 나는 너희를 사랑하기 때문에 자비를 베풀었다.

　　내가 너희의 죄를 씻어준 용서(容恕)를 항상 기억하여라.

　　나는 너희를 사랑하기 때문에 용서해 주었다. 나는 온 인류(人類)를 사랑하고 있다. 그러므로 그들이 진심(眞心)으로 구하기만 하면, 모든 것을 다 주겠다!

† † †

사랑의 주 예수님! ── 1995년 2월 28일

　　십자가에 매달려서 나는 나의 사랑을 보여 주었다. 십자가에 매달려서 나는 나의 자비(慈悲)를 보여 주었다. 그리고 십자가에 매달려서 나는 나의 용서를 보여 주었다.

　　이제 십자가를 바라보고, 그것이 진실로 무엇을 의미(意味)하는 지를 깨달아라. 하느님께서는 인간을 사랑하시고, 그리고 하느님께서는 인간을 용서해 주신다.

　　샬롬(평화가 함께 하기를)!

† † †

환　　시 ── 1995년 2월 28일

　　오늘 성당에서, 저는 십자가에서 붉은 핏방울이 떨어지는 것을 보았다. 십자가 뒤쪽에서 하얀 빛이 비치고, 황금 옷을 입으신 하느님 아버지께서 십자가 앞에 앉아 계셨다······.

✝ ✝ ✝

자비의 천주 성부님! ── 1995년 3월 1일

    겸손(謙遜)해지고, 용서(容恕)해 주고 그리고 사랑하여라.
    상대방은 겸손과 용서와 사랑을 요구하고 있다. 왜냐 하면, 이런 식으로 너희는 나에 대한 사랑을 나타내기 때문이다.
    나의 사랑 예수를 통하여 슬픔을 기쁨으로 바꾸고, 노여움을 사랑으로 바꾸고 그리고 미움을 우정(友情)으로 바꾸어라.

✝ ✝ ✝

사랑의 주 예수님! ── 1995년 3월 1일

    나의 안에서 쉬는 것은, 가장 보람있는 시간(時間)이다. 왜냐 하면, 평화(平和)와 평안(平安)이 나의 안에서 쉬는 사람들을 가득 채워 주기 때문이다.
    나를 믿는 것은, 가장 보람있는 믿음이다. 왜냐 하면, 강한 힘과 소망이 나를 믿는 사람들을 가득 채워 주기 때문이다.
    나의 안에서 사랑하는 것은, 가장 보람있는 사랑이다. 왜냐 하면, 진리(眞理)와 기쁨이 나의 안에서 나를 사랑하는 사람들을 가득 채워 주기 때문이다.

나의 안에서 언제나 휴식(休息)하고, 믿고 사랑하여라. 그리고 소망 속에서 너희를 굳세게 해 주는 참된 평화(平和)를 찾고, 기쁨으로 가득 채워라.

† † †

자비의 천주 성부님! —— 1995년 3월 2일

모든 나라의 아버지, 만물의 창조자, 모든 인종(人種)의 주인(主人)은 하늘 나라에 계신 너희의 하느님 아버지이시다.
인내(忍耐)의 부모, 사랑의 전달자, 소망(所望)의 수령인(受領人)은 하늘나라에 계신 너희의 창조주(創造主)이시다.
영혼(靈魂)의 구원(救援), 사랑의 나눔, 기쁨의 전달(傳達)은 이 세상에서 나의 아들 예수를 통해서 너희의 하느님 아버지께서 하신다.

† † †

사랑의 주 예수님! —— 1995년 3월 2일

나의 사랑하는 자녀들아, 잠시 너희의 내면(內面)을 들여다 보아라. 그리고 참된 너희 자신들을 자세히 살펴 보아라.
너희가 진실(眞實)로 무엇인지를 스스로 살펴 보아라. 너희의 잘못, 결점(缺點), 강점(强點), 가장 깊숙한 곳에 있는 사랑을 살펴 보아라. 이러한 모든 것을 보고, 내가 지금 있는 그대로의 너희를 받아들인다는 것을 알아라. 지금 있는 그대로의 너희를 사랑하고, 지금 있는 그대로의 너희와 함께 있기를 내가 원(願)한다는 것을 알아라.

하느님 아버지께서는 때때로 너희가 실패(失敗)를 하고, 때로는 좌절(挫折)할 것이라는 것을 아시고, 지금 있는 그대로의 너희를 창조하셨다. 그러나 그렇다고 해서 하느님 아버지께서는 너희를 사랑하는 것을 멈추거나 하지는 않으신다.

내가 요구(要求)하는 것은 너희가 나를 사랑하고, 서로들 사랑하고 그리고 죄를 짓지 않음으로써 나의 사랑 안에서 살려고 노력(努力)하라는 것 뿐이다. 너희가 진심으로 노력을 한다면, 하늘나라에서 영원한 생명을 누리도록 너희를 인도(引導)하기 위해 내가 기다리고 있겠다.

나의 자녀들아, 나는 지금 있는 그대로의 너희 자신을 받아들이고, 지금 있는 그대로의 너희를 내가 사랑하고 있다는 확신(確信)을 가져라.

† † †

우리의 성모 마리아님! —— 1995년 3월 3일

표피(表皮) 바로 밑에 참된 자아(自我)가 있다. 자아의 모든 표피를 벗겨내면, 너는 자기 자신이 진실로 어떤 사람인가를 알게 된다. 대부분의 사람들 안에서 너는 어둠 속에서 살아 남기 위해 처절한 싸움을 하고 있는, 길잃은 영혼(靈魂)을 발견(發見)할 수 있을 것이다. 어떤 사람들 안에서는 지옥의 깊은 나락으로 가라앉아 가는 영혼을 발견할 것이다. 그리고 또 어떤 사람들 안에서는 하느님의 사랑 안에서 하늘나라로 올라 가는 영혼을 발견할 것이다. 저 길잃은 영혼과 지옥으로 가라앉아 가는 영혼은 와서 빛 안에 서 있기만 하게 되면, 하느님의 자비의 빛에 의해서 구원(救援)을 받을 수가 있을 것이다.

하늘나라로 올라간 영혼들은 다른 길잃은 영혼들을 하느님의 빛으로 데려 오고, 그들을 사랑함으로써 함께 데리고 가야 한다. 예수님을 주님으로 선포하고, 그리스도의 종으로서 모범(模範)을 보여줌으로써 그들을 데리고 가야 한다. 이러한 행위에 대한 보상은 참으로 크고, 하느님을 기쁘게 하는 보상은 하느님의 영광 안에서 영원히 사는 것이다.

주님을 섬기는 사람들에게는 특별한 자리, 곧 예수님의 식탁의 자리가 기다리고 있는 곳이다.

† † †

사랑의 주 예수님! ── 1995년 3월 3일

병들어 있을 때나 건강할 때나, 나의 사랑을 온전히 받아들여라.
스트레스를 느낄 때나 평화(平和)를 느낄 때나, 나의 사랑을 온전히 받아들여라.
고통 속에 있을 때나 평온할 때나, 나의 사랑을 온전히 받아들여라.
나의 사랑을 온전히 받아들여, 나의 사랑이 되어라.

† † †

환   시 —— 1995년 3월 4일

　　미사 때 영성체가 끝난 뒤, 예수님께서 저의 손을 잡으시고 이렇게 말씀하셨다. "나와 함께 가자."고 하시면서 저를 반짝이는 시냇물가로 데리고 가서 말씀하셨다. "이 물을 마셔라." 그래서 저는 그 시냇물을 마셨다. 그때 예수님께서 또 말씀하셨다. "이것은 살아 있는 시냇물이다!" 그리고는 물이 가득 들어 있는 커다란 컵을 저에게 주시며 말씀하셨다. "이것을 가지고 가서 나의 자녀들에게 마시게 하여라." 제가 그것을 받아 들자 시냇물이 갑자기 빨개졌는데, 그때 예수님께서 말씀하셨다. "이는 살아 있는 나의 시냇물이요 나의 피다!"

† † †

사랑의 주 예수님! —— 1995년 3월 4일

　　그 시내에서 물을 퍼 올리는 것은, 너를 나의 사랑에 담그는 것이다.
　　그 시내에서 퍼 올린 물을 나누어 마시는 것은, 나의 사랑으로 다른 사람들을 가득 채우는 것이다.
　　물을 다른 사람들에게 나누어 줌으로써 너는 나의 사랑이 된다.

† † †

사랑의 주 예수님! —— 1995년 3월 4일

　　탐욕스러운 사람에게는 많은 것도 적어 보인다.
　　—— 필요한 사람에게는 적은 것도 많아 보인다.

† † †

자비의 천주 성부님! —— 1995년 3월 4일

　　내면(內面)을 찾아보면 깊숙한 곳을 발견(發見)할 수 있을 것이다. 그 내부(內部)를 들여다보면, 참된 자아(自我)를 발견할 수 있을 것이다. 외부(外部)의 표피(表皮)와 표면적(表面的)인 것을 모두 벗겨 내고서, 자기 자신이 진실로 누구인가를 발견하여라. 참된 자아(自我)를 알게 되면, 내가 인간(人間)을 지어낸 경위와 내면적으로나 외면적으로나 인간의 본연(本然)의 모습을 알게 될 것이다.
　　이것을 성취(成就)하게 되면, 인간은 나에게 최고의 선물(膳物), 곧 사랑 안에 있는 자기 자신을 바치게 되는 것이다.

† † †

환　　시 —— 1995년 3월 4일

「영광의 신비」 마지막단을 드리고 있을 때, 황금빛 가시관을 쓴 성모님의 모습을 보았다.
　나중에 나는 그 날이 사순절의 첫 번째 토요일이고, 1시 15분은 성모님께서 가시관을 벗을 수 있도록 기도해 달라고 부탁하신 시간이었다는 이야기를 들었다(파티마 메시지에서).

† † †

살아 계신 성령님! ── 1995년 3월 4일

　영원한 믿음은 사랑에 의해서 발견되고, 영원한 사랑은 믿음 안에서 발견된다. 영원한 진리는 사랑에 의해서 발견되고, 영원한 사랑은 진리 안에서 발견된다.
　영원한 소망(所望)은 사랑의 보상이고, 영원한 사랑은 소망의 보상이다.

† † †

자비의 천주 성부님! ── 1995년 3월 5일

　아들 중의 아들은 예수이였으며 곧 예수이다.
　아버지 중의 아버지는 예수이였으며 곧 예수이다.
　성령 중의 성령은 예수이였으며 곧 예수이다.
　예수는 하느님 아버지와 성령과 함께 주님이고, 또 항상(恒常) 주님이시다.

세 분의 사랑, 세 분의 빛, 세 분의 진리(眞理)는 삼위일체(三位一體)이신 영원한 하느님이시다.

†††

사랑의 주 예수님! —— 1995년 3월 5일

이 세상의 딸들은 하느님의 딸이 되어야 한다. 이 세상의 딸들은 예수님의 자매(姉妹)가 되어야 한다.
그리고 이 세상의 딸들은 하느님의 자녀(子女)들의 새로운 세대(世代)의 어머니가 되어야 한다.

†††

사랑의 주 예수님! —— 1995년 3월 5일

하느님의 용서가 필요한 사람들에게는 성체 성사를 베풀어줄 수 있지만, 성체 성사는 용서 없이는 이루어지지 않는다.

†††

사랑의 주 예수님! —— 1995년 3월 5일
성　체(聖體)

이 빵 안에는 나의 몸과 피가 들어 있다. 이 빵은 진실로 나의 존재이고, 진실로 나의 사랑이며, 진실로 나 자신이다.

　　나의 말씀을 들으러 온 사람들을 먹이기 위하여 얼마나 빵을 많아지게 했는가를 기억하여라. 내가 어떻게 사람들이 배불리 먹고도 남을만큼 빵을 주었는가를 기억(記憶)하여라.

　　성체(聖體)는 바로 그와 같아서, 네가 아무리 자주 나를 받아 먹어도, 배불리 먹고 남을만큼 줄 것이다. 성체는 너에게 주기 위한, 그리고 모든 사람에게 주기 위한 나의 몸이고 피이고 나 자신이다.

　　그리고 성체는 네 영혼을 배불리 먹이고, 너를 나에게 데려 오고 나를 너에게 데려다 주고, 나의 사랑으로 너를 가득 채우고 나의 평화(平和)로 너를 가득 채우기 위해서 있다.

　　성체는 인류에게 주는 나의 선물이고, 인류에게 주는 나의 사랑이며, 인류에게 주는 나 자신이다. 그러므로 성체를 받아 먹어라. 그리고 네 주님을 받아들이고, 주님의 자비를 받아들여라.

† † †

사랑의 주 예수님! ── 1995년 3월 6일

　　이 얼마나 푸짐한 잔치인가! 이 얼마나 큰 기쁨인가!
　　── 이 얼마나 귀한 선물인가!
　　너를 위한 모든 것과 인류(人類)를 위한 모든 것이, 그리고 나의 모든 것이 성체 안에 있으니까──.

† † †

사랑의 주 예수님! —— 1995년 3월 6일

　　영원한 생명의 샘이신 성부님! 영원한 사랑의 샘이신 성자님! 영원한 빛의 샘이신 성령님! 삼위이시면서 한 분이시고 그리고 한 분이시면서 삼위이신 하느님!
　　신비 중의 신비(神秘)이시고, 의문 중의 의문(疑問)이시며, 경이 중의 경이(驚異)이신 삼위일체(三位一體)의 하느님!

† † †

살아 계신 성령님! —— 1995년 3월 6일
　　　　(동성 연애자에 대하여)

　　하느님의 성전(聖殿)을 더럽히고, 주님의 사랑을 모독(冒瀆)하고, 하느님의 선물(膳物)을 파괴(破壞)하는 것이 그들이 행하고 있는 짓이다. 그들은 자신의 육신(肉身)을 마치 자신의 것인 양, 하느님께서 육신을 주신 이유(理由)는 아랑곳하지 않고, 자신이 원(願)하는 대로 마구 다루고 있다.
　　하느님의 선물을 남용(濫用)함으로써 그들은 악(惡)을 자신의 몸 안으로 끌어들이고 있다. 오오, 그들은 어떻게 그 대가를 치루려고 그러는 것일까!
　　죄(罪)에 눈이 멀었다고 해서 그 대가를 치루지 않을 수가 없고, 사탄이 가져다 주는 고통(苦痛)을 막을 수 없으며, 영혼(靈魂)의 파멸(破滅)을 피(避)할 수가 없다.

　　이번에는 꼭 변(變)해야만 한다. 그리고 사랑의 주 예수님께 용서(容恕)를 구(求)하여라. 그러면 반드시 용서를 받고 새롭게 변할 것이다.

† † †

살아 계신 성령님! ── 1995년 3월 6일

　　온 인류의 죄(罪)가 예수님의 십자가(十字架)를 무겁게 짓눌렀다. 그리고 오늘날 저질러지고 있는 모든 죄가 예수님의 어깨를 무겁게 짓눌렀다. 그러나 어지신 예수님께서는 인류가 아무리 깊은 곳에 가라앉아 있어도 결코 포기(抛棄)하시지 않으셨다.

　　예수님은 그 사람이 누구든 상관(相關)하지 않고 인간(人間)을 사랑하시기 때문에 포기하지 않으셨던 것이다. 예수님께서는 도움을 청(請)하고 용서를 구하고 사랑을 갈망(渴望)하는 모든 사람을 구원(救援)하기 위해 오셨다.

　　어지신 우리 주 예수님은 인류(人類)가 진심(眞心)으로 회개(悔改)하기만을 원하신다. 자신의 길이 잘못된 것을 알고, 하늘 나라에 계신 아버지를 사랑할 것만을 요구(要求)하신다. 이 얼마나 적은 요구인가!

　　그러나 어둠은 그것을 너무나 많은 요구처럼 보이게 만들고 있다. 예수님께서는 얼마나 많은 것을 포기하셔야 했는가! 그러나 어둠은 그것을 너무 적게 보이도록 만들고 있다.

인류는 얼마나 먼 길을 걸어와야 했던가! 구세주이시며 대속자(代贖者)이시고, 성부님과 성령님과 함께 한 분의 참 하느님이신 예수 그리스도님은 사랑과 웃음이 있는 지름길을 택하신 대신에, 죄와 고통(苦痛)의 힘든 먼 길을 오직 인류는 위해 택(擇)했던 것이다.

성자님과 성령님과 성부님은 모두 한 분의 하느님이시고, 모두 사랑이시다.

† † †

사랑의 주 예수님! —— 1995년 3월 6일

참된 사랑의 길을 따라서 걸어가기만 하면, 너는 나에게 올 수 있다. 나의 사랑에 네 마음을 열기만 하면, 너는 하느님 아버지께 갈 수 있다.

나의 성령님께 네 영혼(靈魂)을 열기만 한다면, 너는 반드시 하늘나라에 들어갈 수 있다!

† † †

사랑의 주 예수님! —— 1995년 3월 6일

갈릴래아 호숫가를 따라 제자들과 함께 걸어 가면서, 내가 진실로 누구인가를 제자들에게 이해(理解)시켜 주었다. 나는 제자들에게 십자가 상의 나의 운명(運命)에 대하여 이야기하고,

3일 후에 내가 부활(復活)할 것이라는 것과, 이것이 하느님의 사랑의 영광(榮光)을 나타내게 될 것이라고 말했던 것이다.

내가 나의 죽음에 대하여 제자들에게 말하자, 그들은 그들을 그냥 내버려 둘까봐 두려워했다. 제자들은 내가 자기들과 항상 함께 있어 주기만을 원했으나 내가 누구였는지, 누구인지, 앞으로 어떻게 될 것인지를 이해하지 못했던 것이다.

제자들의 두려움은 혼자 힘으로 꾸려 나가도록 내버려 두는 것에 대한 두려움, 하느님 아버지께 가는 길을 홀로 걸어가는 것에 대한 두려움, 그리고 모든 반대 세력에 홀로 맞서 나아가야 하는 두려움 등으로 지극히 인간적(人間的)인 것이었다.

제자들은 영적(靈的)으로는 내가 옆에 있으리라는 것을 알고 있었으나, 그들의 인간성(人間性)이 그것을 받아들이는 것을 가로막고 있었다.

설사 그들의 하느님인 내가 직접 이야기를 해 주고, 그들 앞에서 수많은 기적(奇蹟)을 행하고, 그들의 영혼을 나의 영혼으로 어루만져 주었는 데도, 제자들은 아직도 하느님의 길을 이해하지 못했던 것이다.

그렇다면, 모든 것을 보고, 모든 것을 들은 사람들이 어떻게 이해를 하지 못했는가를 상상해 보아라. 성서(聖書)의 말씀을 통하여 오직 나만 알고 있는 사람들은 얼마나 이해하기 어렵겠는가를 상상해 보아라. 그 사람들은 얼마나 받아들이기가 어렵고 믿기 어렵겠는가를 상상해 보아라. 더더구나 성서 공부를 게을리 하는 경우에는 어떠하겠는가를 상상해 보아라.

만일 내가 오늘날에 모습을 나타내어, 갈릴래아에서 행한 것과 같은 모든 기적을 일으켜 보인다면, 이 세상의 모든 사람이 사랑과 용서를 받기 위해 나에게 의지(依支)할 것이라고 너는 믿을 것이다. 분명히 그런 모든 징표(徵表) 때문에 세상 사람들은 나를 믿지 않을 수가 없을 것이다.

그러나 인류(人類)는 그렇지가 않았다. 처음에는 기적을 보고 놀라서 많은 사람들이 나를 따르고, 나를 주님으로 선포(宣布)하겠지만, 그러나 그보다 더 많은 사람들이 의문(疑問)을 품고 의심(疑心)을 했던 것이다.

그들은 설명(說明)을 기대하고, 내가 어떻게 자신들을 속였는지를 알고 싶어할 것이다. 그리고는 나에게 등을 돌리고 이렇게 말할 것이다. "저 사람은 우리를 하느님으로부터 멀어지게 하기 위해서 온 것이다. 왜냐 하면, 그가 만일 구세주라면, 저런 식으로는 나타나지 않았을 것이기 때문이다. 그가 메시아라면, 천사들에게 둘러싸여 있을 것이고, 하느님 아버지에 의해서 영광 속에 승천(昇天)할 것이고, 또 사람들의 왕이 될 것이다.

"만일 그가 메시아라면, 나는 그것을 알 수 있을 것이다. 왜냐 하면, 나는 성서를 이해하고, 하느님의 길을 이해하고 있으니까——." 이것은 인간이 항상 지니고 있는 교만심(驕慢心) 아닌가? 이 교만심은 많은 사람들이 나를 받아들이는 것을, 나를 하느님의 아드님으로 인정(認定)하는 것을 가로막는다.

마치 이 교만심이 바리사이들과 사두가이들, 그리고 회당장들이 나를 하느님의 참된 아드님이라고 믿지 못하도록 가로막았던 것처럼 말이다.

그러기 때문에, 인류는 아직도 겸손함을 따르는 대신에, 의심하고 불신(不信)하면서 교만심을 따르고 있는 것이다. 네가 발버둥질 치고 있는 것은 오히려 당연한 일이다. 왜냐 하면, 이것이 바로 인간의 길이고, 너는 인간이기 때문이다.

이제 이것을 받아들이고, 이것이 아담과 하와가 처음으로 죄를 지은 이래 인간(人間)의 본성(本性)의 일부가 되었다는 것을 알아야 한다. 이것을 받아들여라.

그러나 너를 나로부터 멀리 떨어진 곳으로 이끌어가는 것을 받아들이지도 허용하지도 마라. 이제 이것을 받아들이고 내가 존재(存在)하고 있고, 너와 함께 있으며 너는 영원히 나의 것이라는 것을 항상 깨달아라.

너를 기다리고 있는 것이 무엇인지를 충분히 이해하지 못하도록 가로막고 있는 것은, 바로 내면(內面)의 교만심이다. 그리고 나의 사랑이 너에게 완전히 흘러 들어가는 것을 가로막고 있는 것은 바로 의심인 것이다.

나의 제자들을 보아라. 나의 사도들을 보아라. 그리고 나에 대한 사랑을 나타내기 위한 방법(方法)으로 나의 일을 시작할 때까지는, 그들도 모두 너와 똑같았다는 것을 알아라.

† † †

사랑의 주 예수님! —— 1995년 3월 7일

사랑은 모든 것을 정복(征服)하고, 사랑은 모든 것을 건설(建設)하고, 사랑은 모든 사람을 굳세게 만든다. 죄(罪)는 약한 자를 패배(敗北)시키고, 죄는 손에 닿는 모든 것을 파괴(破壞)하고, 죄는 강한 자를 약하게 만든다.

그러므로 너의 선택지(選擇地)는 명백(明白)하다. 사랑을 선택하면 곧 승리(勝利)할 것이고, 사랑을 선택하면 살 수 있을 것이며, 사랑을 선택하면 나와 하나가 될 것이다. 왜냐 하면, 나는 사랑이요, 곧 예수님이기 때문이다.

†††

사랑의 주 예수님! ── 1995년 3월 8일

    네 교만심(驕慢心)을 자아(自我)의 교만심에서, 하느님의 교만심으로 바꾸어라. 네 사랑을 자아에 대한 사랑에서, 하느님께 대한 사랑으로 바꿔라.
    그리고 네 겸손(謙遜)을 믿음에 대한 표현(表現)과 하느님께 대한 봉사(奉仕)로 바꿔라.

†††

사랑의 주 예수님! ── 1995년 3월 8일

    이 세상 사람들이 공공연히 하느님을 경배(敬拜)하고 사랑할 때까지는, 이 땅에서 하늘 나라를 결코 보지 못할 것이다.

†††

사랑의 주 예수님! ── 1995년 3월 8일

의심(疑心)이 생길 때면, 언제나 나에게 의지(依支)하여라. 곤경(困境)에 처할 때면, 언제나 나에게 의지하여라.

―― 무엇인가를 갖고 싶을 때면, 나에게 의지하여라. 왜냐 하면, 나는 너의 기도(祈禱)를 들어주려고 기다리고 있기 때문이다.

† † †

사랑의 주 예수님! ―― 1995년 3월 8일

나는 인류가 참된 자아를 보여줄 때까지 기다리고 있겠다. 나는 인류가 참된 자아로 하여금 빛을 발(發)하게 하는 날까지 기다리고 있겠다. 나는 인류(人類)가 참된 자아(自我)를 본연(本然)의 모습 대로 받아들일 때까지 기다리고 있겠다.

왜냐 하면 인간의 참된 자아는 하느님의 창조물(創造物)이고, 하느님의 사랑이며, 하느님의 자녀(子女)이기 때문이다.

† † †

사랑의 주 예수님! ―― 1995년 3월 8일

사람의 가정(家庭)은 하느님의 가정이고 사랑의 가정이다. 그러나 대부분의 사람들은 그 사실(事實)을 받아들이거나, 이해(理解)하지를 못한다. 대부분의 사람들은 그 사실을 믿지 않거나, 서로 사이에나 하느님께 공공연히 나타내지를 못한다.

이 얼마나 끔찍한 선물의 낭비, 곧 하느님 안에서 서로가 하나가 되는 데 선물(膳物)의 낭비(浪費)가 아닌가!

† † †

자비의 천주 성부님! —— 1995년 3월 8일

사랑의 십자가는 예수의 십자가이고 하느님의 십자가이다. 왜냐 하면, 예수는 사랑이요 하느님이기 때문이다.
사랑의 소망(所望)은 예수의 소망이고 하느님의 소망이다. 인간(人間)은 예수를 통하여 하느님을 발견(發見)하는 소망을 갖고 있기 때문이다.
꽃의 향기는 사랑의 향기이고 하느님의 향기(香氣)이다. 왜냐 하면, 예수는 하느님인 사랑의 꽃이기 때문이다.

† † †

자비의 천주 성부님! —— 1995년 3월 9일

자식이 악전고투(惡戰苦鬪)하는 것을 보면, 그 아버지는 도와 준다. 인간의 아버지도 그러는데, 나의 자녀들이 악전고투할 때 내가 얼마나 도와 주겠는가를 상상해 보아라.
인간의 아버지가 자기 아들의 어깨에서 무거운 짐을 덜어 줄 때, 나의 자녀들의 어깨에서 무거운 짐을 내가 얼마나 덜어 주겠는가를 상상해 보아라.

인간의 아버지가 걱정되는 자식을 위로해 줄 때, 하물며 걱정되는 나의 자녀들을 내가 얼마나 위로해 주겠는가를 상상해 보아라. 모든 사람을 위로해 주고, 도와 주고, 모든 사람으로부터 무거운 짐을 덜어 주는 나는, 나의 아들 예수를 통해서 그것을 행(行)할 것이다.

† † †

우리의 성모 마리아님! ── 1995년 3월 9일

　　내 아드님의 손과 발에 못이 박혀 들어갈 때, 나의 마음에도 박혀 들어왔다. 인간의 죄의 보속(補贖)을 위해 하느님 아버지께 용서를 비는 일에 동참(同參)할 때, 내 아드님의 고통(苦痛)이 나를 가득 채웠다.
　　나는 아드님의 눈을 들여다보면서 예수님의 내면(內面)의 모든 고통을 함께 느꼈다. 예수님의 눈에는 슬픔과 기쁨이 가득 차 있었다. 슬픔은 인간의 어리석음에 대한 것이고, 기쁨은 악(惡)을 물리친 것에서 오는 것이었다.
　　나의 사랑하는 아드님의 얼굴에서 피가 흘러 내리는 것을 지켜보고 있을 때, 나의 눈물은 예수님의 고통과 결합(結合)해서 내 얼굴에 붉게 흘러 내렸다.
　　예수님이 얼굴을 쳐들고, 하느님 아버지께 인간을 용서해 달라고 빌면서 고통의 비명을 질렀을 때, 나는 예수님이 하느님 아버지께 가져다 준 영광을 보았을 뿐만 아니라 끝까지 베풀기 위해서, 끝까지 인내 하는 내면의 투쟁도 느낄 수가 있었다.

내 아드님이 필요로 할 때, 어루만지며 위로해 주지 못하는 나의 가슴은 얼마나 아팠겠는가! 어머니로서 나는 다만 그것이 빨리 끝나 주기만을 바라고 있었다. 나는 다만 아드님의 고통이 빨리 끝나기만을 바라고 있었다.

하느님 아버지의 종으로서 나는 이런 일이 꼭 필요한 것임을 알고 있었기 때문에, 나는 침묵(沈默)을 지키면서 하느님께 내 아드님의 고통을 덜어 주시고 빨리 끝나게 해 달라고 기도를 드릴 수 밖에 없었다.

인간의 어머니로서 나는 지금 똑같은 것을 아버지께 간구하고 있었다. 이 세상의 고통과 괴로움을 빨리 끝나게 해 주시고, 자녀들을 당신께 데려가 주시라고 간청(懇請)하고 있었다.

나의 가슴은 또 다시 찢어지고, 나의 눈에서는 피눈물이 흘러 내리고 있었다. 나의 기도는 하느님 아버지께서 개입하셔서 이 고통의 시대를 빨리 끝나게 해 주시라고 기도하는 것이다.

하느님 아버지께서는 귀를 기울이시고 나의 기도에 응답해 주실 것이다. 그리하여 인류는 구원(救援)을 받게 될 것이다. 그러나 인류는 먼저 자기 자신에 대해서 무엇을 했는가를 보여 드려야만 한다.

그러면 하느님의 용서의 길이 보이게 될 것이다. 그 길은 단 하나 뿐이며, 십자가에서 온 인류에게 보여 주셨다. 그 길은, 바로 예수님이시다.

† † †

우리의 성모 마리아님! —— 1995년 3월 9일

    자녀들아, 나는 어머니로서 너희를 바라본다. 나는 너희를 꼭 껴안아 주고 싶고, 너희를 내 가까이에 두고 싶으며, 나의 아드님 예수님께 데려다 주기를 원한다.
    나는 너희에게 내 마음을 활짝 열고, 너희를 내 안에 초대(招待)한다. 너희가 내 사랑 안으로 들어오게 되면, 예수님께 가는 길을 발견(發見)하게 될 것이다.
    너희와 마찬가지로 나도 하느님의 종이다. 너희와 마찬가지로 나도 완전한 인간이다. 너희와 마찬가지로 나도 하느님께 나의 사랑을 나타내 보이기를 간절히 원하고 있다.
    우리 함께 힘을 합쳐서 하느님께 대한 우리의 사랑을 기도 중에, 그리고 영성체(領聖體)를 함으로써 표현(表現)하자!
    나는 너희 모두를 매순간 지켜보고 있다. 그리고 너희가 나의 아드님, 예수님께 찾아오게 되면 너희와 함께 축하하려고, 기다리고 있다. 나는 네가 어서 오기를, 기다리고 있다.

†††

환 시 —— 1995년 3월 10일

    장미 화관을 쓰신 성모 마리아님을 보았다. 그 뒤에 O.L.V.에서 장미꽃 향기가 났다.

†††

사랑의 주 예수님! —— 1995년 3월 10일

    용서(容恕)하는 기쁨은, 매우 감미로운 기쁨이다. 다시 친구가 되는 행복은, 대단한 행복(幸福)이다. 내가 너를 용서해 주겠다는 감미로운 말은, 네 마음에 깊이 울려 퍼지고 너를 사랑으로 가득 채워 줄 것이다.
    남들이 너를 용서해 주기를 바라는 것처럼, 다른 사람들을 용서해 주어야 한다는 것을 이해하여라. 곧 이해(理解)해 주고 받아들여라! 너도 다른 사람들처럼 실수(失手)를 범(犯)하게 될 테니까, 이해하고 사랑해야만 한다.

† † †

사랑의 주 예수님! —— 1995년 3월 10일

    나의 피는 성찬식(聖餐式) 빵과 합(合)쳐질 때, 나의 몸과 하나가 된다. 네가 그 빵을 먹게 되면 나를 네 안에 모시게 되고, 나와 하나가 된다.
    너의 몸과 피는 나의 것과 하나가 되고, 그래서 너는 다른 사람들에 대하여 예수님의 징표(徵標)가 된다.
    성체(聖體)를 영하는 모든 사람은 나를 받아들이고 나와 하나가 된다. 나를 받아들이는 모든 사람은 다른 사람들에 대하여 나의 징표가 된다.
    얼마나 많은 사람이 이것을 받아들이고, 나와 하나가 된 것을 진심으로 보여줄까?

──진심(眞心)으로 보여줄까?!

† † †

사랑의 주 예수님! ── 1995년 3월 10일

　　사랑스러움의 영상, 기쁨의 영상, 어머니의 보살핌의 영상. 나의 어머니 마리아님! 평화의 영상, 위안의 영상, 다정함의 영상. 나의 어머니 마리아님!
　　은총(恩寵)의 영상, 위엄(威嚴)의 영상. 조용한 사랑의 영상. 나의 어머니 마리아님!

† † †

사랑의 주 예수님! ── 1995년 3월 10일

　　진리(眞理)는 모든 것을 극복(克服)한다. 사랑은 모든 것을 극복한다. 믿음은 모든 것을 극복한다.
　　나는 진리요 사랑이기 때문에, 너의 나에 대한 믿음이 모든 곤란(困難)을 극복해 줄 것이다.

† † †

사랑의 주 예수님! ── 1995년 3월 10일

하느님의 사랑 안에서 네가 필요(必要)한 모든 것을 발견(發見)할 수 있을 것이다. 네가 원(願)하는 모든 것, 네가 바라는 모든 것은 나의 사랑으로 가득 채워 주겠다.

그러므로 모든 것을 나에게 의지(依支)하여라. 그러면 모든 것을 다 주겠다. 그저 신뢰(信賴)하고, 믿고 따르기만 하여라.

† † †

환　　시 ── 1995년 3월 11일

미사 때, 피를 흘리고 있는 붉은 십자가와 성체(聖體)를 보았다.

† † †

사랑의 주 예수님! ── 1995년 3월 11일

피 중의 피, 빵 중의 빵, 사랑 중의 사랑. 오, 성체!

† † †

사랑의 주 예수님! ── 1995년 3월 11일

네 구세주(救世主)의 피가, 피로 흠뻑 적셔 주었다. 네 구세주의 피가, 사랑으로 흠뻑 적셔 주었다.

네 구세주의 피가, 은총(恩寵)으로 흠뻑 적셔 주었다.

네 구세주의 피가, 피 속에 집어 넣었다. 네 구세주의 피가, 용서(容恕) 속에 집어 넣었다.

네 구세주의 피가, 자비(慈悲) 속에 집어 넣었다.

네 구세주의 피가, 피로 깨끗이 씻어 주었다. 네 구세주의 피가, 속죄(贖罪)로 깨끗이 씻어 주었다.

네 구세주의 피가, 구원(救援)으로 깨끗이 씻어 주었다.

† † †

살아 계신 성령님! ── 1995년 3월 11일

하느님의 손은 모든 사람 위에 얹혀 있다. 하느님의 손은 모든 사람의 마음 속에 있다.

곧 하느님의 손이 모든 사람을 인도(引導)해 주신다. 그러므로 하느님의 손을 잡고 하늘나라에 가서 환영을 받아라.

† † †

살아 계신 성령님! ── 1995년 3월 11일

하느님께 한 걸음 더 가까이 다가가는 것은, 악(惡)으로부터 한 걸음 더 멀어지는 것이다.

하느님께 한 걸음 더 가까이 다가가는 것은, 네가 참된 자아(自我)에 한 걸음 더 가까이 가는 것을 의미하는 것이다.

† † †

환　　시 —— 1995년 3월 11일

　　제가 〈하느님의 자비 센터〉에서 성체 대회를 하는 동안에, 예수님과 함께 계신 성모님이 예수님의 어깨 너머로 바라보고 있는 것을 보았다.

† † †

자비의 천주 성부님! —— 1995년 3월 12일

　　혼란 속에 빠져 있을 때는, 예수는 모든 것을 분명하게 밝혀 준다 걱정을 하고 있을 때는, 예수는 모든 걱정을 없애 준다. 동요를 일으키고 있을 때는, 예수는 모든 것을 잔잔하게 만들어 준다.
　　그러므로 예수를 성실(誠實)하게 믿으라. 그러면 모든 것이 잘 될 것이다.
　　예수를 성실(誠實)하게 믿으라. 그러면 아무런 걱정을 하지 않아도 될 것이다.
　　예수를 성실(誠實)하게 믿으라. 그러면 아무런 의심(疑心)도 하지 않게 될 것이다.
　　오로지 예수를 믿으라. 그리고 너를 기다리고 있는 나의 사랑을 찾게 될 것이다.

† † †

살아 계신 성령님! —— 1995년 3월 12일

　　하늘나라의 계단을 올라 가는 것은 대단히 힘든 길이지만, 정상(頂上)에 도달하게 되면 악전고투할 만한 가치(價値)가 충분히 있었다는 것을 알게 될 것이다. 그 곳에서 뒤를 돌아다 보면서 좌절(挫折)을 했을 때조차도, 한 걸음 한 걸음마다 하느님께서 인도(引導)해 주셨다는 것을 발견하게 될 것이다.
　　다리가 걸려 넘어질 적마다 모든 장애물을 극복하는 가치를 제시해 주시고, 계단을 오르려고 악전고투하며 걸음을 옮겨 놓을 때마다, 네 손을 잡아서 올라 가는 것을 도와 준 것은 바로 예수님이셨다. 어려울 때마다 이것을 기억하여라. 그리고 즐거울 때에도 역시 이것을 기억하여라. ——그 때마다, 항상 그 분을 기억하여라.

† † †

자비의 천주 성부님! —— 1995년 3월 13일

　　오랜 세월이 흐른 뒤, 인류는 죄를 거의 완전히 받아들이는 시대에 도달하였다. 죄(罪)의 정체(正體)를 알고 있는 사람들도 있지만, 그다지 많지들 않다.
　　많은 사람들은 현재 일어나고 있는 일은 도덕적(道德的)으로나 윤리적(倫理的)으로나 영적(靈的)으로나 하등 잘못된 것이 없다고 생각하고 있다. 많은 사람들은 그럴 듯한 논의(論議)에 귀를 기울이고, 그것이 합리적(合理的)인 것처럼 들리니까, 옳은 것임에 틀림 없다고 말한다.

이러한 그럴 듯한 논리(論理)들은 모두 죄악(罪惡)의 가면(假面)이고, 이러한 그럴 듯한 주장(主張)들은 모두 진리(眞理)를 혼란(混亂)시키는 것이고, 이러한 진실 같은 논리들은 모두 속임수이다. 인간(人間)은 너무나도 단순해서 손쉽게 속임수에 넘어간다. 인간은 너무나도 길을 잃고 헤매기 쉬워 잘못된 길로 빠져 들어가기가 십상이다.

그리고 인간은 너무나도 자기 중심적이어서 입에 발린 칭찬에 쉽게 속아 넘어가고, 교만심(驕慢心)만이 커지게 된다. 오랜 세월이 흐른 뒤, 인류는 나의 마음에 무거운 짐이 되었다.

그 무거운 짐은 제거(除去)되어야 한다. 그래서 지금 예수는 모든 사람에게 변화(變化)할 것을 요구하고, 모든 사람에게 인간이 창조된 본래(本來)의 모습으로 돌아갈 것을 요구하고, 모든 사람에게 다시 하느님의 자녀(子女)가 될 것을 요구한다.

나의 아들 예수의 말에 귀를 기울이고, 곧 다가올 고통(苦痛)으로부터 너 자신을 구하여라.

† † †

사랑의 주 예수님! —— 1995년 3월 13일

누구든지 나와 함께 잠을 자게 되면 평화(平和)의 잠, 기뻠의 잠, 사랑의 잠을 자게 될 것이다.

† † †

자비의 천주 성부님! ── 1995년 3월 15일

　　겸손(謙遜)은 언제나 하느님께 인도(引導)해 주고, 하느님은 언제나 겸손으로 인도해 주신다. 사랑은 언제나 너를 하느님께 데려다 주고, 하느님은 언제나 너에게 사랑을 주신다.
　　믿음은 언제나 하느님 안에서 너를 굳세게 해 주고, 하느님은 언제나 네 믿음을 강화(强化)시켜 주신다.

† † †

자비의 천주 성부님! ── 1995년 3월 15일

　　나의 일을 행(行)하는 사람들 가운데는 뒤에 숨어서 조용히 일하는 사람들이 있다. 그 사람들을 잊지 말고, 종종 거의 인정(認定)을 받지 못할 때마다, 그들을 격려하고 항상 칭찬(稱讚)해 주어라.
　　항상 그들을 기도(祈禱) 중에 나에게 천거(薦擧)해 주고, 나의 일을 행하고 있는 데 대해 그들에게 감사(感謝)하여라.

† † †

자비의 천주 성부님! ── 1995년 3월 17일
(성 피트리치오 주교 기념 축일)

나의 아들이 오늘을 축하하고 있다. 나의 아들은 오늘 감사를 받고 있다. 나의 아들은 오늘 찬양을 받고 있다.

이 얼마나 특별한 아들인가! 나에게 산 제물을 바침으로써 수많은 사람들을 나에게로 데려왔으니 말이다.

† † †

자비의 천주 성부님! ── 1995년 3월 17일

오래 전에, 나의 아들 예수가 이 세상에 왔다. 예수는 사랑으로 오고, 모든 사람에게 희망(希望)과 용서(容恕)를 가져다 주기 위하여 내려왔다. 예수의 말씀을 들은 사람들은 예수가 말씀한 참 뜻을 정말로 이해(理解)하지를 못하고, 예수가 인류(人類)에게 가져다 준 것을 이해하지 못했다.

오늘 날 예수의 말씀을 읽은 사람들은 종종 그 말씀을 자의적(恣意的)으로 해석(解釋)하고, 그것을 주님의 말씀이라고 주장(主張)한다.

그 해석은 종종 틀리고, 그 해석은 종종 사람들을 하느님께 인도(引導)하는 대신에 하느님으로부터 멀리 떼어 놓는다. 그 해석은 종종 인간의 교만심(驕慢心)으로 가득 차 있거나, 권력(權力)이나 영광을 추구(追求)하거나 예수가 실제로 한 말씀을 공공연히 비난(非難)까지 한다.

예수의 말씀을 이해하는 데는 성령의 도움 없이는 불가능(不可能)하다. 신학자들은 하느님의 지도를 구(求)하는 기도를 드려야 하고, 겸손(謙遜)해야 할 필요가 있으며, 예수의 말씀에 잘못된 의미를 부여(附與)하지 않도록 매우 신중할 필요가 있다.

만일 어떤 해석이 십계명(十誡命)에 어긋나는 것이라면 사랑에 반대하고, 7성사(七聖事)에 반대하고, 기도(祈禱)에 반대하는 것이라면 그리고 하느님의 어머니를 반대하고 성인들을 반대하는 것이라면, 그것은 잘못된 것이다.

설사 그것이 조금 잘못된 해석이라 하더라도, 그것은 어디까지나 잘못된 해석이다. 그럴 때에는 나의 아들에게 참된 의미를 알 수 있게 해 달라고 기도를 드려야만 한다.

오늘 날 많은 사람들은 그렇게 하지 않고들 있다. 오늘날 많은 사람들은 어떤 변화(變化)도 받아들이지 않고, 거의 잘못을 인정(認定)하지 않는다. 그 결과(結果), 그들은 악(惡)을 받아들이고 있는 것이다.

† † †

자비의 천주 성부님! —— 1995년 3월 17일

잃어버린 세대는 길잡이를 필요로 하고 있다. 잃어버린 세대는 도움을 필요로 하고 있다. 그리고 잃어버린 세대는 구원을 필요로 하고 있다. 예수가 이러한 모든 것을 가져다 준다.

예수는 인류를 구원하고, 예수는 하늘 나라에 계신 하느님 아버지께 인류(人類)를 인도할 것이다.

† † †

사랑의 주 예수님! ── 1995년 3월 18일

　　사랑의 따스함, 기쁜 마음, 친절한 정신을 갖고 있다면 너는 겸손한 사람이다. 자신을 버리고, 남에게 가져다 주고 희망(希望)을 가져다 주면, 너는 겸손한 사람이다. 욕구(欲求)를 버리고 마음을 채우고, 자아(自我)를 활짝 열게 되면 너는 겸손한 사람이다.
　　이런 것들을 구하고, 발견(發見)하고, 이런 것들을 따라서 나에게로 오너라.

† † †

우리의 성모 마리아님! ── 1995년 3월 18일

　　이 세상의 아이들은 미래(未來)의 보배다. 이 세상의 아이들은 하느님의 자녀(子女)들이다. 그러므로 이 세상의 아이들을 모두 사랑해야만 한다. 인류의 아이들은 하느님의 자녀들이다. 인류의 아이들은 하느님의 선물(膳物)이다. 그리고 인류의 아이들은 모두 하느님의 사랑이다.
　　이 세상의 아이들은 너무나 소중(所重)하다. 이 세상의 아이들은 너무나 순수(純粹)하다. 그리고 이 세상의 아이들은 모두 너무나 사랑을 필요(必要)로 하고 있다.

† † †

자비의 천주 성부님! —— 1995년 3월 19일

　　사랑 안에서 태어난 아이는 소중한 존재(存在)이다. 하느님 안에서 태어난 아이는 소중한 선물이다. 그리고 자비 안에서 태어난 아이는 소중한 구세주이다. 예수가 바로 그 아이이다.

† † †

환　　시 —— 1995년 3월 20일

　　파도가 거세어진 배 위에서 성체(聖體)를 영한 후, 예수님께서 키를 잡고 계신 것을 보았다. 저는 겁에 질려서 바닥에 엎드려 있었다. 다정하게 예수님께서 말씀하셨다. "나를 믿어라!" 그때 성체가 하얗게 빛나면서 하늘 높은 곳에 나타났다. 그러자 바다가 잠잠해졌다. 예수님께서 저에게 말씀하셨다. "내 안에서 평화(平和)와 평온(平穩)을 찾아라!"

† † †

자비의 천주 성부님! —— 1995년 3월 20일

　　네 자녀들에게 베푸는 것이 그토록 큰 즐거움과 기쁨을 가져다 준다면, 하늘 나라에 계신 하느님 아버지께서 얼마나 많은 것을 너에게 주고 싶어 하시는가를 상상(想像)해 보아라.
　왜냐 하면, 너는 나의 자식이므로 나에게 큰 즐거움과 기쁨을 가져다 주기 때문이다.

† † †

자비의 천주 성부님! —— 1995년 3월 20일

　사랑의 즐거움, 하느님 아버지로서의 보살피는 즐거움, 베푸는 즐거움! 이것은 자녀들이 당신의 선물을 받아줄 때 느끼는 하느님 아버지의 즐거움이다.
　나누어 주는 즐거움, 소망(所望)의 즐거움, 당신으로 가득 채워 주는 즐거움! 이것은 너희가 나를 믿을 때 느끼는 하느님 아버지의 즐거움이다.
　즐거움 중의 즐거움, 되돌려 받은 사랑의 즐거움, 예수와 하나가 되는 즐거움. 이것은 너희가 나를 믿을 때 느끼는 하느님 아버지의 즐거움이다.

† † †

자비의 천주 성부님! —— 1995년 3월 20일

　길을 가다가 길을 잃고 헤매는 사람들이 많다.
　길을 가다가 길을 잃고 헤매는 것은, 그것을 이해(理解)하지 못하는 사람들이다. 길을 가다가 길을 잃고 헤매는 것은, 하느님을 부정(否定)하는 사람들이다.

† † †

사랑의 주 예수님! —— 1995년 3월 22일

　　모든 이를 위한 사랑의 말씀, 모든 이를 위한 사랑의 선물은 예수님이시다. 모든 이를 위한 하느님의 빛, 모든 이를 위한 하느님의 사랑은 예수님이시다.
　　모든 이를 위한 하느님의 성심(聖心), 모든 이를 위한 하느님의 소망(所望)은 예수님이시다.

† † †

사랑의 주 예수님! —— 1995년 3월 23일

　　긴장 아래에, 스트레스 아래에, 곤경 아래에 그리고 나의 그림자 아래에 서 있거라.
　　그러면 모든 일이, 잘 해결(解決)될 것이다.

† † †

자비의 천주 성부님! —— 1995년 3월 23일

　　나의 사랑스런 자녀들아 나의 성심이 너희에게 활짝 열려 있고, 나의 사랑이 너희를 기다리고 있으며, 나의 성령(聖靈)이 너희를 가득 채워 주기를 간절히 바라고 있다.

네 자신의 내면(內面)을 자세히 들여다 보면, 네 마음이 나를 기다리고 있다는 것을 알게 될 것이다. 네 사랑이 나의 사랑에게 너를 활짝 열고, 네 영혼(靈魂)이 나의 성령의 손길을 애타게 기다리고 있다는 것을 알게 될 것이다.

네가 성체를 자세히 들여다 보면, 나의 아들 예수 안에서 이러한 모든 것이, 너를 기다리고 있다는 것을 알게 될 것이다.

† † †

자비의 천주 성부님! —— 1995년 3월 24일

나와 하나가 되는 것, 나의 아들 예수와 하나가 되는 것 그리고 나의 성령과 하나가 되는 것은 성체(聖體)를 영하는 것과, 기도(祈禱)를 드리는 것에 의해서 성취(成就)될 수 있다.

그러므로 성체를 자주 영하고, 기도를 자주 드리면 하느님의 사랑과 하나가 될 수 있다.

† † †

자비의 천주 성부님! —— 1995년 3월 24일

흠숭(欽崇)과 경배를 드리기 위해서 하느님 앞에 무릎을 꿇는 것은, 네가 나에게 바칠 수 있는 가장 중요한 사랑의 행위이다. 이것을 행(行)하면, 너는 영원히 나의 자녀가 될 수 있다.

† † †

자비의 천주 성부님! ── 1995년 3월 24일

  진리(眞理)는 때때로 잊혀지기도 하지만, 진리는 여전히 진리인 것이다. 길은 때때로 보이지 않을 때가 있지만, 길은 여전히 길인 것이다. 빛은 때때로 가려질 때가 있지만, 빛은 여전히 빛인 것이다.
  하느님은 하느님이시고, 예수는 하느님이시고 그리고 성령은 하느님이시다. 만일 인류가 믿지 않는다 하더라도 사실(事實)을 바꾸지는 못한다.
  ──사실은 여전히 진실(眞實)로 남아 있다.
  인간이 믿는 선택(選擇)을 하든, 믿지 않는 선택을 하든 간에, 진리와 빛과 길은 예수이다. 예수는 인간이 동의(同意)를 하든 하지 않든 간에, 하늘 나라로 가는 유일(唯一)한 길이다.
  하느님의 신비를 인류에게 밝혀 주었고, 하느님의 빛을 인류에게 비추어 주었으며, 하느님의 자비를 인류에게 보여 주었다.
  진리를 받아들여라! 왜냐 하면 그것은 사실(事實)이기 때문이다.
  길을 받아들여라! 왜냐 하면, 그것은 유일(唯一)한 길이기 때문이다.
  그리고 빛을 받아들여라! 왜냐 하면, 그것은 하느님의 빛이기 때문이다.

† † †

환 시 —— 1995년 3월 25일

　　성체를 영한 직후에, 예수님께서 손에 장미꽃 한 송이를 드시고 저에게로 다가와서 예수님은 제 손에 그 장미꽃을 떨어뜨리셨다. 그것을 제가 웅켜 쥐자, 가시가 되어 제 손을 찔렀다. 다시 손을 펴자, 장미꽃이 제 발 위에 떨어졌다. 그리고 가시가 되어 제 발을 찔렀다. 제 손과 발에서 피가 흘러 나오기 시작했다.

† † †

사랑의 주 예수님! —— 1995년 3월 25일

　　사랑의 장미꽃은 기쁨의 선물이다. 사랑의 장미꽃은 구세주의 선물이다. 사랑의 장미꽃은 용서(容恕)의 선물이다.
　　속죄(贖罪)의 가시는 구원(救援)의 은총(恩寵)이다. 속죄의 가시는 구원의 사랑이다.
　　속죄의 가시는 구원의 하느님이시다.
　　자비(慈悲)의 꽃은 하느님의 아들 예수 그리스도이시다.
　　자비의 꽃은 주님의 아들 예수 그리스도이시다.
　　자비의 꽃은 마리아의 아드님, 예수 그리스도이시다.

† † †

자비의 천주 성부님! ── 1995년 3월 27일

　　하늘나라로 가는 길가에서, 너는 많은 기쁨과 많은 사랑을 발견하게 될 것이다. 하늘나라로 가는 길가에서, 너는 길을 인도해 주고, 도와 주고 그리고 나의 성령으로 가득 채워 주는 나의 아들 예수를 만나게 될 것이다.

† † †

자비의 천주 성부님! ── 1995년 3월 27일

　　네 영혼(靈魂)을 비추는 빛은 예수의 빛이므로, 너는 그 빛을 다른 사람들에게 반사(反射)시켜야만 한다. 네 마음을 비추어 준 빛은 예수의 사랑이므로, 너는 그 사랑을 다른 사람들에게 베풀어 주어야만 한다.
　　네 정신(精神)을 비추어 준 것은 예수의 성령이므로, 너는 성령을 다른 사람들에게 전달(傳達)해 주어야만 한다.

† † †

자비의 천주 성부님! ── 1995년 3월 27일

　　로마의 황제도 예수의 사랑이 세상에 퍼져 나가는 것을

가로막지 못했다. 공산주의도 예수의 사랑이 세상에 퍼져 나가는 것을 가로막지 못했다. 민족주의도 예수의 사랑이 세상에 퍼져 나가는 것을 가로막지 못했다.

그 어느 것도 예수의 사랑이 세상에 퍼져 나가는 것을 가로막지 못한다. 왜냐 하면, 예수의 사랑은 모든 사람의 마음과 영혼(靈魂) 속에 있기 때문이다.

사람들은 오로지, 또 오로지 예수의 사랑을 받아들이기만 하면 된다.

† † †

자비의 천주 성부님! —— 1995년 3월 28일

어린이는 인류(人類)에게 준 선물이다. 어린이는 그렇지 않도록 길들여 질 때까지는 단순하고 순결(純潔)하다.

어린이는 모든 사람이 되려고 노력(努力)해야만 하는 이상(理想)이다. 그래야 비로소 인간(人間)은 본연(本然)의 모습 대로 사랑의 선물(膳物)이 될 수 있을 것이다.

† † †

우리의 성모 마리아님! —— 1995년 3월 28일

한 아기가 베들레헴에서 태어났다. 사랑의 아기가 태어났다. 한 아기가 베들레헴에서 태어났다.

사랑이신 아기가 태어났다.
한 아기가 베들레헴에서 태어났다. 하느님이신 아기가 태어났도다.

✝ ✝ ✝

우리의 성모 마리아님! ── 1995년 3월 28일

너무나도 어지신 예수님은, 나의 아드님이시다.
너무나도 어지신 예수님은, 나의 주님이시다.
너무나도 어지신 예수님은, 참 하느님이시다!

✝ ✝ ✝

우리의 성모 마리아님! ── 1995년 3월 28일

가나의 혼인 잔치에서 나의 아드님, 예수님과 함께 식탁에 앉아 있을 때, 나는 이 세상에서의 내 아드님의 인생(人生)에 특별한 순간(瞬間)이 될 것이라는 것을 알고 있었다. 물을 포도주로 변하게 하여, 내 아드님은 세상 사람들에게 자신이 진실로 누구인가를 보여 주셨다. 내 아드님, 예수님은 인간이 필요로 할 때 돕기 위하여 하느님께서 기다리고 계시다는 것을 사람들에게 보여 주셨다.
예수님은 하느님께서는 인간이 필요로 하는 것을 모두 주실 수 있다는 것을 보여 주셨다. 그리고 예수님은 하느님께서 오로지 인간을 도와 주시고 싶어 하신다는 것을 보여 주셨다.
　　그날 예수님이 행하신 기적(奇蹟)은, 물과 포도주가 십자가에 매달리신 예수님의 옆구리에서 흘러 나온 사랑의 물과 포도주의 상징이라는 것을 보여 주시기 위한 것이었다.
　　물을 포도주로 변하게 한 것처럼, 예수님은 옆구리에서 흘러 나온 영원한 자비로 인간(人間)의 영혼(靈魂)을 깨끗이 씻어 줌으로써 인간의 마음을 죄(罪)에서 사랑으로 변(變)하게 하셨던 것이다.
　　예수님의 첫 번째 기적은 물을 포도주로 변하게 하는 것이었다. 그리고 예수님의 영원한 기적은 인간(人間)을 악(惡)에서 선(善)으로 변하게 하셨던 것이다.

†††

우리의 성모 마리아님! —— 1995년 3월 28일

　　사랑은 너처럼 현실적(現實的)인 것이다. 사랑은 너처럼 건전(健全)한 것이다. 사랑은 너처럼 특별(特別)한 것이다.
　　왜냐 하면, 너와 모든 사람은 사랑이 되도록 사랑으로 만들어졌기 때문이다.

†††

우리의 성모 마리아님! —— 1995년 3월 29일

꽃은 햇빛 속에서 자라난다. 그리고 그것은 인간도 마찬가지이다. 인간은 내 아드님의 빛 속에서 성장(成長)한다.

꽃은 샘에서 꽃을 피운다. 그리고 그것은 인간도 마찬가지이다. 인간은 내 아드님의 성심(聖心)에서 흘러 나오는 사랑의 샘에서 꽃을 피운다.

꽃은 온 곳으로 돌아가기 전에 아름다움의 절정(絶頂)에 도달한다. 그리고 그것은 인간도 마찬가지이다. 인간은 하늘 나라의 고향(故鄕)으로 돌아가기 전에 성숙(成熟)함의 절정에 도달(到達)한다.

† † †

살아 계신 성령님! —— 1995년 3월 28일
(장미꽃 향기)

사랑의 장미꽃은 예수님의 마음이시다. 아름다움의 꽃봉오리는 예수님의 마음이시다. 영광(榮光)의 꽃은 예수님의 마음이시다.

기쁨의 향기는 하느님의 마음이시다. 행복(幸福)의 향수는 하느님의 마음이시다. 사랑의 방향은 하느님의 마음이시다.

사랑의 향기(香氣)는 성령님의 마음이시다. 불꽃은 성령님의 마음이시다. 선물의 배정(配定)은 성령님의 마음이시다.

† † †

환   시 ── 1995년 3월 29일

촛대 7개의 촛불 뒤에 예수님이 서 계셨다. 그리고 이렇게 말씀하셨다. "하느님의 빛이로다!"

† † †

살아 계신 성령님! ── 1995년 3월 30일

진리(眞理)와 사랑과 기쁨을 따르는 것은, 예수님을 따르는 것을 의미한다. 거짓말과 증오(憎惡)와 노여움을 따르는 것은, 악(惡)을 따르는 것을 의미한다.
그 차이(差異)가 너무나 뚜렷한 데도 인간(人間)은 어째서 그것을 알아차리지 못하는가? ──왜 그것을 알아차리지 못하는가! 그 차이가 너무나 큰 데도 인간은 어째서 그것을 보지 못하는가? 그 차이가 너무나 엄청난 데도 인간은 어떻게 그것을 혼동하는가? ──왜 그것을 보지도 못하고, 혼동(混同)하는가!

† † †

자비의 천주 성부님! ── 1995년 3월 30일

인간의 아버지, 우주의 아버지, 창조물의 하느님 아버지.
진리의 아버지, 소망의 아버지, 사랑의 하느님 아버지.
하느님의 아버지, 성령의 아버지, 예수의 하느님 아버지.

삼위일체이신 아버지!

† † †

자비의 천주 성부님! ─── 1995년 3월 30일

아들과 하나이시고, 성령과 하나이신 하느님 아버지.
한 분의 하느님, 하나의 사랑, 하나의 진리.
하느님의 세 가지 반영, 세 가지 위격(位格) 그러나 삼위일체이신 하느님.
모든 사람을 사랑하는 한 분의 하느님!

† † †

살아 계신 성령님! ─── 1995년 3월 30일

사랑 속에서 형성(形成)되고, 사랑이 되도록 형성되고, 사랑을 위해 형성된 인간(人間). 하늘 나라에서 만들어지고, 사랑 속에서 만들어지고, 소망(所望) 속에서 만들어진 인간.
진리(眞理)에 의해서 창조(創造)되고, 사랑에 의해서 창조되고, 하느님에 의해서 창조된 인간.

† † †

자비의 천주 성부님! ─── 1995년 3월 31일

사랑의 아기가 2천 년 전에 태어났다. 소망의 아기가 인류(人類)에게 왔다. 진리의 아기가 구원(救援)을 위해 자기 자신을 바쳤다. 이 아기는 예수이고, 이 아기는 하느님이시며, 그리고 이 아기는 사랑이시다.

† † †

자비의 천주 성부님! ── 1995년 3월 31일

하느님은 인간(人間)을 창조하셨다. 그리고는 인간을 구원(救援)하러 오셨다.
이 얼마나 신비(神秘)스러운 일인가! 이 얼마나 거룩한 계시(啓示)인가! 이 얼마나 훌륭한 선물(膳物)인가!

† † †

자비의 천주 성부님! ── 1995년 3월 31일

세상 사람들이 진리를 추구하고, 거짓말을 받아들이는 대신에 진리를 받아들이게 되면, 평화(平和)가 이 땅에 찾아올 것이다. 인간(人間)은 생활(生活) 속에 거짓말과 속임수를 자발적(自發的)으로 받아들이고 환영하고 있는 것같다. 비록 그 거짓말이나 속임수가 너무나도 완벽(完璧)하더라도, 잘못되어 있다는 것을 모든 사람이 뻔히 알 수 있는 데도 말이다.
인간이 살인(殺人)을 정당(正當)한 것으로 받아들일 때, 곧 복수나 전쟁이나 조국에 대한 사랑 같은 경우를 생각해 보아라. 살인은 결코 정당화(正當化)될 수가 없다. 그러나 많은 사람들이 살인을 정당한 것으로 보고 있는 것이다.

얼마나 많은 사람들이, 다른 나라에서 자행(恣行)되는 고문(拷問)이나 박해(迫害)를 보고, 열등한 민족이니까 별로 문제(問題)될 것이 없다고 말하고 있는지 아는가? 그러나 사실은, 모든 사람은 평등(平等)하기 때문에 커다란 문제가 되는 것이다.

하지만 그런 사실은 종종 무시(無視)되고 있다. 얼마나 많은 사람들은, 다른 사람들이 굶주리는 것을 보고 그들 자신의 잘못이니까 아무 것도 도울 것이 없다고 말하고 있는지 아는가?

이런 똑같은 사람들이 남의 자원이나 재산이나 유산을 가로챔으로써 굶주리는 사람들을 짓밟고 이용하면서, 자신들은 본래(本來)부터 부유(富裕)한 계층(階層)에 속(屬)해 있었다는 듯이 가난한 사람들을 마구 이용(利用)하고 있는 것이다.

사실 이 세상의 자원(資源)은 모든 사람을 위해 있는 것이기 때문에, 인류의 가족(家族)끼리 나누어 가져야만 한다. 진리(眞理)를 부인(否認)하는 사례(事例)들이 얼마나 많은지 모른다. 인간(人間)이 진리를 숨기고 감추는 방법(方法)은 한이 없을 정도로 많다.

진리(眞理)는, 곧 하느님이기 때문에 어떤 형태(形態)로든 진리를 부인하는 것은, 곧 하느님을 부인하는 것이다. 그리고 하느님을 부인하는 것은, 악마를 받아들이는 것을 의미한다. 이제 눈을 똑바로 뜨고, 진리와 사랑을 위해 살고, 하느님과 함께 살도록 힘을 다해 노력하여라.

† † †

사랑의 주 예수님! —— 1995년 4월 1일

피 중의 피를 십자가에서 흘리셨다. 사랑 중의 사랑을 십자가에서 주셨다. 성심 중의 성심을 십자가에서 열으셨다.

평화(平和) 중의 평화를 십자가에서 찾으셨다. 진리 중의 진리를 십자가에서 보여 주셨다. 자비 중의 자비를 십자가에서 주셨다.

길 중의 길을 십자가를 통하여 주셨다. 통로 중의 통로(通路)를 십자가를 통하여 보여 주셨다. 하늘나라 중의 하늘나라를 십자가를 통하여 열어 주셨다.

† † †

사랑의 주 예수님! —— 1995년 4월 1일

사람들이 나를 조롱(嘲弄)하기 위해 내 머리에 왕관(王冠)을 씌웠지만, 이 왕관은 세상의 모든 왕국보다 더 훌륭한 것이었다. 왜냐 하면, 이 왕관은 사랑의 왕관이었기 때문이다.

내가 등에 짊어진 십자가는 치욕(恥辱)의 십자가를 의미했지만, 그러나 영광(榮光)의 십자가가 되었다. 왜냐 하면, 이 십자가는 인류에 대한 하느님의 사랑이 얼마나 큰가를 보여 주었기 때문이다.

사람들이 나의 손과 발에 고통(苦痛)을 더 주기 위해 못을 박았지만, 이 못들은 나의 몸을 열어 용서(容恕)의 피를 흘리게 함으로써, 인류에 대한 나의 영원한 사랑의 징표가 되었다.

사람들이 나의 죽음을 확인(確認)하기 위하여 창으로 내 옆구리를 찔렀지만, 이 창은 하느님의 자비(慈悲)로 인류(人類)를 적시기 위하여 나의 성심을 여는 도구(道具)가 되었다.

† † †

사랑의 주 예수님! ── 1995년 4월 2일

나의 사랑이 넘쳐 흐르는 것이, 곧 성체이다. 나의 치유(治癒)의 선물이 넘쳐 흐르는 것이, 곧 성체이다.

내 자신(自身)이 넘쳐 흐르는 것이, 곧 성체(聖體)이다.

† † †

사랑의 주 예수님! ── 1995년 4월 2일

오늘 날의 약속(約束)은 거의 아무런 의미(意味)가 없어 보인다. 오늘 날의 서원(誓願)은 거의 아무런 의미가 없어 보인다. 하느님 앞에서 하는 맹세(盟誓)는 거의 아무런 의미가 없어 보인다.

약속은, 지킬 수 있을 때만 해야 한다. 오늘 날의 서원은, 진실(眞實)을 내포 하고 있을 때만 해야 한다. 하느님 앞에서 하는 맹세는, 그것에 의해서 살 수 있을 때만 해야 한다.

† † †

자비의 천주 성부님! ── 1995년 4월 3일

    약한 자에서 강한 자로 변하는 것은, 네 자신을 예수에게 완전(完全)히 바치는 것을 의미한다. 강한 자에서 약한 자로 변하는 것은, 네 자신을 예수에게 완전히 바치는 것을 의미한다. 네 자신을 먼저 생각하는 자에서 남을 먼저 생각하는 자로 변(變)하는 것은, 네 자신을 예수에게 완전히 바치는 것을 의미한다.

    그리고 죄(罪)에서 선(善)으로 변하는 것은, 네 자신을 예수에게 완전히 바치는 것을 의미(意味)한다.

    죄(罪)를 극복(克服)하는 힘을 예수 안에서 발견(發見)하기 위하여 먼저 네 결점을 반드시 고치어야만 한다.

† † †

자비의 천주 성부님! ── 1995년 4월 3일

    예수 옆에 서 있는 그분은, 예수가 가장 사랑하는 어머니이다. 예수의 손을 다정하게 잡고 있는 그분은, 예수의 가장 소중(所重)한 어머니이다.

    예수의 사랑을 함께 나누고 있는 그 분은, 예수에게 사랑을 가장 많이 베푸는 어머니이다. 어머니 마리아가 베푸는 소중한 사랑은, 곧 예수의 사랑이다.

† † †

환   시 ── 1995년 4월 3일

　　미사 때, 성모님이 아기 예수님을 품에 안고 저에게 다가오셨다. 그 때에 "어머니들의 여왕"이라는 글자가 뚜렷하게 나타났다.

† † †

사랑의 주 예수님! ── 1995년 4월 4일

　　기도를 할 때는 네 참된 자아(自我)를 찾아라. 기도를 할 때는 네 참된 감정(感情)을 찾아라.
　　그리고 기도(祈禱)를 할 때는 먼저 하느님을 찾아라.

† † †

자비의 천주 성부님! ── 1995년 4월 5일

　　네 안에 받아 먹은 성체(聖體)는 사랑의 주 예수의 치유(治癒)의 힘이 된다. 네 안에 받아 먹은 성체는, 사랑의 주 예수의 치유의 사랑이 된다. 네 안에 받아 먹은 성체는, 너와 하나가 되고 그리고 너는 예수와 하나가 된다.

† † †

자비의 천주 성부님! —— 1995년 4월 5일

　　하느님의 말씀을 신뢰(信賴) 속에서 맞이하고, 믿음으로 맞이하고 진리(眞理)로 받아들여라. 하느님의 말씀을 소망(所望)을 가지고 받아들이고, 신념(信念)을 가지고 받아들이고, 겸손(謙遜)을 가지고 받아들여라.
　　하느님의 말씀은 곧 진리이고, 사랑이고 치유(治癒)이시기 때문이다.

† † †

자비의 천주 성부님! —— 1995년 4월 6일

　　예수의 자비로운 마음, 예수의 사랑하는 마음, 예수의 소중한 마음. 자비로운 예수는 모든 사람을 사랑하고, 모든 사람을 소중히 생각하도다.
　　자비는 예수 마음의 중심(中心)에 있고, 자비는 예수 영혼(靈魂)의 중심에 있으며, 자비는 예수 신성(神性)의 중심에 있다. 그러므로 예수는, 곧 자비(慈悲)이다.
　　거룩한 마음, 거룩한 영혼, 거룩한 정신인 예수!

† † †

자비의 천주 성부님! —— 1995년 4월 7일

    구세주의 영혼은 영혼들의 구세주이다. 구속자의 마음은 마음들의 구속자이다. 구원자의 정신은 정신들의 구원자이다.

† † †

자비의 천주 성부님! —— 1995년 4월 7일

    용서(容恕)의 아버지, 평화(平和)의 전파자, 하느님!
    구원(救援)의 아들, 인간(人間)의 구세주, 하느님!
    자유(自由)의 성령, 하늘나라의 불, 하느님!

† † †

사랑의 주 예수님! —— 1995년 4월 8일

    관목(灌木) 아래에서 나는 제자들과 함께 앉아서 하느님의 진리(眞理)에 대하여 토론(討論)하고 있었다.
    요한은 내 어깨에 몸을 기댄 채 잠들어 있었다. 그때 나의 하느님 아버지의 사랑이 요한을 가득 채워서, 어린 아이처럼 행동(行動)케 하였다.
    요한의 얼굴을 들여다 보았을 때, 온 인류가 지니고 있어야할 순결(純潔)과 믿음과 사랑을 나는 보았다. 요한은 다른 사람들을 하늘 나라로 인도(引導)하기 위한 하느님의 선물로써 이런 것들을 평생 동안 간직하고 있었다.
그리고 요한은 젊었을 때는 천사 같았고, 평생을 성인으로 살았다.

† † †

사랑의 주 예수님! —— 1995년 4월 8일

진리는 강력한 무기이고, 믿음은 탄약이고, 소망은 표적(標的)이다. 그러므로 믿음과 소망을 가지고 진리(眞理)를 쏘아라.

† † †

사랑의 주 예수님! —— 1995년 4월 10일

하느님께서 네 어깨에 팔을 두르고 길을 가리켜주시는데, 어떻게 두려워할 수 있겠는가!
하느님께서 너를 위해 마음을 활짝 열어주시는데, 어떻게 무서워할 수 있겠는가!
하느님께서 네 영혼에 손을 올려 놓으셨는데, 어떻게 네가 성공(成功)을 하지 않을 수 있겠는가!

† † †

사랑의 주 예수님! —— 1995년 4월 10일

생명(生命)의 빵에 의해서 사는 것은 참된 길이다. 용서(容恕)의 포도주에 의해서 사는 것은, 최선의 길이다.

사랑의 샘에 의해서 사는 것은, 올바른 길이다.

나는 생명의 빵이고, 용서의 포도주이고 그리고 사랑의 샘이다. 바로 나는 예수님이시다.

† † †

자비의 천주 성부님! —— 1995년 4월 10일

사랑의 잔치는 성체(聖體) 안에서 찾을 수 있다. 기쁨의 잔치는 진리 안에서 찾을 수 있다. 자비의 잔치는 예수의 고통(苦痛) 안에서 찾을 수 있다.

성체는, 예수의 자비로운 고통의 진리(眞理)이다.

† † †

자비의 천주 성부님! —— 1995년 4월 12일

나의 아들 예수는, 나의 자녀들이 나에게로 다시 돌아올 수 있도록 하기 위하여 수난(受難) 중에 모든 고통과 괴로움을 견디어냈다.

나의 아들 예수는, 악(惡)을 물리칠 수 있게 하기 위하여 당신의 성심에 인류의 모든 죄(罪)와 모든 슬픔을 받아들였다.

나의 아들 예수는, 하느님 아버지에 의해서 가득 채워질 수 있도록 하기 위하여 당신의 영혼(靈魂)에 온 인류의 필요(必要)와 욕망(欲望)을 받아들였다.
　　이제, 예수는 다시 당신의 성심과 영혼을 인류에게 열고, 나의 자녀들에 대한 당신의 사랑이 얼마나 지극한가를 또 다시 보여주었다.
　　이제, 예수는 인류의 죄와 슬픔을 다시 씻어내기 위하여 고통을 당하였다. 이제, 나의 아들 예수는 인류에게 당부하였다.
"나는 너희를 사랑한다. 그러니 너희도 나를 사랑하여라!"

† † †

자비의 천주 성부님! ── 1995년 4월 13일

　　예수는 수난(受難)을 당하다가, 끝내 돌아갔으나, 예수는 다시 부활하였도다.
　　예수는 살아 가다가, 끝내 돌아갔으나, 예수는 다시 살아 있도다.
　　예수는 사랑하다가 끝내 돌아갔으나, 예수는 영원히 살아 있도다.
　　예수는 사랑을 위하여 수난을 당하였고, 끝내 사랑 안에서 돌아갔으나, 예수는 사랑으로 영원히 살아 있도다.

† † †

자비의 천주 성부님! ── 1995년 4월 13일

핏방울이 나의 아들의 눈으로 흘러 들어갔다. 사랑의 눈물이 나의 아들의 뺨으로 흘러 내렸다. 자비(慈悲)의 강물이 나의 아들의 성심을 통하여 흘러 넘쳤다.

용서의 시냇물이 나의 아들의 영혼 밖으로 흘러 넘쳤다. 구원의 은총의 바다가 나의 아들의 상처(傷處)에서 흘러 나왔다. 하느님의 영광(榮光)의 물결이 나의 아들의 희생(犧牲)으로부터 밖으로 굽이쳐 나왔다.

† † †

자비의 천주 성부님! —— 1995년 4월 13일

죄(罪)의 멍에가 인류의 어깨를 옥죄고 있다.
이 멍에를 벗어 버리고, 그 대신에 기쁨의 무게 밖에는 아무런 무게도 없는, 예수의 사랑을 어깨에 메어라.

† † †

자비의 천주 성부님! —— 1995년 4월 14일

그날 아침에 골고타에서 미풍에 나부끼고 있던 것은, 용서의 정신이었다. 그날 골고타의 공기 속에 떠돌고 있던 것은 하느님의 자비였다.
그 순간에 골고타의 대기를 가득 채우고 있던 것은 하느님의 영광(榮光)이었다.

† † †

사랑의 주 예수님! —— 1995년 4월 14일

　　골고타의 길을 따라 걷고 있을 때, 나는 나의 주위(周圍)를 에워싸고 있는 사람들의 얼굴을 유심히 살펴 보았다. 그리고 나를 증오(憎惡)하고 있는 사람들을 보았다. 나는 나를 비웃고 있는 사람들을 보았다. 그리고 나를 구타(毆打)하고 있는 사람들을 보도다.

　　그리고 한 편에 있는 나는 나를 사랑하고 있는 사람들을 보았다. 오늘날도 나는 똑같은 것을 목격한다. 나를 증오하는 사람들, 나를 비난하는 사람들, 나를 비웃는 사람들, 나를 희롱(戱弄)하는 사람들, 나를 구타(毆打)하는 사람들, 나의 사람들을 학대(虐待)하는 사람들을 본다.

　　그리고 나를 사랑하는 사람들은, 이러한 불편의 모든 것에도 불구하고 계속 나를 사랑하는 사람들을 본다. 나를 이해하지 못하는 사람들 때문에 슬퍼하고 있는, 나를 사랑하는 사람들을 본다. 나를 사랑하는 사람들은 나한테 반드시 사랑을 받을 것이다.

† † †

자비의 천주 성부님! —— 1995년 4월 14일

　　나의 아들 예수는 인류(人類)를 위하여 죽었다. 나의 아들 예수는 인류를 위하여 부활(復活)했다.

그리고 나의 아들 예수는 사랑을 인류에게 베풀면서 영원히, 영원히 살아 있을 것이다.

† † †

자비의 천주 성부님! —— 1995년 4월 14일

사랑의 십자가, 용서의 십자가는 하느님의 십자가이다.
진리의 십자가, 구원의 십자가는 하느님의 십자가이다.
소망의 십자가, 구세주의 십자가는 하느님의 십자가이다.
사랑과 진리와 소망은, 구세주의 용서 안에서 발견된다.

† † †

자비의 천주 성부님! —— 1995년 4월 14일

살을 찢는 못에 의해서 십자가에 매달려 있던 나의 아들 예수는 모든 것을 인류를 위하여 바쳤다. 몸을 괴롭히던 고통(苦痛)도 인류(人類)에 대한 예수의 사랑을 막지 못했다.
——그것들은 오히려 예수의 사랑을 더욱더 확대(擴大)시켜 주었다.
나의 아들 예수에게 퍼부었던 욕설(辱說)도 예수의 영혼(靈魂)으로부터 흘러 나오는 용서(容恕)를 막지 못했다.
——그것들은 오히려 예수의 용서를 깊어지게 했다.
나의 아들 예수에게 던져졌던 굴욕(屈辱)은 예수의 희생

(犧牲)을 막지 못했다.

　——그것들은 오히려 예수의 희생(犧牲)을 더욱더 영광(榮光)되게 만들었다.

　나의 아들 예수가 내쉰 마지막 숨은 예수의 고통을 멈추게 하지 못했다.

　——우리 인간(人間)이 죄(罪)를 범(犯)하는 한, 예수의 고통(苦痛)은 계속될 것임을 명심(銘心)하여라.

† † †

우리의 성모 마리아님! —— 1995년 4월 15일

　너는 주님을 굳게 믿어라. 왜냐 하면, 주님께서는 너를 믿고 있기 때문이다. 네 잘못과 결점(缺點)을 주님께서 받아들이는 것처럼 너도 받아들여라. 그리고 예수님과 함께 하면서 그것들을 극복(克服)하여라!

† † †

사랑의 주 예수님! —— 1995년 4월 16일

　오래 전에, 이 세상 사람들은 하느님께서 인류를 얼마나 사랑하시는가를 보았다. 오래 전에, 이 세상 사람들은 하느님께서 인류를 위하여 얼마나 많은 것을 주시는가를 보았다.

　——오래 전에, 이 세상 사람들은 하느님께서 인류에게

얼마나 요구(要求)하시는가를 보았다.

　　하느님께서는 모든 것을 베풀어 주셨지만, 하느님께 그 대신 조금 밖에 요구하시지 않는다. 그러므로 인류는 모든 것을 받고서도 하느님께 그 대신에 조금 밖에 드리지 않는다. 인류는 하느님 안에서 완전한 것을 받기 위하여, 하느님께 좀더 많은 것을 바칠 필요(必要)가 있는 것이다.

† † †

사랑의 주 예수님! ── 1995년 4월 16일

　　파도가 모래 사장에 넘실거리는 호숫가에 앉아서, 나는 배에 타고 있는 나의 제자들을 지켜보았다. 제자들은 아무 것도 잡지를 못했으며, 앞으로도 물고기를 잡을 수 있을 것 같지 않다고 낙담(落膽)하면서 걱정을 하고 있었다…….

　　그때 그들은 호숫가의 모닥불 옆에 앉아 계시는 그들의 주님을 보았으나, 나를 알아보지 못했다. 나는 낙담해 있던 제자들에게 다시 그물을 치라고 말했다. 제자들이 친 그물을 걷어 올리자 그물이 찢어질 정도로 물고기로 가득 차 있었다…….

　　그때 베드로가 먼저 나를 알아보고, 기뻐하면서 물로 뛰어들어 나에게로 걸어 왔다.

　　──베드로는 모든 것을 포기(拋棄)하고, 사랑하는 주님께로 먼저 달려 왔던 것이다.

　　그 날의 교훈(敎訓)은 〈나를 믿으라!〉는 것이다. 왜냐 하면, 나 없이는 너는 결코 성공(成功)할 수가 없기 때문이다.

나의 말씀을 따른다면, 너의 어획량(漁獲量)은 많을 것이다. 그러나 너 자신을 따른다면, 너의 어획량은 제로일 것이다.

그렇게 하기 위해서는 너는 나의 안에서 기꺼이 네 자신을 버리고, 나에게 전적으로 맡길 준비를 해야만 한다.

† † †

사랑의 주 예수님! —— 1995년 4월 16일

인간(人間)의 태만(怠慢)을 채찍질하고, 인간의 교만심(驕慢心)을 꿰뚫어보고, 인간의 죄를 십자가에 못박아야 한다.
여기서 태만은 하느님을 사랑하는 것을 게을리한 것, 교만심은 하느님보다 인간을 내세운 것이며, 그리고 죄(罪)는 하느님께 순종(順從)하지 않는 것을 뜻함을 명심하여라.

† † †

사랑의 주 예수님! —— 1995년 4월 16일

이 세상은 나의 사랑이고, 사람들은 나의 자녀(子女)이며 그리고 사람들의 영혼은 나의 보물(寶物)이다.
그러므로 나의 자비(慈悲)로운 마음으로 나의 자녀들과 그들의 영혼(靈魂)을 사랑한다.

† † †

사랑의 주 예수님! —— 1995년 4월 16일

    이 세상은 하느님 아버지께 드리는 나의 영광(榮光)이다.
이 세상은 하느님 아버지를 위한 나의 선물(膳物)이다.
    이 세상은 하느님 아버지께 바치는 나의 기쁨이다.
    내 자녀들의 사랑의 영광스러운 선물은 하느님 아버지께 기쁨을 가져다 주고, 하느님 아버지는 그 대신 저희들에게 영광스러운 기쁨을 돌려 주시기를 좋아하신다.

† † †

자비의 천주 성부님! —— 1995년 4월 18일

    하늘나라의 아이가 기쁜 소식(복음)을 선포하기 위하여 이 세상에 왔다. 하늘나라의 아이가 죄(罪)로부터의 해방(解放)을 약속하기 위하여 이 세상에 왔다.
    하늘나라의 아이가 하느님의 영광을 전파(傳播)하기 위하여 이 세상에 왔다.
    그 아이는 하느님 아버지의 아들이고,
    그 아이는 성령의 아드님이고,
    그 아이는 하느님의 외아들이다.

† † †

사랑의 주 예수님! —— 1995년 4월 18일

햇빛은 날을 밝게 한다. 햇빛은 정신(精神)을 밝게 한다.
햇빛은 식물(植物)이 자라도록 돕는다. 햇빛은 영혼(靈魂)이 성장(成長)하도록 돕는다. 햇빛은 어둠에 빛을 가져다 준다. 햇빛은 존재(存在)에 불을 가져다 준다.

† † †

우리의 성모 마리아님! ── 1995년 4월 19일

천사들은 주님의 영광을 찬양(讚揚)드리는 노래를 부르면서 그 분의 주위를 날아 다닌다. 천사들은 주님께 사랑을 바치면서 그 분의 주위를 에워싸고 날아 다닌다. 천사들은 성인들과 함께 주님을 경배(敬拜)드리면서 날아 다닌다.
인류에게 주님께서 구원의 은총으로 주신 하늘나라에서의 기쁨은 한이 없도다. 왜냐 하면, 하늘나라의 모든 이는 하느님의 사랑 안에서 인류와 함께 하시기를 원하기 때문이다.

† † †

환　　시 ── 1995년 4월 19일

성찬식이 끝난 뒤, 예수님께서 왼손을 저에게 내미시는 것을 보았다. 그 손을 잡고, 저는 예수님의 손의 상처 안으로 들어갔다. 그 상처 안쪽에서는 천사들이 날아 다니고 있었다. 더 깊은 곳으로 들어가자, 예수님께서 나타나셔서 말씀하셨다.

"나의 상처(傷處)는 하늘나라로 들어가는 문(門)이다!"

† † †

자비의 천주 성부님! —— 1995년 4월 21일

　　어떤 상황(狀況)도 진리(眞理)를 부정(否定)하는 것을 정당화(正當化)하지는 못한다. 어떤 상황도 사실을 바꾸는 것을 정당화하지는 못한다.
　　——어떤 상황도 죄(罪)를 정당화 하지는 못한다.

† † †

사랑의 주 예수님! —— 1995년 4월 21일

　　나의 날개 아래서, 너는 나의 법(法)을 배우게 될 것이다. 나의 그림자 아래서, 너는 빛을 발하는 법을 배우게 될 것이다. 나의 십자가 아래서, 너는 베푸는 법을 배우게 될 것이다.

† † †

사랑의 주 예수님! —— 1995년 4월 21일

　　십자가는 모든 사람을 나의 사랑으로 흠뻑 적셔 주었다. 십자가는 모든 사람을 나의 선물로 흠뻑 적셔 주었다.

십자가(十字架)는 모든 사람을 나의 정신(精神)으로 흠뻑 적셔 주었다.

인간은 오직 내 곁에 있기만 하면, 모든 것이 인간의 것이 된다. 나의 가슴을 꿰뚫은 창이 자비(慈悲)의 강물을 이끌어냈다. 나의 존재를 꿰뚫은 창이 소망(所望)의 강물을 이끌어냈다. 나의 죽은 몸을 꿰뚫은 창이 진리(眞理)의 강물을 이끌어냈다.

인간은 오직 이것을 받아들이기만 하면, 모든 것이 인간(人間)의 것이 된다.

무덤은 한 순간 동안만 나의 몸을 붙잡고 있었다. 무덤은 잠깐 쉬도록 나의 영혼(靈魂)을 붙잡고 있었다. 무덤은 잠깐 편히 쉬도록 나의 정신(精神)을 붙잡고 있었다.

인간은 오직 이것을 인정(認定)하기만 하면, 영원한 생명(生命)이 인간의 것이 된다.

† † †

사랑의 주 예수님! ── 1995년 4월 22일

십자가와 창 그리고 무덤은, 인류(人類)가 하느님을 사랑하기만 한다면 하느님의 사랑 안에서 모든 사람이 그것을 극복(克服)할 수 있다는 징표이다.

† † †

사랑의 주 예수님! ── 1995년 4월 22일

　　사랑을 찾아 세상을 떠돌아 다니는 것이 구세주의 마음이시다. 모든 사람 옆에서 걸어가는 것이 주님의 성령님이시다.
　　모든 사람에게 손을 뻗는 것이 하느님의 사랑이시다.
　　뻗혀진 나의 손을 꼭 잡아라. 기다리고 있는 나의 사랑을 꼭 잡아라.
　　그리고 영원한 기쁨을 향하여 힘차게 한 발을 내디디어라.

　　　　　　　　✝ ✝ ✝

사랑의 주 예수님! ── 1995년 4월 22일

　　영원한 기쁨의 방울들이 인간(人間)의 영혼(靈魂)에 자리잡자, 슬픔의 베일이 그것을 뒤덮었다.
　　영원한 사랑의 선물이 인간의 정신(精神)에 자리잡자, 증오(憎惡)와 노여움의 베일이 그것을 뒤덮었다.
　　하느님의 진리(眞理)가 인간의 마음에 자리잡자, 죄(罪)의 베일이 그것을 숨겼다.
　　그 베일을 벗겨내고, 하느님의 사랑과 기쁨과 진리 안에서 자유로워져라.

　　　　　　　　✝ ✝ ✝

사랑의 주 예수님! —— 1995년 4월 25일

　　심장이 고동칠 때마다 나의 상처에서 떨어지는 핏방울은, 내가 인류에게 베풀어 준 사랑의 은총(恩寵)이었다. 심장이 고동칠 때마다 빠져나가는 생명(生命)은 내가 인류에게 베풀어 준 은총이었다.
　　곧, 이 세상의 생명은 영원한 생명에 비하면 이차적(二次的)인 것에 지나지 않는다는 것을 보여 주는 은총이었다.
　　십자가(十字架)에 매달려 죽어가면서 내 입에서 나온 비명(悲鳴)은, 내가 인류(人類)에게 베풀어 준, 하느님 아버지의 용서(容恕)를 구하는 은총이었다.

† † †

자비의 천주 성부님! —— 1995년 4월 26일

　　하느님의 여인들은 너무나도 특별하고, 하느님의 여인들은 너무나도 사랑스럽고, 하느님의 여인들은 나에게는 너무나도 귀중하도다.
　　예수가 이 세상에서 걸어다닐 때, 하느님을 완전히 사랑한 여인이 있었기 때문에 걸어다닐 수가 있었다.
　　예수가 십자가를 짊어지고 갈 때, 한 여인이 하느님께 대한 사랑으로 예수의 얼굴을 씻어 주었다.
　　예수가 십자가 위에 매달렸을 때, 하느님을 사랑한 그 여인이 함께 남아 있었다.

죽음으로부터 부활(復活)했을 때, 사랑의 주 예수는 그 여인에게 맨먼저 당신의 영광(榮光)을 보여주었다.
　　하늘 나라로 승천(昇天)한 뒤에, 사랑의 주 예수는 그 여인을 하늘 나라로 데려 갔다. 그리고 그 여인은 하늘 나라의 여왕이 되었다.
　　최후(最後)의 심판(審判)날에, 사랑의 주 예수는 악(惡)을 쳐부수기 위하여 그 여인을 당신 옆에 있게 할 것이다.
　　세세대대(世世代代)를 통(通)하여 하느님께서는 가장 깊은 사랑으로 여인들을 사랑하셨으며, 영적 생활(靈的生活)을 통하여 하느님께서는 그 여자들을 남자들과 똑같이 보셨다.
　　여자와 남자는 똑같은 인간이지만 서로 다르다. 이 얼마나 오묘한 신비(神秘)인가! 여자와 남자는 둘 다 모두 하느님을 사랑하고, 서로를 사랑하도록 창조(創造)되었다.
　　여자와 남자는 모두 하느님의 일을 하기 위하여 존재(存在)하고 있지만, 각기 다른 방식으로 하느님의 일을 하게 된다. 그 두 가지 방식(方式) 모두 하느님께는 매우 특별한 것이다.

† † †

자비의 천주 성부님! ── 1995년 4월 26일

　　매순간 너는 예수의 품 안에서 걷고, 매순간 너는 예수의 사랑에 눈을 뜨고, 매순간 너는 예수의 빛 안에서 걸어야 한다.
　　모든 순간(瞬間)을, 그리고 매순간마다 너는 예수를 위하여 살아야만 한다.

††††

사랑의 주 예수님! —— 1995년 4월 26일

　　사랑은 하느님 안에서 완전(完全)한 것이 된다. 사랑은 진실로 어떤 것인지를 알게 될 때 완전한 것이 된다.
　——사랑은 모든 것이고, 모든 것은 사랑에서 나온다.
　　사랑이 모든 사람을 창조(創造)하셨다. 그러므로 모든 사람은 사랑이 되어야 한다.
　　하느님께서 사랑을 창조하셨다. 그러므로 하느님은 사랑이시다.
　　하느님께서는 인간(人間)끼리 사랑받고 사랑하도록 창조하셨다.
　　사랑을 부인(否認)하는 것은 하느님을 부인하는 것이다. 그리고 하느님을 부인하는 것은 설사 그렇게 보이지는 않더라도 악(惡)을 받아들이는 것이다.
　　사랑을 부인하는 것은 영원한 생명(生命)을 부인하는 것이고, 사랑을 거부(拒否)하는 것은 증오(憎惡)와 탐욕(貪慾)과 노여움과 고통(苦痛)과 괴로움과 죄(罪)를 불러들이는 것이다.
　　사랑을 부인하는 것은 죄이다. 왜냐 하면, 사랑이신 하느님을 부인하는 것이기 때문이다.

††††

사랑의 주 예수님! —— 1995년 4월 26일

사랑은 기다리고, 사랑은 인내심(忍耐心)이 강(强)하고, 사랑은 믿는다.

인내심과 기다림에 의(依)해서 나를 사랑하고, 너의 주 하느님, 예수 그리스도인 나를, 굳게 믿어라.

† † †

자비의 천주 성부님! —— 1995년 4월 26일

인류(人類)에 대한 사랑을 너는 모든 사람에게 보여 주어야 한다. 교회(敎會)에 대한 사랑을 너는 모든 교회에 보여 주어야 한다.

예수에 대한 사랑을 너는 항상(恒常) 보여 주어야 한다.

† † †

자비의 천주 성부님! —— 1995년 4월 26일

이기기 위하여 노는 것은 노는 것이 아니다. 즐기기 위하여 노는 것은 노는 것이다. 왜냐 하면, 노는 것은 즐거워야 하고, 그렇지 않으면 노는 것이 아니기 때문이다.

† † †

자비의 천주 성부님! —— 1995년 4월 26일

과일은 맛을 보고 즐겨야 한다. 과일은 무르익었을 때 따야 한다. 과일은 그 나무의 장점(長點)을 알아볼 수 있도록 진열(陳列)해야 한다.

† † †

사랑의 주 예수님! —— 1995년 4월 26일

다른 사람들을 나의 말씀에 대해 마음을 열게 하는 것은 쉬운 일이 아니다. 다른 사람들을 나의 사랑에 대하여 마음을 열게 하는 것은 어렵다.
다른 사람들을 나의 자비에 대하여 마음을 열게 하는 것은 하나의 투쟁과 같다. 그러나 그 방법 밖에 없다. 왜냐 하면, 나의 일은 항상 힘들기 때문이다.

† † †

사랑의 주 예수님! —— 1995년 4월 27일

신뢰하고, 믿고, 따르는 것은 내 친구의 길이다. 네 기도에 응답하기 위해 내가 존재(存在)한다는 것을 신뢰하여라.
항상 내가 네 옆에 있다는 것을 믿고, 필요한 사람들에게 너를 보낼 때, 나의 빛을 따르도록 하여라.

† † †

사랑의 주 예수님! —— 1995년 4월 27일

　　가시와 못과 창은, 나의 자비를 가로막지 못했던 것이다. 오히려 자비(慈悲)를 커지도록 더 커지게 만들었다.
　　고통과 괴로움과 치욕은, 나의 일을 가로막지 못했다. 오히려 나의 일을 영광(榮光)스럽게 만들어 줄 뿐이었다.
　　사랑과 믿음과 소망(所望)은 나의 십자가를 짊어지고 가기 쉽도록 어깨를 더욱 굳세게 만들어 줄 뿐이었다.

† † †

사랑의 주 예수님! —— 1995년 4월 27일

　　진리는 반드시 언제나 승리(勝利)한다.
　　——그러므로 항상 진실(眞實)하여라.
　　인간이 실수(失手)를 저지르는 것은, 충분히 이해(理解)할 수 있는 일이다. 왜냐 하면, 그것이 인간(人間)의 속성(屬性)이기 때문이다.
　　이 사실(事實)을 받아들이지 못하는 사람은, 진리(眞理)에 대해 눈과 마음을 닫고 있는 사람들이다.

† † †

사랑의 주 예수님! —— 1995년 4월 27일

참된 마음은 예수님께 속해 있다. 참된 정신은 하느님께 속해 있다. 참된 영혼(靈魂)은 하늘나라에 속해 있다.

† † †

사랑의 주 예수님! —— 1995년 4월 27일

　　진리의 숨, 용서(容恕)의 숨, 자비의 숨, 사랑의 숨. 이것이 십자가(十字架)에서 내가 마지막으로 쉰 숨이었다.
　　슬픔의 한숨, 상냥함의 한숨, 애정의 한숨, 사랑의 한숨. 이것이 십자가에서 내가 마지막으로 쉰 한숨이었다.
　　은총(恩寵)의 속삭임, 권능(權能)의 속삭임, 영원의 속삭임, 사랑의 속삭임. 이것이 십자가에서 내가 마지막으로 한 속삭임이었다.
　　나는 하느님의 사랑을 세상 사람들에게 속삭이는 한숨을 내쉬었다. 나는 하느님의 용서를 세상 사람들에게 속삭이는 숨을 내쉬었다. 그리고 나는 인간(人間)에게 새로운 생명(生命)을 불어 넣는 숨을 속삭였다.

† † †

사랑의 주 예수님! —— 1995년 4월 27일

　　예수님의 어머니는 너무나도 특별한 어머니이시다. 자신의 모든 삶을 하느님께 바치신 어진 어머니이시다. 모든 것을 하느님께 바치신 관대한 어머니이시다. 나의 어머니는 하느님의 아드님을 낳으심으로써 모든 사람 위에 들어올려졌다. 하느님은 태어나기 전에 마리아님을 선택(選擇)하시고, 하느님은 마리아님에게 원죄가 없이 태어나도록 하셨다. 하느님은 마리아님을 새로운 하와가 되도록 선택하셨다. 그리고 하느님은 마리아님이 순결(純潔)하기 때문에 선택하셨다.

마리아님은 그녀 이전의, 그리고 그녀 이후의 어느 누구하고도 다르게 죄로부터 자유로운 분이었다. 나의 어머니 마리아님은 너무나도 깨끗하고 너무나도 순결해서 죄(罪)로부터 해방(解放)되었다. 하느님의 아드님을 낳은 행위(行爲)가 나의 어머니를 다른 모든 사람 위에 올려 놓았다. 나를 기르고 보살피고, 나에게 당신 자신을 완전히 바친 행위가 나의 어머니 마리아님을 다른 모든 사람 위에 올려 놓았다. 그리고 나의 자유(自由)를 위해 애걸하는 일 없이, 아무런 불평도 없이, 또한 나의 고통 때문에 하느님을 원망하는 일도 없이 나와 함께 십자가의 길을 걸은 행위가 나의 어머니를 다른 모든 사람 위에 올려 놓았다.

나의 시체를 무덤에 눕히고, 내가 다시 돌아올 것이라고 하느님을 신뢰한 행위가 나의 어머니를 다른 모든 사람 위에 올려 놓았다. 내가 하늘 나라로 승천(昇天)한 뒤에 장래에 대해 불안을 느끼면서 기다리고 있는 나의 제자들을 위로하고 굳세게 만들어 준 행위가 나의 어머니를 다른 모든 사람 위에 올려 놓았다.

내가 나의 어머니를 하늘나라로 오르게 하여, 어머니를 다른 모든 사람 위에 올려 놓았다. 나의 어머니가 무시당했을 때, 자신의 어머니가 무시당했을 때 인간이 마음을 상한 것처럼, 나도 마음이 상했던 것이다.

　　만일 친구가 찾아왔을 때, 네 어머니가 친구를 반가히 맞아서 집 안으로 안내했는데, 친구는 어머니를 완전히 무시(無視)하고 곧장 너에게로 다가온 경우를 상상해 보아라. 너는 기분이 상하지 않겠는가? 만일 네 어머니가 친구에게 선물을 주었는데, 친구가 어머니에게 등을 돌린 경우를 상상해 보아라. 너는 마음이 상하지 않겠는가? 만일 친구가 부상을 당하여 네 집으로 찾아왔을 때, 네 어머니가 친구를 돌봐주고 위로를 해 주는 데도, 친구가 어머니를 무시하고 네 도움만 요구하는 경우를 상상해 보아라. 너는 감정(感情)이 상하지 않겠는가?

　　나의 어머니의 경우도 마찬가지이다. 어머니가 무시를 당하면 나는 마음이 상한다. 이와같이 나의 어머니에게 등을 돌리면, 나 역시 속이 상한다. 그리고 어머니가 거절당하면, 나는 감정이 상한다. 나의 어머니는 하느님에게 선택받았고, 나의 어머니는 하느님한테 특전(特典)을 받았다. 그러므로 그에 합당(合當)한 존경(尊敬), 곧 하느님의 어머니에게 합당한 존경을 표시해야만 한다. 그러므로 나의 어머니를 통하여 기도를 할 때, 너는 어머니의 도움과 중재를 구(求)하기 위하여 기도(祈禱)하는 것이다. 어머니에게 하느님께 부탁해서 도와 주게 해 달라고 기도하는 것이다. 마리아님의 수많은 부탁을 받고 계신 하느님께서는 마리아님을 통하여 많은 것을 주시기를 간절히 원하신다. 마리아님은 특전을 가진, 상경지례(上敬之禮)를 받는 인간(人間)이지만 하느님은 아니다. 그러나 너무나도 특별한 존재(存在)인 것이다!

†††

자비의 천주 성부님! ── 1995년 4월 27일

　　나의 아들 예수의 몸을 먹는 것은 생명의 참된 양식이다. 나의 아들 예수의 피를 마시는 것은 생명의 가장 감미로운 음료이다. 나의 아들 예수의 몸과 피로 네 자신을 가득 채우면, 너는 참된 생명(生命)을 얻게 될 것이다.

† † †

사랑의 주 예수님! ── 1995년 4월 28일

　　우정(友情)은 사랑을 의미하고, 우정은 믿음을 의미하고, 우정은 소망(所望)을 의미한다. 네가 나에게 소망하여 나의 사랑을 믿으면 무엇이든지 이루어진다.

† † †

사랑의 주 예수님! ── 1995년 4월 29일

　　남을 사랑하는 것은 선물(膳物)이지만, 자기 자신을 사랑하는 것은 죄가 된다. 남을 사랑하는 것은 은총(恩寵)이지만, 자기 자신을 사랑하는 것은 걸림돌이 된다. 남을 사랑하는 것은 기쁨이지만, 자기 자신을 사랑하는 것은 교만(驕慢)이 된다.
　　남을 사랑하면 너를 하느님께로 데려다 주는, 은총의 선물이 되는 기쁨을 발견(發見)할 것이다.

† † †

살아 계신 성령님! ── 1995년 4월 29일

　　하늘 나라의 꽃, 사랑의 열매. 하느님의 장미꽃, 사랑의 향기(香氣). 은총의 꽃다발, 사랑의 선물.
　　장미꽃이신 예수님께서는 모든 영혼(靈魂)을 꽃피우게 하신다.

† † †

자비의 천주 성부님! ── 1995년 4월 29일

　　내 아들의 얼굴에서 떨어지는 피는 사랑의 탈을 만든다. 내 아들의 팔에서 흘러 내리는 피는 사랑의 포옹(抱擁)을 만든다. 나의 아들 예수의 옆구리에서 흘러나오는 피는 사랑의 강물을 만든다.
　　강물로 달려 가서, 나의 아들 예수의 사랑이 네 영혼 속으로 들어가게 하여라.
　　강물로 달려 가서, 네가 예수의 사랑의 얼굴이 되기 위하여 네 정신(精神)을 사랑으로 가득 채워라. 강물로 달려 가서, 예수의 사랑을 포옹(抱擁)하기 위하여 네 손을 사랑으로 깨끗이 씻고 또 씻어라.

† † †

자비의 천주 성부님! —— 1995년 4월 29일

　　나의 아들, 어지신 예수가 세상에서 삶을 사는 것을 지켜보면서, 나는 행복감에 가득 찼다.
　　예수가 하느님의 사랑을, 하느님의 말씀을, 하느님의 용서(容恕)를 나의 자녀들에게 가져다 주는 것을 지켜보면서, 나는 기쁨에 가득 찼다.
　　예수가 인류에게 하늘나라로 돌아가는 길을 보여 주는 것을 지켜보면서, 나는 자비(慈悲)로 가득 찼다.
　　예수는 나에게 본래 나의 것이었던 것을 주었고, 나는 예수에게 본래 그의 것이었던 것을 돌려 주었다. 예수는 나에게 자신을 주었고, 나는 예수에게 나의 사랑을 주었다.

† † †

사랑의 주 예수님! —— 1995년 4월 29일

　　아기는 평생(平生)을 통하여 인간의 내면(內面)에 남아 있다. 그리고 인간은 내면에 있는 아기가 될 필요가 있다.
　　아기가 된다는 것은 사랑을 받는 것을 의미한다.
　　그러므로 항상 아기같이 천진난만(天眞爛漫)해야만 한다.

† † †

우리의 성모 마리아님! —— 1995년 4월 29일

길을 잃은 아이들은 혼란을 일으키게 되고, 길을 잃은 아이들은 쉽게 이끌려 가기 때문에, 길을 잃은 아이들에게는 이해(理解)와 동정(同情)이 필요하다.

길을 잃은 아이들은 진리(眞理)를 구하고 있지만, 길을 잃은 아이들은 쉽게 속아 넘어가고, 어떤 손이든 잡으려고 한다.

길을 잃은 아이들을 비난(非難)해서는 안 된다. 길을 잃은 아이들은 소망(所望)을 따라가므로, 길을 잃은 아이들을 바로 찾아내야만 한다.

† † †

우리의 성모 마리아님! —— 1995년 4월 29일

악마는 얼마나 손쉽게 절반의 진리와 절반의 논리로 나의 자녀들을 빼앗아가고 있는 지 모른다. 악마는 황당한 것을 진리처럼 보이게 만들 수 있기 때문이다.

인간의 영혼(靈魂)은 본래 하느님의 사랑에서 왔으며, 하늘나라의 하느님께로 돌아가기 위하여 창조되었다. 인간의 영혼은 동물처럼 되기 위하여 창조된 것이 아니며, 또 인간으로서 몇번이고 되풀이해서 살기 위하여 창조되지도 않았다. 각 영혼은 유일한 것이며, 육신과 합하여 한 인간(人間)이 된다.

인간에게는 오로지 두 가지 선택이 있을 뿐이다. 곧, 하늘나라냐, 아니면 지옥의 선택 뿐이다. 그 밖의 모든 선택은 지옥으로 인도하는 선택이고, 악마로부터 나온 속임수이다. 그리고 다른 모든 선택은 거짓말이다. 사랑의 주 예수님을 빼놓고는 어느 누가 부활(復活)을 했으며, 죽음을 따르는 것이 무엇인가를 보여 주었는가? 사랑의 주 예수님을 빼놓고는 어느 누가 자신의 죽음을 예언하고, 부활을 예언했는가? 사랑의 주 예수님을 빼놓고는, 어느 누가 자기 이름을 대면 마귀가 도망갈 것이라고 말하고, 그 약속을 지켰는가?

어느 누가 수많은 성인들로 하여금 자신의 사랑을 나타내 보이게 했는가? 어느 누가 거의 2천년 동안 몇번이고 되풀이해서 모습을 나타내서 하느님의 사랑을 보여 주었는가? 어느 누가 예수님처럼 많은 기적(奇蹟)을 행했는가? 어느 누가 영원히 살 수 있는가? 어느 누가 인간의 죄를 용서하기 위하여 자신의 생명을 바칠 정도로 인간을 사랑했는가? 어느 누가 이런 일들을 했는가? 그리고 어느 누가 숨을 쉴 때마다 하느님의 위대함을 선포했는가? 어느 누가……?

† † †

자비의 천주 성부님! —— 1995년 5월 1일

자신의 내면(內面)에서 평화(平和)를 찾는 것은, 예수를 찾는 것만큼 쉬운 일이다. 자신의 내면에서 사랑을 찾는 것은, 예수를 찾는 것만큼 즐거운 일이다. 자신의 내면에서 진리를 찾는 것은, 예수를 찾는 것만큼 명백한 일이다.

예수는 평화이고, 사랑이고 진리이다. 그러므로 나의 아들 예수를 찾으면, 너는 이 모든 것을 찾을 수 있을 것이다.

† † †

사랑의 주 예수님! ── 1995년 5월 1일 ──
(고해 성사를 볼 때 울고난 뒤)

사랑의 눈물이 성체 성사(聖體聖事) 때 쏟아져 나왔다. 슬픔의 눈물이 고해 성사(告解聖事) 때 흘러 나왔다. 그리고 기쁨의 눈물이 네 나약함을 이해할 때 흘러 나왔다…….

† † †

사랑의 주 예수님! ── 1995년 5월 1일

네 마음을 참된 자아(自我)를 드러내기 위하여 활짝 열어라. 네 마음을 참된 사랑을 나타내 보이기 위하여 활짝 열어라. 네 마음을 꽃을 활짝 피우게 하기 위하여 활짝 열어라.

† † †

자비의 천주 성부님! ── 1995년 5월 2일

인간의 마음은 돌과 같을 수도 있으며, 또 인간의 마음은 꽃과 같을 수도 있다. 한쪽은 죽어 있으며 감정이 없고, 다른 한쪽은 살아 있으며 향기롭다. 예수의 손길로, 그 돌을 꽃으로 변화시켜라. 그리고 그 꽃을 예수의 사랑이 담긴 꽃다발로 변화시켜라.

† † †

자비의 천주 성부님! —— 1995년 5월 2일

　　삶이 어떠해야 하는가를 이해하는 방법은 나의 아들 예수가 말씀한 것을 이해하는 것이다. 나의 아들 예수는 오로지 사랑, 하느님께 대한 사랑, 같은 인간에 대한 사랑, 자기 자신에 대한 사랑만을 말씀하였다.
　　사랑에 의하여 사는 것은, 네 삶 전체(全體)가 죄로부터 자유로워지는 것을 의미한다. 왜냐 하면, 만일 네가 사랑을 하게 된다면, 그때 너는 하느님이나 다른 사람을 해치거나 상처(傷處)를 입히지 않을 것이기 때문이다.
　　사랑 안에서 사는 것은, 하느님과 다른 사람으로부터 받은 사랑을 소중(所重)히 여기는 것을 의미한다. 사랑에 의해서 사는 것은 모든 곤란, 모든 욕설, 모든 거절, 모든 적대자를 받아들이는 것을 의미하고, 오로지 그것을 더 많은 사랑으로 보답(報答)하는 것을 의미한다.
　　사랑과 함께 사는 것은, 네가 예수와 함께 사는 것을 의미한다. 왜냐 하면 예수는 사랑이고, 나의 사랑이기 때문이다.

† † †

자비의 천주 성부님! —— 1995년 5월 2일

　　사랑은 나의 아들이고, 나의 아들은 사랑이다. 사랑은 나의 진리(眞理)이고, 나의 진리는 나의 아들이다.

사랑은 나의 평화이고, 나의 평화는 나의 아들 예수이다.

† † †

자비의 천주 성부님! —— 1995년 5월 2일

제자들이 기도하는 모습을 지켜보면서, 나의 아들 예수는 기도(祈禱)가 진실로 무엇인가를 그들이 알기를 간절히 원했다. 예수를 따르는 제자들은 기도가 하느님께 얼마나 큰 기쁨을 안겨 주는지를 잘 모르고 있었다. 제자들은 자신들이 이야기하는 모든 말에 내가 귀를 기울이고, 자신들이 갖고 있는 모든 생각과 느끼는 모든 감정(感情)에 내가 주의(注意)하고 있다는 것을 모르고 있었다. 그리고 제자들은 자신들 생활의 모든 순간(瞬間)이, 예수가 나에게 바치는 기도라는 것을 모르고 있었다.

예수는 때때로 제자들을 선택해서 하느님 아버지인 나에게 사랑의 선물로 바쳤다. 제자들이 행하는 모든 행동(行動)은 나의 아들을 영광되게 했으며, 또한 예수를 통하여 나를 영광되게 하였다. 지금 네가 뒤돌아 보아야만 제자들이 행한 모든 행동(行動)과 말이 어떤 의미를 지닌 것인 지를 알 수 있게 된다.

그리고 제자들의 삶의 참된 의미는 성령에 의해서만 비로소 이해(理解)할 수 있다. 제자들의 삶은, 세세대대로 인류가 하느님의 뜻과 메시지를 알 수 있도록 하기 위하여 예수께서 인도(引導)하였다. 그리고 그 메시지는 다음과 같다.

네 하느님을 사랑하고, 네 이웃을 사랑하여라. 다른 사람이 너에게 어떻게 대하든 상관하지 말고, 사랑의 삶을 살아 가거라. 이것은 사도들에게 보낸 메시지이다. 이것은 내가 나의 아들 예수를 통하여 하느님께로 돌아오는 길을 보여 주기 위한 메시지이다.

모든 사람이 이에 의해서 살아가야 하는 메시지이다. 그리고 너무나도 명백하고, 너무나도 분명하고, 너무나도 진실(眞實)해서 아무도 오해(誤解)하는 일이 없을 것이다.

† † †

사랑의 주 예수님! ── 1995년 5월 4일

네가 구(求)하는 강한 힘을 성체(聖體) 안에서 찾을 수 있을 것이다. 네가 필요(必要)로 하는 사랑을 성체 안에서 찾을 수 있을 것이다.

그리고 네가 바라는 기쁨을 성체 안에서 찾을 수 있을 것이다. 왜냐 하면, 나는 성체이기 때문이다.

† † †

사랑의 주 예수님 ── 1995년 5월 4일

사랑의 시간이 가까워지고, 사랑의 기쁨의 시간이 다가오고 있으며, 사랑의 충만(充滿)된 시간이 눈 앞에 보인다.

길은 명백해질 것이고, 길은 분명해질 것이며, 길은 아름다운 모습이 될 것이다.

　　나의 힘을 받아들여서 더 늦기 전에 나의 길을 찾아라.

　　나의 힘을 구(求)하는 데 시간을 들이고 곧 나의 길을 찾아라.

†††

살아 계신 성령님! ── 1995년 5월 5일

　　하느님의 손이 모든 사람에게 평화(平和)를 주신다. 하느님의 손이 모든 사람에게 사랑을 주신다.
　　하느님의 손이 모든 사람에게 예수님을 주신다.
　　──하느님의 손이 평화와 사랑, 곧 예수님을 주신다.

†††

사랑의 주 예수님! ── 1995년 5월 6일

　　사랑에 대하여 이야기하는 것은, 예수님께 대하여 이야기하는 것을 의미한다. 생명(生命)에 대하여 이야기하는 것은, 예수님께 대하여 이야기하는 것을 의미한다. 진리(眞理)에 대하여 이야기하는 것은, 예수님께 대하여 이야기하는 것을 의미한다.
　　예수님은 생명을 가져다 주는 진리이고, 예수님은 사랑을 진실되게 만드는 생명이며, 그리고 예수님은 참된 생명으로 인도(引渡)하는 사랑이시다.

† † †

사랑의 주 예수님! —— 1995년 5월 6일

　모든 백성의 하느님 아버지, 모든 창조물의 하느님 아버지, 온 인류의 하느님 아버지. 하늘나라에 계신 하느님 아버지께서는 인간(人間)의 가족(家族)처럼 하나가 되도록 모든 백성을 창조(創造)하셨다.
　하늘나라에 계신 하느님 아버지께서는 온 인류(人類)가 하나의 백성, 곧 하느님의 백성이 되도록 창조하셨다.
　그리고 하늘나라에 계신 하느님 아버지께서는 온 인류가 하느님의 사랑의 통일(統一)된 백성이 될 수 있도록, 인간을 위해 모든 것을 창조하셨다.

† † †

자비의 천주 성부님! —— 1995년 5월 7일

　나의 아들 예수가 인류에게 사후(死後)의 생명이 존재(存在)한다는 것을 보여 주기 위하여 부활(復活)하였을 때, 또한 인류에게 많은 것을 보여 주었다. 길을 가면서 두 제자(弟子)에게, 예수는 성서(聖書)에 대하여 설명을 하고 나서, 인류에게 이렇게 말씀하였다. "이것은 하느님의 말씀이다. 너희는 반드시 읽어야 하고, 성령의 은총(恩寵)에 의해서 이해하여야 한다."
　예수는 두 제자에게 설명했을 때, 제자들은 성서가 진실로 말씀하고 있는 것이 무엇인가를 이해하게 되었으나, 그것을 이해하는 데는 하느님의 도움이 필요하다. 이것은 모든 사람의 경우에도 마찬가지이다.

성서가 말씀하고 있는 것을 진실로 이해하기 위해서는 하느님의 도움이 필요하다. 그리고 성령은 인류가 말씀 안에서 진리를 알 수 있도록 도와 주기 위하여 언제나 기다리고 있다.

나의 아들 예수는 토마스에게 손으로 거룩한 상처를 만져 보라고 하였을 때, 나의 아들은 당신의 고통(苦痛)으로부터 온 구원(救援)의 은총을 인류에게 주었다. 예수는 모든 사람에게 말씀하고 있다. "너 자신을 나의 상처 속에 맡겨라. 그리고 나의 사랑과 보호(保護)로 충만해져라."

나의 아들 예수는 당신의 상처는, 용서(容恕)의 피난처(避難處)이며, 평화(平和)의 안식처(安息處)라는 것을 온 인류에게 보여 주셨다. 또한 이 자비의 행동과 함께 나의 아들 예수는 인간이기 때문에 의심하는 것은 당연(當然)하다고 말씀하였다. 그러나 일단 네가 예수의 사랑의 상처(傷處)를 만지고 나면, 그 분께서 의심(疑心)을 깨끗이 없애 주실 것이다.

나의 아들 예수는 와서 친구들과 함께 식사를 했을 때, 또 이렇게 말씀하였다. "나는 이 음식을 나의 모든 친구들과 함께 나누려고 얼마나 별러 왔는지 모른다. 나는 나의 모든 자녀들이 나와 함께 앉아서 사랑의 잔치를 즐길 수 있도록 자리를 마련해 놓았다." 그리고 또 호숫가에서 물고기를 준비했을 때 말씀한 것은, 모든 사람을 위한 음식(飮食)을 준비(準備)하고 있다는 것이었다. 그 음식은 당신을 따르는 사람들에게 주는 선물(膳物)이고, 그 음식은 예수의 겸손(謙遜)에서 나오는 음식이고,

그리고 그 음식은 영원한 생명(生命)을 가져다 주는 영원한 잔치 음식이다.

　나의 아들 예수가 물고기를 주었을 때 행한 것은, 하늘나라에 있는 영원한 생명의 바다로부터 가져온 음식으로써 당신 자신을 준 것이다. 나의 아들 주 예수는 베드로와 단둘이 걸어갈 때, 인류(人類)에게 이렇게 말씀하였다. "나는 이 사람을 성령과 아버지와 함께 하는 하늘나라의 나의 식탁(食卓)으로, 나의 자녀(子女)들을 이끌어 오도록 명(命)한다. 그리하여 우리는 자녀들을 영원히 소중(所重)히 여길 것이다."

　나의 아들 주 예수는 요한에게 뒤에 남아서 기다리라고 명할 때 이렇게 말씀하였다. "베드로가 첫째이다. 그러니 그를 따르고 그의 말에 순종(順從)해야 한다. 왜냐 하면, 베드로는 내가 임명(任命)한 사람이기 때문이다."

　나의 아들 주 예수가 이렇게 말씀한 것은, 베드로의 뒤를 따라 온 모든 사람들에게, 베드로는 당신이 임명한 사람이므로, 아무리 하느님과 가까운 사람이라 하더라도 하느님이 임명한 사람의 말에 따르고 순종해야 한다는 것을 보여 주기 위한 것이었다. 그날 예수가 행한 것은, 당신이 목자(牧者)를 선택(選擇)한 것이지 인간(人間)이 선택한 것이 아니라는 것을, 듣는 귀와 보는 눈을 가진 모든 사람에게 강조(強調)하는 것이었다.

　예수가 요한을 통하여 보여 준 것은, 하느님을 사랑한다는 것은 겸손해지는 것을 의미하고, 하느님의 뜻을 따르는 것을 의미한다는 것이었다. 그날 예수가 행한 것은, 반석(盤石)을 정하는 일이었는데 반석은 베드로였다. 그리고 예수가 베드로의 요구(要求)에 모든 사람이 따라야 하고, 당신이 임명(任命)한 사람은 겸손(謙遜)과 사랑으로 그들을 인도(引導)해야 한다고 말씀하였다.

　　오늘 날 인간은 예수가 가르쳐 준 이 명백한 방향으로 따라 가고 있는지, 아니면 예수가 선택한 베드로로부터 물려받은 열쇠를 갖고 있는, 하느님께서 임명하고 선택한 하느님의 목자를 받아들이는 것을, 인간(人間)의 교만심(驕慢心)이 방해(妨害)하고 있는 것은 아닌지 살펴볼 필요가 있다.

† † †

자비의 천주 성부님! —— 1995년 5월 8일

　　꽃은 창조주(創造主)의 영광(榮光)을 나타내기 위하여 핀다. 그러므로 너는 꽃이 되어라. 꽃은 세상 사람들에게 창조주의 사랑을 나타내기 위하여 향기(香氣)를 풍긴다. 그러므로 너는 꽃이 되어라.

　　꽃은 창조주의 기쁨을 나타내기 위하여 해를 향해 뻗어가고 아름다운 삶을 산다. 그러므로 너는 꽃이 되어라.

　　네 마음을 예수에게 열면, 예수는 너에게 다른 사람의 마음에 도달하는 데 필요한 모든 것을 줄 것이다. 그러므로 다른 사람들도 마음을 예수에게 활짝 열도록 하여라.

† † †

환　　시 —— 1995년 5월 8일

미사에 참례하고 있는 동안 예수님께서 저에게 오셨다. 성찬식 전에 예수님께서 저에게 손을 내밀어 상처를 보여 주시면서 말씀하셨다. "나의 상처 안쪽 깊숙이 들여다 보아라." 말씀 대로 하니까, 저는 인간들이 저질러 놓은 수많은 죄(罪)를 볼 수가 있었다.

　　예를 들면, 가스실 안에서 죽은 유다인들, 죽도록 난자질 당한 사람들, 전쟁을 하고 있는 사람들, 살인(殺人), 강간(强姦), 동성애(同性愛), 고문(拷問), 낙태(落胎)를 범(犯)하는 사람들이 보였다. 예수님께서는 이렇게 말씀하셨다. "나는 이러한 고통(苦痛)을 내 상처 속에 지니고 있다. 더 깊은 곳을 잘 보아라."

　　저는 성모님께서 너무나 많은 여인들이 낙태 수술(落胎手術)을 하는 것을 내려다 보면서 슬프게 울고 있는 모습을 보았다. "나의 아기들아!" 하고 성모님은 말씀하면서 양팔을 넓게 벌리셨다.

† † †

살아 계신 성령님! —— 1995년 5월 8일

　　내가 은총(恩寵)으로 가득 채워 준 사람들 가운데는 아직도, 아직도 나의 모든 진리(眞理)를 부인(否認)하는 사람들이 너무나 많이 있다. 그러나 내가 그들을 은총으로 가득 채워 주는 것을 멈추게 하지는 못한다. 다만 나의 충만(充滿)한 사랑이 자신들 속으로 흘러들어가는 것을 가로막을 뿐이다.

　　네 자녀(子女)들에게 선물(膳物)을 주었을 때를 생각해 보아라. 그 선물 중 일부(一部)는 자녀들이 좋아하지 않거나 원(願)하지 않는 것일 수도 있다. 그 자녀들은 그런 선물에는 등을 돌려 버린다. 그리고 그것이 너의 마음을 아프게 한다. 그래도 나는 자녀들에게 선물을 주는 것을 중단(中斷)하지 않을 것이며, 자녀들도 선물을 받아들일 때 행복(幸福)을 느낄 것이다.

　　이것은 나의 많은 자녀들의 경우에도 해당된다. 나는 자녀들에게 많은 것을 줄 것이지만, 그들은 자신이 원하는 것만을 받는다. 곧 자신에게 필요한 것이나 또는 이해(理解)할 수 있는 것만을 받아들인다. 나는 자녀들에게 모든 것을 줄 것이지만, 그들이 일부를 거절(拒絶)하더라도, 나는 그들이 받는 선물은 계속 줄 것이다. 나는 오히려 자녀들이 나의 선물에 대하여 자신의 마음을 열 지도 모른다는 희망(希望) 속에서, 그들이 받을 선물로 가득 채워 줄 것이다.

　　이런 자녀들은 종종 모든 어린이들처럼, 모든 것에 대한 해답(解答)을 알고 있다고 믿고 있어서, 그들의 하느님께서 그들에게 진리(眞理)를 보여 주고 싶어할 때에도 귀를 기울이려고 하지 않는다. 대부분의 아이들이 그렇지 않은가? 아이들은 종종 부모보다 더 잘 알고 있다고 생각하고 있다. 그리고 나중에 가서야 얼마나 잘못 생각했는가를 깨닫게 되는 것이다.

　　네 자신의 마음을 활짝 열어라. 하느님과 너 사이에 방해물(妨害物)을 두지 마라. 하느님의 선물이 자유롭게 네 속으로 흘러 들어오도록 허용(許容) 하고, 너의 주위(周圍)에서 얼마나 놀라운 기적(奇蹟)이 일어나는가를 보아라.

† † †

우리의 성모 마리아님! ── 1995년 5월 9일

　　사랑을 위해 손을 내뻗고, 도움을 위해 손을 내뻗고 그리고 이해(理解)를 위해 손을 내뻗어라. 나의 자녀들 대부분은 사랑이 진실(眞實)로 무엇인가를 이해하기 위해 도움을 필요(必要)로 하고 있다.
　　나의 자녀들 대부분은 이해하도록 도와 주는 사랑을 필요로 하고 있다. 그리고 나의 자녀들 대부분은 사랑이 모든 사람을 도와준다는 것을 이해할 필요가 있다.
　　나의 자녀들 대부분은 예수님은 사랑이시고 예수님은 모든 사람을 도와 주기 위하여 사랑하신다는 것을 이해할 필요가 있다.

†††

사랑의 주 예수님! ── 1995년 5월 10일

　　미움이 아닌 용서(容恕), 혐오(嫌惡)가 아닌 사랑, 원한(怨恨)이 아닌 참된 우정(友情), ──이런 것들이 나의 길이다.
　　이것들은 반드시 너의 길이 되어야 한다.
　　나의 일을 하기 위해서는 나를 본받아야만 한다.
　　나의 일을 하기 위해서는, 나를 따라야만 한다.
　　나의 일을 하기 위해서는, 나처럼 사랑해야만 한다.

†††

사랑의 주 예수님! —— 1995년 5월 11일

　　네 영혼(靈魂)에 사랑을 먹여서 키우는 것은 네 본연(本然)의 모습인 참된 자아(自我)로 성장(成長)하는 유일(唯一)한 길이다.
　　네 영혼을 위한 양식은 오직 성체(聖體) 안에서만 발견(發見)할 수 있다. 왜냐 하면, 나는 양식(糧食)이고, 나는 생명(生命)의 빵이기 때문이다.

† † †

사랑의 주 예수님! —— 1995년 5월 11일

　　나의 온정(溫情)을 나누어 갖는 것은, 너 자신을 주는 것을 의미(意味)한다. 나의 사랑을 나누어 갖는 것은, 너 자신을 주는 것을 의미한다. 나의 진리(眞理)를 나누어 갖는 것은, 너 자신을 주는 것을 의미한다.
　　나의 사랑을 다정(多情)하게, 그리고 항상 진실(眞實)되게 주어라.

† † †

사랑의 주 예수님! —— 1995년 5월 11일

　　내가 십자가에서 나의 생명을 바쳤을 때, 인류(人類)에게 자유(自由)가 주어졌다. 내가 준 자유는 자유롭게 받아들일 필요가 있다. 내가 준 자유는 구원(救援)을 받으려는 모든 사람을 위한 것이다.

　　내가 준 자유는 영원한 선물(膳物)이며, 모든 사람이 사랑 안에서 받아들이기를 기다리고 있다. 그리고 내가 준 자유는 사랑의 자유인 것이다.

†††

사랑의 주 예수님! —— 1995년 5월 12일

　　하느님의 열매는 사랑의 열매이고, 사랑의 열매는 예수님이시다. 그리고 하느님의 꽃은 자비(慈悲)의 꽃이고, 사랑의 꽃은 예수님이시다.
　　하느님의 선물은 용서(容恕)의 선물이고, 하느님의 선물은 예수님이시다. 그리고 예수님께서 성령님을 통해서 너에게 준 선물 안에서 꽃과 열매가 되어라.

†††

사랑의 주 예수님! —— 1995년 5월 13일

　　참된 우정은 오래 계속되고, 참된 우정은 영원하며, 참된 우정은 내 안에서 찾을 수 있다.
　　참된 사랑은 영원히 계속되고, 참된 사랑은 결코 죽지 않으며, 참된 사랑은 내 안에서 찾을 수 있다.
　　참된 소망(所望)은 영원히 계속되고, 참된 소망은 영구적이며, 참된 소망은 내 안에서 찾을 수 있다.
　　――나는 너를 영원히 사랑하는 참된 친구(親舊)이다.
　　나는 너의 모든 소망을 걸 수 있고, 영원한 사랑을 찾을 수 있는 참된 친구이시다. 왜냐 하면, 나는 네 친구인 예수 그리스도님이시기 때문이다. 나를 믿고, 나를 사랑하고, 내 안에서 참된 평화(平和)를 찾아라.

† † †

우리의 성모 마리아님! ―― 1995년 5월 13일

　　세상의 모든 어머니가 자신의 가족(家族)에게 하는 것처럼, 어머니로써 나의 자녀들을 사랑을 가지고 다정(多情)하게 바라본다.
　　어머니로써 나는 나의 자녀들을 끌어안기를 간절히 바라고 있으며, 사랑하고 있다고 자녀들에게 말해 주고 싶다.
　　어머니로써 나는 나의 자녀들을 사랑의 조그만 선물로 우쭐거리게 만들고 싶다.
　　어머니로써 나는 나의 자녀들에게 길을 걸을 때 어떤 것이 가장 안전(安全)하고 올바른 길인가를 가르쳐 주고 싶다.
　　어머니로써 나는 나의 자녀들을 위해 장래(將來)를 걱정하고, 그들에게 최선(最善)의 미래(未來)가 오기를 희망(希望)하고 있다.

어머니로써 나는 나의 자녀들이 자신의 길을 걸어가게 하고 싶지만, 그들을 인도(引導)하는 부드러운 사랑의 조언(助言)을 해 주고 싶다.

어머니로써 나는 나의 자녀들이 상처(傷處)를 입을 때마다 나도 상처를 입고, 자녀들이 슬퍼할 때마다 나도 슬퍼하고, 자녀들이 나쁜 짓을 할 때마다 미안해 한다.

어머니로써 나는 항상 나의 자녀들을 용서(容恕)하고, 어머니로써 나는 자녀들을 위해 항상 용서를 구(求)한다.

어머니로써 나는 항상 나의 자녀들을 하느님 아버지께 데리고 가려고 노력(努力)하고, 어머니로써 나는 나의 자녀들이 나에게 찾아오도록 항상 기다린다.

어머니로써 나는 항상 나의 자녀들이 다음에 언제 찾아올까 기다리고, 어머니로써 나의 자녀들의 사랑을 간절히 바라고 있다. 어머니로써 나는 나의 자녀들이 이기심(利己心)을 극복(克服)하고, 참된 인간(人間)이 되는 날을 참을성있게 기다리고 있다.

어머니로써 나는 나의 모든 자녀들이 집으로 안전하게 돌아와서, 하느님 아버지와 함께 가족(家族)과의 재회(再會)를 축하(祝賀)할 수 있게 될 날을 간절히 바라고 있다.

† † †

우리의 성모 마리아님! ──── 1995년 5월 13일

인류(人類)는 하느님의 가족(家族)이다. 하느님은 모든 사

람의 아버지이시다. 인류는 예수님의 가족이다.

　　예수님은 모든 사람의 구세주(救世主)이시다. 인류는 성령님의 가족이다. 성령님은 모든 사람에게 베푸는 분이시다.

† † †

우리의 성모 마리아님! ── 1995년 5월 13일

　　하느님 안에서의 자유(自由)가 유일(唯一)한 참된 자유이다.
　　하느님 안에서의 자유가 유일(唯一)한 참된 사랑이다.
　　하느님 안에서의 자유가 유일한 참된 선택(選擇)이다.
　　자유롭게 사랑을 선택하고, 자유롭게 사랑을 받아라.

† † †

(1997년 1월 28일의 대화 ── 편집자와 앨런 에임스)

▶ 편집자 : 이 책 뒤에 세 페이지의 공백을 두었습니다. 인쇄를 하기 전에, 하느님께서 그 곳에 무엇을 집어 넣기를 원하시는지 기도를 드려서 알아보아 주십시오.
▷ 앨런 에임스 : 나는 하늘나라에 대한 이야기를 해야 한다는 계시를 받았습니다. 그것을 팩스로 보내 드리겠습니다.
▶ 편집자 : 앨런 씨, 그것 참 좋을 것 같습니다. 하지만 내 생각에는 소개가 있어야 할 것 같습니다.
▷ 앨런 에임스 : 오늘 아침(1997년 1월 29일)에 성모님께서 다음

과 같이 말씀하셨습니다.

> 하늘나라는 사랑으로 가득 찬 곳이다.
> 지옥은 증오로 가득 찬 곳이다.
> 현명(賢明)하게 선택(選擇)하여라.

성모 마리아님은 관련된 인용 구절을 알려 주셨습니다.

(잠언 19 : 16 —— 계명을 지키는 이는 제 목숨을 지키지만 제 길을 업신여기는 자는 죽는다.)

> 하늘나라를 상상(想像)해 보아라.

사랑의 주 예수님! —— 1994년 8월 7일

　이제 나는 하늘나라에 대하여 너에게 이야기하겠다. 따뜻하고 밝고, 웃음소리와 행복(幸福)으로 가득찬 장소(場所)를 상상해 보아라. 모든 순간(瞬間)이 환희(歡喜)의 순간이고, 모든 순간이 기쁨의 순간이다. 너의 모든 욕구(欲求)가 충족(充足)되고, 너의 모든 요구(要求)가 이루어진다. 너의 모든 생각이 그대로 실현(實現)된다. 네 주위에는 기쁨과 행복을 누리는 영혼(靈魂)들이 가득 차 있고, 그들은 너와 함께 사랑하고, 사랑하고 또 사랑한다.

　네가 사랑했던 사람들과 너를 사랑했던 모든 사람들이 주위(周圍)를 둘러싸고 있다. 주위는 온통 행복과 기쁨 뿐이다. 한 순간이 한 사람의 일생(一生)이고, 그래서 모든 일생은 사랑으로 충만해 있다. 너는 너무나 행복해서, 네가 할 수 있는 일이라고는 미소짓는 일 밖에 없다. 너는 너무나 행복해서, 네가 할 수 있는 일이라고는 웃는 일 밖에 없다.

그리고 너는 너무나 행복해서, 할 수 있는 일이라고는 사랑하는 일 밖에 없다. 주님께서는 너의 존재(存在)를 당신으로 가득 채우시면서 네 옆에 서 계신다. 모든 영광(榮光)과 명예(名譽)는 하느님의 것이고, 모든 찬양(讚揚)은 주님의 것이다. 너는 자신이 영원히 행복(幸福) 속에서, 영원히 기쁨 속에서, 영원히 하느님 안에서 지내게 되리라는 것을 알고 있다.

하늘나라를 무엇에 비유(比喩)하면 좋을까? 하늘나라는 너무나 영광스러워서 그 어느 것과도 비교(比較)를 할 수가 없다.

네가 이 세상의 모든 부(富)를 손에 넣고, 모든 남자와 여자와 아이와 동물이 너를 깊이 사랑하고 있다고 상상(想像)해 보아라. 이 세상이 모두 네 명령(命令)에 따라 움직인다고 상상해 보아라. 바다가 모든 신비(神秘)를 너에게 보여 주기 위하여 활짝 열린다고 상상해 보아라. 모든 생물(生物)이 네 앞에 무릎을 꿇는다고 상상해 보아라.

네가 행복하고 건강(健康)하게 수만 년을 산다고 상상해 보아라. 네가 모든 것을 맛보고, 맛있는 모든 음식을 먹는다고 상상해 보아라. 네가 만지는 모든 것이 멋지게 느껴진다고 상상해 보아라. 네가 보는 모든 것이 아름답다고 상상해 보아라. 네가 모든 것을 다 알고 있다고 상상해 보아라. 네가 사랑 밖에는 아무 것도 모른다고 상상해 보아라. 그리고 기분 좋게 느껴지는 것 밖에는 아무 것도 모른다고 상상해 보아라.
그러한 그 삶을 상상해 보아라. 그리고 그 수백만 배(倍)를 상상해 보아라. 그래도 너는 아직 하늘나라를 전부(全部)는 상상하지 못할 것이다.
끝없는 확대(擴大)를 상상해 보아라. 그래도 너는 하늘나라를 모두 보지는 못할 것이다. 그것을 상상(想像)해 보아라.

너는 가능하다고 생각도 못한 것을 느낄 것이다.

† † †

사랑의 주 예수님! ── 1995년 10월 22일

사랑으로 가득차고, 평화(平和)로 가득차고, 기쁨으로 가득찬 이곳은 얼마나 영광(榮光)스러운 장소(場所)인가! 네 인생(人生)에서 가장 행복(幸福)했던 순간(瞬間)을 생각해 보아라. 그리고 그것을 십억 배 확대시켜 보아라. 그래도 하늘나라의 가장 작은 부분(部分)과도 비교(比較)가 되지 않을 것이다.
하늘나라에 들어가면, 너는 하느님의 사랑으로 가득 채워져서, 완전(完全)한 환희(歡喜) 밖에는 아무 것도 모르게 된다. 그런데 그 환희는 자꾸자꾸 증가된다.
하늘나라에 있는 모든 영혼(靈魂)은 하느님의 사랑의 거울이다. 그래서 서로를 볼 때는 하느님의 사랑을 보게 되고, 더 큰 환희 속으로 들어 올려진다. 네가 바라는 모든 기쁨을 가졌다고 생각할 때에도, 하느님 아버지께서는 더 많은 기쁨으로 너를 더욱 채워 주신다.

너는 하느님의 사랑 안에서 더욱 휘황찬란(輝煌燦爛)하게 빛을 발하게 된다. 너는 이것이 절대(絶代)로 끝나지 않으며, 하느님 아버지께서 무제한(無制限)으로 함께 나눌 사랑을 공급(供給)해 주시기 때문에 계속 증가(增加)해 가기만 한다는 것을 이해(理解)할 수 있게 된다.

하늘나라의 각 문(門)을 들어갈 때마다, 너는 지금까지 상상도 하지 못한 놀라움과 기쁨을 발견(發見)하게 된다. 너는 모든 사람이 너를 사랑하고, 너도 그들을 사랑한다는 것을 알게 된다. 너는 그들과 함께 날아 오르면서 하느님을 찬양(讚揚)하는 노래를 부르게 된다. 그리고 그렇게 할수록 하느님 아버지께서 더 많은 사랑으로 너를 채워 주신다.

너는 지금까지 이야기를 들어 온 모든 성인(聖人)들을 하늘나라에서 만나고, 천사와 대천사를 보게 될 것이다. 그리고 그들과 함께 영원을 통하여 날아 다니면서 하느님께서 만들어내신 모든 놀라운 일들을 보게 될 것이다. 너는 하느님께서 창조(創造)하신 모든 것 안에서 하느님의 기쁨을 이해하게 될 것이다.

가장 향기(香氣)로운 꽃들로 가득찬 아름다운 골짜기도 보게 될 것이다. 사랑의 영혼(靈魂)들이 너와 함께 놀기 위해 기다리는 것을 보고, 그들이 사랑을 너와 함께 나누기를 기다리고 있는 것을 보게 될 것이다.

그리고 너는 황금빛 산이 빛의 폭포(瀑布)로 폭발(爆發)하는 것을 보게 될 것이다. 그 빛이 너를 어루만지고 너를 기쁨으로 가득 채워 줄 것이다.

너는 수많은 아름다운 색깔을 가진 강들을 보게 될 것이다. 그 모든 강은 장엄(莊嚴)한 분수(噴水)의 바다처럼 한 곳으로 흘러 들고, 그 강물에서 목욕(沐浴)을 하게 되면, 네 온 몸에 행복(幸福)이 울려 퍼진다.

그리고 네 주위(周圍)에 온갖 산해진미(山海珍味)가 에워싸고 있는 것을 보게 될 것이다. 그 음식을 맛볼 때, 너는 사랑의 따뜻함 속으로 빨려 들어가게 될 것이다.

하늘나라에서 동료 성인들과 손을 잡고 하느님 아버지를 만나러 가면, 네 영혼(靈魂)은 기쁨에 넘친 사랑 안에서 폭죽처럼 폭발한다. 네 영혼에서 나오는 불빛이 주위의 영혼들을 비추자, 모든 영혼들은 하느님과 하나가 된다. 그리고 그때 너는 가능(可能)할 것이라고 생각조차 하지 못한 것을 느낄 것이다.

너는 모든 사랑이 영원히 네 속으로 쏟아져 들어오는 것을 느낄 것이다. 지금까지 일어났던 모든 좋은 일들을 느끼고 보게 된다. 그리고 너는 그러한 모든 일의 한 부분이 된다.

너는 인간(人間)들 사이에서, 천사(天使)들 사이에서, 성인(聖人)들 사이에서 함께 나누어 온 모든 사랑의 한 부분이 된다. 너는 지금까지 일어난 모든 사랑의 순간(瞬間)들의 한 부분(部分)이 된다.

그리고 그때 비로소 너는 하늘나라가 진실(眞實)로 어떤 것인지를 이해(理解)하게 될 것이다⋯⋯.

† † †

462 「예수님의 눈으로」 시리즈 : "앨런 에임스가 받은 사랑의 메시지 6"

성모 마리아와 함께… 2000년 그리고 새 천년, 나의 묵상(6)

성가정 꼭 이루세!

조금 빠르게 힘있게   Ludwig van Beethoven

1. 천 입이제게 있 - 어도 감사다못 하 겠네
2. 영 - 광이 성부성자 성령께있 으 소서
3. 만 민들아 손뼉치며 감사찬미 합 시다

만 입이제게 있 - 어도 찬미다못 하 겠네
지 금까지 주신은혜 감사늘어올 립 니다
천 사들도 춤을추며 함께찬미 합 시다

성 모어머니 요셉아버 지 우리나라주보로 모 시 고

예 수님을 왕으로모시는 성 가 정 꼭 이 루세!

예수님의 눈으로 시리즈
엘런 에임스가 받은 사랑의 메세지 6

1999년 9월 15일   교회 인가
서울 대교구 정진석 대주교

2004년 9월 20일   1판 1쇄
2013년 8월 7일   1판 3쇄

지은이 엘렌 에임스
옮긴이 정성호
편 집 안철구
펴낸이 한상천
펴낸곳 가톨릭 크리스챤

142-806 서울 강북구 미아9동 103-127
등록   1993.10.25 제7-109호
전화   987-9333 팩스 987-9334
우리은행 (송금) 1002-533-493419 한상천

값 13,000원